O LADO DIFÍCIL DAS SITUAÇÕES DIFÍCEIS

BEN HOROWITZ

O LADO DIFÍCIL DAS SITUAÇÕES DIFÍCEIS

Como construir um negócio quando não existem respostas prontas

Tradução
MARCELO BRANDÃO CIPOLLA

wmf **martinsfontes**

Esta obra foi publicada originalmente em inglês com o título
THE HARD THING ABOUT HARD THINGS.
Copyright © 2014, Ben Horowitz

Todos os direitos reservados. Este livro não pode ser reproduzido, no todo ou em parte, armazenado em sistemas eletrônicos recuperáveis nem transmitido por nenhuma forma ou meio eletrônico, mecânico ou outros, sem a prévia autorização por escrito do editor.

Copyright © 2015, Editora WMF Martins Fontes Ltda.,
São Paulo, para a presente edição.

Este livro não pode ser vendido em Portugal.

1ª edição 2015
11ª tiragem 2024

Tradução
Marcelo Brandão Cipolla
Acompanhamento editorial
Márcia Leme
Cecília Bassarani
Preparação de texto
Maria Luiza Favret
Revisões
Ana Maria de O. M. Barbosa
Marisa Rosa Teixeira
Produção gráfica
Geraldo Alves
Paginação
Studio 3 Desenvolvimento Editorial

Dados Internacionais de Catalogação na Publicação (CIP)
(Câmara Brasileira do Livro, SP, Brasil)

Horowitz, Ben
  O lado difícil das situações difíceis : como construir um negócio quando não existem respostas prontas / Ben Horowitz ; tradução Marcelo Brandão Cipolla. – São Paulo : Editora WMF Martins Fontes, 2015.

  Título original: The hard thing about hard things.
  ISBN 978-85-7827-976-9

  1. Empreendedorismo 2. Liderança 3. Novas empresas – Administração 4. Sucesso nos negócios I. Título.

15-06192   CDD-658.4

Índices para catálogo sistemático:
1. Gestão empresarial : Administração executiva   658.4

Todos os direitos desta edição reservados à
Editora WMF Martins Fontes Ltda.
Rua Prof. Laerte Ramos de Carvalho, 133 01325-030 São Paulo SP Brasil
Tel. (11) 3293.8150 e-mail: info@wmfmartinsfontes.com.br
http://www.wmfmartinsfontes.com.br

Este livro é dedicado a Felicia, Sophia, Mariah e ao Boocher, *mi familia*, por terem me aguentado enquanto eu aprendia tudo isto.

* * *

Cem por cento da parte que me cabe dos direitos autorais deste livro será doada para ajudar a promover os direitos civis das mulheres em países em desenvolvimento por meio dos American Jewish World Services: eles realmente enfrentam as situações difíceis.

SUMÁRIO

INTRODUÇÃO	ix
CAPÍTULO 1 De comunista a investidor de risco	3
CAPÍTULO 2 "Vou sobreviver"	21
CAPÍTULO 3 Mais uma vez, agora com sentimento	43
CAPÍTULO 4 Quando tudo dá errado	63
A luta	66
O diretor executivo não deve maquiar a verdade	70
O jeito certo de fazer demissões coletivas	74
Preparando-se para demitir um executivo	79
Rebaixando um amigo leal	87
As mentiras que os perdedores contam	91
Soluções de verdade	94
Ninguém está nem aí	97
CAPÍTULO 5 Cuide das pessoas, dos produtos e dos lucros – nesta ordem	99
Um bom lugar para trabalhar	106
Por que as *startups* devem treinar seu pessoal	112
É errado contratar um executivo da empresa do seu amigo?	121
Por que é difícil trazer executivos de empresas grandes para empresas pequenas	126
Contratação de executivos: se você nunca fez o que ele faz, como vai contratar uma pessoa competente?	131
Quando os funcionários interpretam mal os gerentes	137
Dívidas de gestão	141
Garantia de qualidade da gestão	145

CAPÍTULO 6 Preocupações que vêm com o crescimento — 149
   Como minimizar a política em sua empresa — 153
   A ambição sadia — 160
   Títulos e promoções — 164
   Pessoas inteligentes, péssimos funcionários — 170
   Pessoas mais velhas — 175
   Reuniões individuais — 180
   Como programar a sua cultura — 183
   Como aumentar a escala da empresa sem mistérios — 189
   A falácia da antecipação de escala — 197

CAPÍTULO 7 Como liderar quando você mesmo não sabe para onde vai — 201
   A habilidade mais difícil para um diretor executivo — 205
   A sutil distinção entre o medo e a coragem — 213
   Tipo um e tipo dois — 218
   Siga o chefe — 223
   Diretor de paz/diretor de guerra — 228
   Como se tornar um diretor executivo — 233
   Como avaliar os diretores executivos — 239

CAPÍTULO 8 A primeira regra do empreendedorismo: não existem regras — 247
   Como solucionar a oposição paradoxal entre criatividade e responsabilidade — 253
   A técnica de gestão da sexta-feira muito louca — 257
   Como permanecer grande — 259
   Será que você deve vender a empresa? — 262

CAPÍTULO 9 O fim do princípio — 269

APÊNDICE Perguntas ao candidato a diretor de vendas — 281

AGRADECIMENTOS — 287
CRÉDITOS — 291

INTRODUÇÃO

"Este é o mundo real, meu caro. A escola acabou.
Alguém roubou seus sonhos e você não sabe quem foi."*

KANYE WEST, "GORGEOUS"

Ao ler um livro sobre gestão empresarial ou de autoajuda, sempre digo a mim mesmo: "Ótimo, mas esse não era o aspecto mais difícil da situação." O difícil não é estabelecer uma meta grandiosa, complicada e audaciosa, é demitir pessoas quando ela não é alcançada. O difícil não é contratar funcionários excelentes, é quando esses "funcionários excelentes" passam a achar que têm o direito de exigir coisas não razoáveis. O difícil não é montar o organograma da organização que você idealizou, é fazer as pessoas se comunicarem dentro dela. O difícil não é sonhar grande, é acordar suando frio no meio da noite quando o sonho vira pesadelo.

O problema desses livros é que eles tentam dar uma receita pronta para desafios para os quais não há receita pronta. Não existem receitas prontas que se apliquem a situações dinâmicas e complexas. Não existem receitas prontas para construir uma empresa de alta tecnologia, nem para liderar um grupo de pessoas e tirá-las de uma situação de risco, nem para compor uma série de canções de sucesso, nem para tornar-se atacante na Liga Nacional de Futebol Americano, nem para candidatar-se à presidência do país, nem para motivar uma equipe quando a empresa já não vale mais nada. Este é o lado difícil das situações difíceis: não há fórmulas para lidar com elas.

This is the real world, homie, school finished / They stole your dreams, you dunno who did it.

Apesar disso, muitos conselhos e experiências podem ajudar nessas situações.

Neste livro, não pretendo apresentar uma fórmula, mas contar a minha história e as dificuldades que enfrentei. Como empreendedor, diretor executivo e investidor de risco, essas lições foram e continuam sendo úteis, sobretudo agora, porque estou trabalhando com uma nova geração de fundadores e diretores executivos. A construção de uma empresa envolve dificuldades e saias justas. Sei disso porque já vivi essa situação. As circunstâncias diferem, mas os padrões e as lições continuam válidos.

Há alguns anos venho apresentando essas lições numa série de postagens num blogue, e elas são lidas por milhões de pessoas. Muitas delas entraram em contato comigo. Queriam conhecer a história que compôs o pano de fundo dessas lições. Este livro conta essa história pela primeira vez, e nele incluí as lições correlatas tiradas do blogue. Fui incentivado por muitos amigos, conselheiros e familiares que me ajudaram ao longo da minha carreira e também pelo *hip-hop* e pelo *rap*. Os músicos de *hip-hop* aspiram tornar-se famosos e bem-sucedidos e veem-se como empreendedores. Muitos temas de suas canções – competir, ganhar dinheiro, não ser compreendido – nos dizem algo sobre as situações difíceis. Neste livro, partilho minhas experiências, ofereço dicas e espero inspirar outras pessoas que lutam para construir algo a partir do nada.

O LADO DIFÍCIL DAS SITUAÇÕES DIFÍCEIS

CAPÍTULO 1

DE COMUNISTA A INVESTIDOR DE RISCO

"Tudo isto fala
Da minha esposa, dos meus filhos, da vida que levo.
À noite, eu era dele, com justiça, mas tive
Meus altos e baixos, escorregões e quedas,
Provações e tribulações, coração e coragem."*

DMX, "WHO WE BE"

Outro dia, convidei cem dos meus amigos mais próximos para um churrasco em casa. Essas reuniões são frequentes. Eu e meu cunhado Cartheu fazemos churrascos há anos, e graças à minha habilidade meus amigos afro-americanos apelidaram-me de "Jackie Robinson do churrasco". Venci as barreiras de cor.

Nesse churrasco, a certa altura começamos a falar do grande *rapper* Nas. Meu amigo Tristan Walker, um jovem empreendedor afro-americano, comentou com orgulho que ele e Nas haviam morado no mesmo conjunto habitacional: o Queensbridge, em Nova York, um dos maiores conjuntos habitacionais públicos de todos os Estados Unidos. Meu pai, um judeu de 73 anos, interveio: "Já estive em Queensbridge." Convicto de que meu pai, idoso e branco, jamais poderia ter estado no Queensbridge, Tristan disse: "Você não está se referindo ao Queens? O Queensbridge é

---

* *This here is all about / My wife, my kids, the life that I live / Through the night, I was his, it was right, but I did / My ups, and downs, my slips, my falls / My trials and tribulations, my heart, my balls.*

um conjunto habitacional que fica num bairro extremamente violento." Meu pai confirmou que era o Queensbridge.

Contei a Tristan que meu pai havia crescido no bairro nova-iorquino de Queens, de modo que não poderia estar enganado, e perguntei: "Pai, o que você foi fazer em Queensbridge?" Ele respondeu: "Fui distribuir literatura comunista, quando tinha onze anos. Eu me lembro bem disso, pois minha mãe ficou muito brava com o partido por ter me mandado para o conjunto habitacional. Ela achava que era perigoso demais para um garoto."

Meus avós eram comunistas de carteirinha. Como membro ativo do Partido Comunista, meu avô Phil Horowitz perdeu seu emprego de professor durante a era McCarthy. Meu pai nasceu e cresceu doutrinado pela filosofia esquerdista. Em 1968, já casado, mudou com a mulher e os filhos para Berkeley, Califórnia, onde se tornou editor da famosa revista *Ramparts*, da Nova Esquerda.

Cresci numa cidade afetuosamente chamada de República Popular de Berkeley pelos moradores. Quando criança, era extremamente tímido e morria de medo dos adultos. No primeiro dia do jardim de infância, quando minha mãe me deixou, comecei a chorar. A professora disse a ela que simplesmente fosse embora e não se preocupasse, pois era comum as crianças do jardim de infância chorarem. Porém, três horas depois, ao voltar, Elissa Horowitz me encontrou todo molhado e ainda chorando. A professora contou a ela que eu não havia parado de chorar, por isso minhas roupas estavam encharcadas. Fui expulso do jardim de infância no primeiro dia. Se minha mãe não fosse a pessoa mais paciente do mundo, eu talvez sequer tivesse frequentado a escola. Todos sugeriam que eu precisava de tratamento psiquiátrico, mas ela não deu ouvido. Teve paciência e esperou até que eu começasse a me sentir à vontade com o mundo, por mais que demorasse.

Quando eu tinha cinco anos, mudamos da casa de um só quarto na Glen Avenue, que tinha ficado pequena demais para uma família de seis pessoas, para outra maior em Bonita Avenue, que ficava num bairro de classe média, também em Berkeley, o que significava algo meio diferente da maioria dos bairros de classe média do resto do país. O quarteirão reunia hippies, malucos, pobres que trabalhavam duro para melhorar de vida e gente de classe alta que corria o risco de acabar na sarjeta por causa das drogas. Certo dia, um rapaz chamado Roger (este não é seu nome verdadeiro), amigo do meu irmão mais velho, o Jonathan, estava em casa. Apontou para um garoto afro-americano que brincava na rua, andando num carrinho vermelho, e me desafiou: "Vá até lá, mande aquele menino lhe dar o carrinho e, se ele não quiser, cuspa na cara dele e chame-o de preto nojento (*nigger*)."

Antes de continuar, preciso fazer alguns esclarecimentos. Em primeiro lugar, estávamos em Berkeley, onde esse jeito de falar não era comum. Eu nunca havia ouvido a palavra *nigger* e não sabia o que significava, mas percebi que não era um elogio. Em segundo lugar, Roger não era racista nem tinha sido criado num ambiente ruim. Seu pai era professor na faculdade, e tanto ele quanto a sua mãe eram pessoas excelentes. Mais tarde descobrimos que Roger sofria de esquizofrenia e que seu lado mais sombrio gostava de ver uma briga.

A ordem de Roger me deixou numa situação difícil. Tinha medo dele. Achei que me daria uma surra se eu não fizesse o que mandava. Por outro lado, a ideia de pedir o carrinho ao garoto me aterrorizava – eu tinha medo de tudo. O medo me impedia de continuar parado, e comecei a descer a rua na direção do garoto. Ele estava a uns 30 metros de distância, que mais pareciam 30 quilômetros. Quando finalmente cheguei perto dele, mal conseguia me mexer e não sabia o que dizer. Então, abri a boca e comecei a falar: "Posso andar no seu carrinho?" Joel Clark Jr. respondeu: "É claro!" Quando virei para ver a reação do Roger, ele já não estava lá. Ao que parece, seu lado luminoso levara a melhor, e ele foi se ocupar de outra coisa. Joel e eu brincamos juntos aquele dia inteiro e desde então somos muito amigos. Dezoito anos depois, ele foi meu padrinho de casamento.

Nunca havia contado essa história a ninguém, mas ela deu rumo à minha vida. Ensinou-me que, mesmo com medo, poderia criar coragem. As minhas ações *eram importantes* e poderiam determinar se eu me tornaria um herói ou um covarde. Muitas vezes pensei no que aconteceu naquele dia. Percebi que, se tivesse feito o que Roger havia mandado, nunca teria conhecido meu melhor amigo. Essa experiência também me ensinou a nunca julgar as coisas superficialmente. Enquanto não nos esforçamos para conhecer algo ou alguém de modo mais profundo, não conhecemos nada. Não existem atalhos para o conhecimento, em especial para aquele que vem da experiência pessoal. Seguir as fórmulas convencionais e fazer uso de atalhos pode ser pior do que não saber absolutamente nada.

Entregue essa merda de uniforme

Ao longo dos anos, procurei não me deixar ser influenciado pelas primeiras impressões e não aderir cegamente às convenções. Cresci em Berkeley. Fui um excelente aluno numa cidade que depreciava o futebol americano por ser demasiado militarista. Ninguém esperava que eu entrasse no time de futebol americano da Berkeley High School, mas foi exatamente isso que aconteceu. Foi um grande passo para mim. Quando criança, nunca joguei em nenhuma liga infantil. Só já adulto tive meu primeiro contato com esse esporte. As lições que aprendera sobre como lidar com o medo me ajudaram muito. No futebol americano que se joga no ensino médio, vencer o medo é mais do que essencial para o jogo.

Nunca vou esquecer a primeira reunião do time com o técnico Chico Mendoza, um velho durão que havia jogado futebol americano na Texas Christian University, sede dos poderosos Horned Frogs. Ele começou seu discurso dizendo: "Alguns de vocês estão aqui, mas não vão levar isto a sério. Vão vir aqui só para falar merda, fazer merda, contar mentiras de merda. Não vão fazer merda nenhuma. Só querem ficar bonitos no uniforme do time. Se você é um desses, só tenho uma coisa a lhe dizer: entregue essa merda de uniforme." E detalhou os comportamentos que considerava inaceitáveis: "Chegou tarde para o treino? Entregue a merda do uniforme. Não quer participar de jogadas violentas? Entregue a merda do uniforme. Não quer correr em campo? Entregue a merda do uniforme. Me chamou de Chico? Entregue a merda do uniforme."

Era o discurso mais forte, mais hilário e mais poético que eu já tinha ouvido. Adorei. Não via a hora de chegar em casa e contar tudo para a minha mãe. Ela ficou horrorizada, mas adorei mesmo assim. Hoje, penso que essa foi minha primeira lição de liderança. Colin Powell, ex-secretário de Estado, diz que a liderança é a capacidade de fazer alguém seguir você, mesmo que por simples curiosidade. Certamente fiquei curioso para saber o que mais o técnico Mendoza falaria.

Eu era o único integrante do time de futebol americano que estava nas classes mais adiantadas de ciências exatas, por isso dificilmente encontrava nas aulas meus colegas de equipe. Acabei participando de diversos círculos sociais e fiz amizade com rapazes que tinham visões de mundo muito distintas. Impressionava-me o fato de que as diferentes perspectivas mudavam o significado dos acontecimentos importantes. Quando saiu o disco *Hard Times*, do Run-D.M.C., com seu surdo incansável, um *tsunami* abalou o time de futebol americano, mas nem uma leve ondulação perpassou minha turma de cálculo. A Iniciativa de Defesa Estratégica de Ronald Reagan foi considerada escandalosa pelos jovens cientistas, em razão de seus fundamentos técnicos questionáveis, mas isso nem sequer foi notado pelo time de futebol americano.

Ter visto o mundo sob pontos de vista tão diferentes me ajudou a aprender a separar os fatos da percepção que se tem deles. Isso foi bastante útil para mim anos depois, quando me tornei empresário e diretor executivo. Em circunstâncias complicadas, nas quais os "fatos" pareciam determinar certo resultado, aprendi a procurar conhecer outras experiências e explicações, com pontos de vista diferentes, antes de formar uma opinião. Uma interpretação alternativa e plausível muitas vezes é tudo o que é preciso para manter viva a esperança de funcionários preocupados.

Encontro às cegas

No verão de 1986, terminei o segundo ano de faculdade na Columbia University. Morava com meu pai em Los Angeles. Claude Shaw, um amigo e colega do time de futebol americano do ensino médio, marcou um encontro com a namorada dele, Jackie Williams, e com Felicia Wiley, para me conhecer, sem falar comigo antes. Claude e eu preparamos um jantar especial. Planejamos tudo meticulosamente. Passamos o dia inteiro cozinhando e, às 7 da noite, horário combinado, a refeição, incluindo quatro chuletas perfeitamente apresentadas, estava pronta, mas as meninas não chegaram. Uma hora depois, ainda não estávamos preocupados, pois Jackie era famosa pelos seus atrasos. Porém, às 9 horas, Claude ligou para saber o que estava acontecendo. Olhando para o jantar *gourmet* que havíamos preparado, já completamente frio, ouvi decepcionado o que Claude disse: Felicia, que vinha me conhecer, alegou estar "muito cansada" para ir ao encontro. Que chato!

Pedi a Claude que me passasse o telefone. Apresentei-me: "Oi. Aqui é o Ben, que você vinha conhecer."

Felicia: "Me desculpe, mas estou cansada e já é tarde."

Eu: "Bem, já é tarde porque *vocês* estão atrasadas."

Felicia: "Eu sei, mas estou cansada demais para ir."

Decidi então apelar para a compaixão: "Entendo, mas você devia ter dito isso antes de passarmos o dia inteiro preparando o jantar. A esta altura, se você não entrar no carro imediatamente e não vier para cá, isso será sinal de falta de educação e deixará uma impressão muito ruim."

Se ela fosse totalmente egocêntrica (como parecia), minha súplica não teria nenhum efeito e eu não perderia nada caso o encontro não acontecesse. Mas, se ela não quisesse causar má impressão, talvez daquele mato saísse algum coelho.

Felicia concordou: "Tudo bem, eu vou."

Noventa minutos depois, ela chegou de shortinho branco e bonita como sempre. Na expectativa do encontro, esqueci completamente a briga em que havia me metido no dia anterior. Num jogo informal de basquete em San Fernando Valley, um jogador de 1,85 metro, corte de cabelo militar, calças de soldado e pinta de membro de fraternidade universitária atirou a bola no meu irmão. Jonathan era músico, usava cabelo comprido e, na época, pesava uns 70 quilos. Eu, por outro lado, acostumado com o futebol americano e com brigas de rua, estava sempre pronto para a ação. Analisei a situação de acordo com minha primeira impressão e parti para cima do soldadinho. Seguiu-se um pequeno tumulto. Acertei alguns socos nele, mas também tomei um gancho de direita embaixo do olho esquerdo que deixou um pequeno hematoma. É possível que meu adversário não estivesse hostilizando meu irmão, apenas se vingando de uma falta mais dura, mas jamais saberemos. Esse é o preço que pagamos ao não parar para entender algo que está acontecendo.

Seja como for, quando abri a porta para cumprimentar nossas visitas, os premiados olhos verdes de Felicia se fixaram imediatamente no roxo debaixo do meu olho. Sua primeira impressão (ela me contou anos depois) foi: "Esse cara é um bandido. Foi um erro ter vindo."

Felizmente, nem eu nem ela confiamos em nossas primeiras impressões. Somos casados e felizes há 25 anos e temos três filhas maravilhosas.

O Vale do Silício

Num período de férias da faculdade, arranjei um estágio técnico numa empresa chamada Silicon Graphics. A experiência me abriu a cabeça. Essa empresa inventou a moderna computação gráfica e forneceu os recursos para toda uma nova categoria de aplicativos, desde aqueles que permitiram produzir os efeitos do filme *Exterminador do futuro 2* até incríveis simuladores de voo. Todos que trabalhavam na empresa eram inteligentes e as coisas que construíam eram incríveis. Eu queria trabalhar na Silicon Graphics o resto da vida.

Depois de me formar na faculdade e fazer pós-graduação em ciências da computação, fui trabalhar na SGI. Foi um sonho que se realizou. Eu adorava. Após um ano na empresa, conheci Roselie Buonauro, uma ex-gerente de marketing da SGI que havia fundado uma *startup*. Quem falou de mim para Roselie foi a filha dela, que trabalhava comigo na SGI. Roselie fez de tudo para me recrutar. Acabou conseguindo, e fui trabalhar com ela na NetLabs.

A decisão de ir para a NetLabs se revelou desastrosa. A empresa era comandada por Andre Schwager, ex-executivo da Hewlett-Packard e, o que era mais importante, marido de Roselie. Andre e Roselie tinham sido recrutados pelos investidores de risco para fazer o papel de "equipe profissional de administração". Infelizmente, eles não entendiam quase nada dos produtos e da tecnologia e conduziam a empresa por caminhos desencontrados. Foi aí que comecei a entender a importância de os fundadores dirigirem as próprias empresas.

Para complicar ainda mais as coisas, havíamos descoberto que Mariah, minha segunda filha, era autista. O fato de eu trabalhar em outra empresa era um fardo terrível para minha família, que agora precisava mais de mim em casa.

Num dia muito quente, meu pai foi nos visitar. Não tínhamos dinheiro para pagar ar-condicionado. As três crianças choravam, meu pai e eu suávamos sob o calor de 40 graus.

Meu pai me encarou e disse: "Filho, tem uma coisa que é muito barata. Sabe o que é?"

Eu não tinha a menor ideia do que ele estava falando e respondi: "Não. O quê?"

Ele falou: "Flores. Flores são muito baratas. Mas tem uma coisa que é muito cara. Sabe o que é?"

Mais uma vez, respondi: "Não. O quê?"

Meu pai falou: "Um divórcio."

Alguma coisa naquela fala dele, que não era uma brincadeira, me fez perceber que meu tempo tinha se esgotado. Até então, não havia tomado nenhuma decisão séria na vida. Achava que tinha possibilidades ilimitadas e podia fazer ao mesmo tempo todas as coisas que quisesse. Mas o que em um primeiro momento pareceu uma brincadeira fez que eu percebesse, de repente, que, se prosseguisse naquele caminho, acabaria perdendo minha família. Por querer fazer tudo, fracassaria no que era mais importante. Pela primeira vez me obriguei a ver o mundo do ponto de vista de prioridades que não eram minhas. Achava que poderia me dedicar à minha carreira e a todos os meus interesses e, ainda assim, construir uma família. Mais ainda, sempre pensava em mim em primeiro lugar. Fazemos parte de uma família e de outros grupos, e esse tipo de pensamento pode nos meter em encrenca – e eu estava encrencado. Na minha cabeça, tinha certeza de que era uma pessoa boa e altruísta, mas minhas ações diziam o contrário. Era hora de deixar de ser um menino e virar homem, dar prioridade às coisas mais importantes. Antes de pensar em mim, precisava pensar nas pessoas que mais amava.

Decidi sair da NetLabs no dia seguinte. Fui trabalhar na Lotus Development, o que me permitiria colocar a situação doméstica em ordem. Parei de pensar em mim e me concentrei no que era melhor para minha família. Comecei a ser a pessoa que queria ser.

A Netscape

Um belo dia, na Lotus, um colega me mostrou um novo produto chamado Mosaic, desenvolvido por alunos da Universidade de Illinois. O Mosaic era, em essência, uma interface gráfica para a comunicação com a internet – tecnologia até então usada somente por cientistas e pesquisadores. Fiquei maravilhado. O futuro estava ali, isso estava claro. Estava claro também que eu perderia tempo trabalhando com outra coisa que não fosse a internet.

Meses depois, li sobre uma empresa chamada Netscape, fundada por Jim Clark, que já havia criado a Silicon Graphics, e por Marc Andreessen, inventor do Mosaic. Decidi na mesma hora que queria fazer uma entrevista de emprego com eles. Liguei para um amigo que trabalhava na Netscape para perguntar se ele conseguiria a entrevista. Ele atendeu ao meu pedido.

Nas primeiras entrevistas, conheci todos os membros da equipe de gestão de produto. Achei que tinha me saído bem. Mas, uma noite, quando cheguei em casa, Felicia estava chorando. O recrutador da Netscape havia ligado para me dar algumas dicas, e acabou falando com ela. (Isso foi antes da popularização do celular.) Ele disse a Felicia que seria difícil eu conseguir o emprego, pois o grupo estava em busca de candidatos que tivessem feito MBA em Stanford ou Harvard. Minha mulher falou para ele que talvez eu pudesse voltar a estudar, mas, como tínhamos três filhas, ela sabia que essa possibilidade era remota, daí as lágrimas. Expliquei-lhe que não era o recrutador quem decidia sobre a contratação e que talvez a empresa me quisesse, apesar de eu não ser formado em administração.

No dia seguinte, o gerente de contratação ligou para mim. Disse que eles queriam que eu fosse entrevistado pelo cofundador e diretor técnico, Marc Andreessen. Na época, ele tinha 22 anos.

Hoje, é fácil pensar que tanto a internet quanto o navegador são desenvolvimentos técnicos que aconteceriam de qualquer maneira, mas a verdade é que, sem o trabalho de Marc, é provável que vivêssemos num mundo muito diferente. Na época, a maioria das pessoas acreditava que somente cientistas e pesquisadores usariam a internet. Ela era considerada muito complexa, lenta e sem segurança para atender às necessidades do setor empresarial. Mesmo depois da introdução do Mosaic, o primeiro navegador do mundo, pouca gente acreditava que a internet teria alguma importância fora da comunidade científica – os grandes líderes do setor de tecnologia, que estavam ocupados em criar alternativas proprietárias, não pensavam assim. Os grandes favoritos a vencer a corrida e tornar-se donos do que então se chamava Super-rodovia da Informação (*Information Superhighway*) eram tecnologias proprietárias concorrentes criadas por gigantes do setor, como a Oracle e a Microsoft. As histórias que essas empresas contavam alimentavam a imaginação da imprensa econômica. Isso não era tão ilógico, pois a maioria das empresas nem sequer utilizava o modelo TCP/IP (o fundamento da internet no que se refere à arquitetura de informação). Elas usavam protocolos proprietários de comunicação em rede, como o AppleTalk, o NetBIOS e o SNA. Ainda em novembro de 1995, Bill Gates escreveu o livro *The Road Ahead* [*A estrada do futuro*], no qual previa que a Super-rodovia da Informação – uma rede que interligasse todas as empresas e consumidores num mundo de comércio sem conflitos – sucederia a internet e dominaria o futuro. Mais tarde, Gates mudou o texto e afirmou acerca da internet tudo o que dissera sobre a Super-rodovia, mas não era essa a sua visão original.

Essa insistência em protocolos proprietários não era benéfica nem para as empresas nem para os consumidores. Na mente de visionários como Bill Gates e Larry Ellison, as empresas que fossem donas da Super-rodovia da Informação cobrariam uma taxa sobre cada transação, chamada na época de *vigorish* por Nathan Myhrvold, diretor de tecnologia da Microsoft.

É difícil mostrar o quanto a Super-rodovia da Informação proprietária era considerada inevitável. Depois do Mosaic, até Marc e seu cofundador, Jim Clark, planejaram montar uma empresa de distribuição de vídeo que funcionasse não na internet, mas na plataforma da Super-rodovia da Informação proprietária. Foi apenas em pleno processo de planejamento que eles concluíram que, se melhorassem o navegador, tornando-o mais seguro, mais funcional e fácil de usar, poderiam transformar a internet na rede do futuro. E estabeleceram para a Netscape essa missão – uma missão cumprida com glória.

A entrevista com Marc foi diferente de todas as demais entrevistas de emprego que eu já tinha feito. Nada de perguntas sobre o meu currículo, minha carreira e meu modo de trabalhar. Tudo isso deu lugar a um intenso interrogatório sobre a história do e-mail, dos softwares de colaboração e do que o futuro poderia nos reservar. Eu era um especialista no assunto, pois por vários anos havia trabalhado com os principais produtos da categoria, mas me surpreendi com o amplo conhecimento daquele rapaz de 22 anos sobre a história do setor de computação. Eu já tinha conhecido pessoas muito inteligentes na minha carreira, mas nunca encontrara um jovem historiador da tecnologia. O intelecto e os instintos de Marc me deixaram admirado. Surpreendeu-me sobretudo seu conhecimento histórico. Suas ideias sobre coisas como a tecnologia de replicação eram incisivas e exatas. Depois da entrevista, liguei para o meu irmão e lhe contei que tinha sido entrevistado por Marc Andreessen, que talvez fosse a pessoa mais inteligente que havia conhecido.

Uma semana mais tarde, fui contratado. Fiquei entusiasmado. Pouco me importava o quanto receberia. Sabia que Marc e a Netscape mudariam o mundo, e queria entrar naquele barco. Mal podia esperar para começar.

Na Netscape, tornei-me chefe da linha Enterprise Web Server, a qual compreendia dois produtos: o servidor web comum, vendido a 1.200 dólares; e o servidor web seguro (que incluía um protocolo de segurança inovador na época, inventado pela Netscape, chamado SSL – Secure Sockets Layer), vendido a 5 mil dólares. Na época em que ingressei na empresa, dois engenheiros trabalhavam nos servidores web: Rob McCool, que havia inventado o servidor web NCSA; e seu irmão gêmeo, Mike McCool.

Quando a Netscape abriu seu capital, em agosto de 1995, a equipe de servidores web já contava com nove engenheiros. A oferta pública inicial da empresa foi espetacular e histórica. O preço inicial de cada ação era de 14 dólares, mas uma decisão de último minuto fez dobrar esse valor, que passou a ser de 28 dólares. O preço chegou a um pico de 75 dólares – quase um recorde para os ganhos de primeiro dia – e fechou em 58 dólares, fazendo a Netscape alcançar um valor de mercado de quase 3 bilhões de dólares no dia da oferta pública inicial. Mais do que isso, essa oferta deflagrou um terremoto no mundo dos negócios. Na época, meu amigo Frank Quattrone, banqueiro de investimentos, afirmou: "Ninguém queria ter de contar aos netos que perdeu essa oportunidade."

A abertura de capital mudou tudo. A Microsoft funcionou por dez anos antes de abrir o capital. Tínhamos dezesseis meses. As empresas começaram a ser classificadas como pertencentes à "velha economia" ou à "nova economia", e a nova economia estava ganhando. O *New York Times* afirmou que a abertura de capital da Netscape "abalou o mundo".

Mas havia uma fissura em nossa muralha: a Microsoft anunciou que incluiria de graça seu navegador, o Internet Explorer, no pacote de programas oferecidos juntamente com seu revolucionário sistema operacional, o Windows 95. Isso representava um problema enorme para a Netscape, pois quase toda a receita da Microsoft provinha das vendas do navegador e ela controlava mais de 90 por cento dos sistemas operacionais. Nossa resposta aos investidores: ganharíamos dinheiro com os servidores web.

Dois meses depois, tivemos acesso a uma versão preliminar do servidor web a ser lançado na época pela Microsoft, o Internet Information Server (IIS). Nós o desconstruímos e verificamos que tinha todas as vantagens dos nossos servidores – inclusive a segurança do nosso produto mais caro – e era cinco vezes mais rápido. Tínhamos cinco meses para resolver o problema antes de a Microsoft lançar o IIS, caso contrário, estaríamos queimados. Na "velha economia", os produtos em geral tinham ciclos de dezoito meses. Ou seja, mesmo na "nova economia" o tempo de que dispúnhamos era extremamente curto. Resolvi então conversar com o chefe do nosso departamento, Mike Homer.

Com a possível exceção de Marc, Mike Homer era a maior força criativa da Netscape. Mais importante ainda, à medida que uma situação piorava, ele tornava-se cada vez mais forte. No meio dos ataques brutais da concorrência, a maioria dos executivos fugia da imprensa. Mas Mike estava sempre no grosso da refrega. Quando a Microsoft revelou sua famosa estratégia de "englobar e ampliar" (*embrace and extend*) – uma manobra de amplo alcance para atacar a Netscape –, Mike atendia todos os telefonemas. Às vezes falava com dois repórteres ao mesmo tempo, com um telefone em cada mão. Era um guerreiro consumado.

Mike e eu passamos os meses seguintes desenvolvendo uma resposta convincente à ameaça da Microsoft. Se eles iam oferecer nosso produto de graça, também resolvemos dar quase de graça uma alternativa não proprietária à cara linha de produtos Microsoft BackOffice. Para tanto, adquirimos duas empresas que nos asseguraram uma alternativa competitiva ao Microsoft Exchange. Fizemos também um acordo com a Informix, pelo qual eles nos forneceriam acesso ilimitado a seu banco de dados pela web pela módica quantia de 50 dólares a cópia – centenas de vezes menos do que a Microsoft cobrava. Quando montamos o pacote, Mike deu-lhe o nome de Netscape SuiteSpot, pois ele seria a "saída" (*suite*) que derrubaria o BackOffice da Microsoft. Preparamos tudo para um grande lançamento em 5 de março de 1996, em Nova York.

Duas semanas antes do lançamento, Marc, sem dizer nada nem a mim nem a Mike, revelou a estratégia à publicação *Computer Reseller News*. Empalideci. Enviei-lhe imediatamente um e-mail bem curto:

> Para: Marc Andreessen
> Cc: Mike Homer
> De: Ben Horowitz
> Assunto: Lançamento
> Pelo jeito, não vamos esperar até dia 5 para usar a estratégia.
> Ben

Quinze minutos depois, recebi a seguinte resposta:

> Para: Ben Horowitz
> Cc: Mike Homer; Jim Barksdale (diretor executivo); Jim Clark (presidente)
> De: Marc Andreessen
> Assunto: Lançamento
> Pelo jeito, você não entende a gravidade da situação. Os caras estão nos esmagando. Nosso produto atual é muito pior do que o da concorrência. Há meses estamos em silêncio. Por isso, perdemos mais de 3 bilhões de dólares em capitalização de mercado. Agora corremos o risco de perder a empresa, e tudo isso é culpa da gerência de produto dos servidores web.
> Da próxima vez, faça você mesmo essa merda de entrevista.
> E vá se foder.
> Marc

Recebi esse e-mail no mesmo dia em que Marc apareceu descalço e com uma coroa na cabeça na capa da revista *Time*. Achei a capa o máximo. Nunca havia conhecido ninguém que tivesse saído na capa da *Time*. Mas, logo em seguida, senti o estômago revirar. Mostrei a revista e o e-mail a Felicia, pedindo-lhe uma segunda opinião. Estava preocupadíssimo. Tinha 29 anos, esposa e três filhas, e precisava do emprego. Ela leu o e-mail, olhou a capa da revista e sentenciou: "Você precisa começar a procurar outro emprego agora."

Não fui demitido e, ao longo dos dois anos que seguiram, o SuiteSpot partiu do nada e tornou-se um negócio de 400 milhões de dólares por ano. O mais surpreendente é que Marc e eu fizemos amizade e desde essa época somos amigos e sócios.

Muita gente me pergunta como conseguimos trabalhar juntos em três empresas por mais de dezoito anos. Os relacionamentos comerciais, em sua maioria, vão se tornando tensos demais para ser tolerados, ou, depois de algum tempo, deixam de ser tensos o suficiente. Ou as duas pessoas contestam uma à outra a ponto de não se suportarem mais, ou passam a encarar os comentários uma da outra com complacência e deixam, assim, de se beneficiar com o relacionamento. No nosso caso, mesmo depois desses anos, Marc me chateia quase todo dia apontando algo errado em minhas ideias, e faço o mesmo com ele. Funciona.

Abrindo uma empresa

No final de 1998, sofrendo grande pressão da Microsoft, que usava toda a força do seu monopólio sobre os sistemas operacionais para subsidiar produtos gratuitos em todas as categorias em que a Netscape competia, vendemos a empresa à America Online (AOL). No curto prazo, isso representou uma grande vitória para a Microsoft, que havia obrigado a maior ameaça à sua existência a procurar refúgio em um concorrente bem menos ameaçador. No longo prazo, entretanto, a Netscape infligiu um dano irreparável ao sufocante domínio que a Microsoft exercia sobre o setor de computação: nosso trabalho fez que os desenvolvedores deixassem de lado o API Win32, plataforma proprietária da Microsoft, e passassem a trabalhar com a internet. As pessoas que criavam novas funcionalidades para computadores deixaram de fazer isso tomando por base a plataforma patenteada da Microsoft e passaram a usar as interfaces padronizadas da internet e da World Wide Web. Como a Microsoft perdeu seu domínio sobre os desenvolvedores, a perda do domínio sobre os sistemas operacionais tornou-se mera questão de tempo. Nesse caminho, a Netscape desenvolveu muitas tecnologias que servem de fundamento para a internet moderna, entre elas o JavaScript, a SSL e os cookies.

Dentro da AOL, fui escolhido para dirigir a plataforma de comércio eletrônico, enquanto Marc se tornou diretor de tecnologia. Depois de alguns meses, ficou claro para os dois que a AOL se via mais como uma empresa de mídia do que como uma empresa de tecnologia. A tecnologia possibilitava novos projetos de mídia, mas a estratégia era sempre de mídia, e o diretor executivo, Bob Pittman, era um gênio da mídia. As empresas de mídia preocupam-se em criar narrativas, enquanto as de tecnologia buscam desenvolver maneiras melhores de fazer as coisas. Começamos a pensar em novas ideias e em criar uma nova empresa.

Nesse processo, juntaram-se à discussão dois outros cofundadores em potencial. Timothy Howes era um dos criadores do Lightweight Directory Access Protocol (LDAP), uma simplificação magistral de seu bizantino antecessor, o X.500. Convidamos Tim para trabalhar na Netscape em 1996. Juntos, conseguimos transformar o LDAP no protocolo-padrão de pesquisa em diretórios. Até hoje, quando um programa procura informações sobre uma pessoa, o acesso é feito pelo LDAP. O quarto membro da equipe era In Sik Rhee, cofundador da Kiva Systems, empresa que desenvolvia aplicativos para servidores. A Netscape havia adquirido a Kiva, e In Sik era diretor técnico da divisão de comércio eletrônico, que eu administrava. Ele trabalhava ao lado de nossos parceiros comerciais para garantir que, em matéria de tecnologia, eles estivessem à altura da escala da AOL.

Enquanto discutíamos algumas ideias, In Sik se queixou de que, toda vez que tentávamos conectar um parceiro da AOL na sua plataforma de comércio eletrônico, o site dele travava, por não ser capaz de suportar a intensidade do tráfego. Fazer um software funcionar para milhões de usuários era muito complicado. Deveria haver uma empresa que fizesse tudo isso.

Elaborando a ideia, chegamos ao conceito de nuvem de computação. O termo "nuvem" (*cloud*) já era usado no setor de telecomunicações para designar a nuvem inteligente que controla os complexos processos de encaminhamento de encomendas, cobrança e outras coisas desse tipo. Ela possibilita que um "terminal burro", ao ser conectado à nuvem inteligente, tenha acesso gratuito a todas as suas funcionalidades. Pensamos que o mesmo conceito era necessário na computação para que os desenvolvedores de software não precisassem se preocupar com questões de segurança, escala e recuperação de dados. Quem pensa em criar uma nuvem como essa quer que ela seja grande e faça muito barulho, e foi assim que nasceu a Loudcloud. É interessante: o resíduo mais insistente da Loudcloud é seu nome, pois a palavra *nuvem* nunca havia sido usada antes para designar uma plataforma de computação.

Registramos a empresa e saímos em busca de dinheiro. Isso foi em 1999.

CAPÍTULO 2
"VOU SOBREVIVER"

> "Você achou que eu cairia?
> Você achou que eu morreria?
> Não, eu não
> Eu vou sobreviver."*
>
> GLORIA GAYNOR, "I WILL SURVIVE"

Graças ao sucesso da Netscape, Marc conhecia os maiores investidores de risco do Vale do Silício, de modo que não precisávamos ser apresentados a ninguém. Infelizmente, a Kleiner Perkins, que dava respaldo à Netscape, já havia financiado uma empresa que poderia vir a concorrer conosco. Fizemos contato com todas as outras empresas de primeira categoria e escolhemos Andy Rachleff, da Benchmark Capital.

Se eu tivesse de dizer como era Andy usando uma só palavra, diria que era um *cavalheiro*. Inteligente, fino e elegante, ele tinha um pensamento abstrato brilhante e era dotado da rara capacidade de explicar estratégias complexas em frases lapidares. A Benchmark investiria 15 milhões de dólares, diante de uma avaliação pré-investimento de 45 milhões de dólares. Além disso, o próprio Marc investiria 6 milhões de dólares, elevando o valor total da empresa para 66 milhões (levando em conta o dinheiro que teríamos em caixa), e faria parte da nossa equipe na qualidade de "presidente do conselho em tempo integral". Tim Howes seria o nosso diretor de tecnologia; e eu, o diretor executivo. A Loudcloud tinha dois meses de existência.

---

* *Did you think I'd crumble? / Did you think I'd lay down and die? / Oh no, not I/ I will survive.*

A avaliação e o tamanho do financiamento eram sinais dos tempos e praticamente nos obrigaram a crescer o mais rápido possível, a fim de dominar o mercado antes que a concorrência o fizesse. Andy me disse: "Ben, imagine como você comandaria a empresa se tivesse todo o capital do mundo."

Dois meses depois, captamos mais 45 milhões de dólares da Morgan Stanley, com três anos para pagar a dívida. O conselho de Andy tinha mais base na realidade do que parecia. Mesmo assim, a pergunta "O que você faria se tivesse todo o capital do mundo?" é perigosa para qualquer empreendedor. É quase a mesma coisa que perguntar a uma pessoa acima do peso: "O que você faria se o sorvete tivesse o mesmo valor nutricional que o brócolis?" Os pensamentos que essa pergunta evoca podem ser muito perigosos.

Como seria de esperar, aceitei o conselho e o coloquei em prática de imediato. Construímos a nossa infraestrutura de nuvem em tempo recorde e logo começamos a captar clientes. Em sete meses, já possuíamos 10 milhões de dólares em contratos. A Loudcloud decolava, mas também corríamos contra o tempo e a concorrência. Tínhamos de contratar os melhores profissionais e pôr no mercado o mais amplo serviço de nuvem, o que implicava gastar dinheiro, muito dinheiro.

O nono profissional que contratamos foi um recrutador. Quando tínhamos apenas doze funcionários, contratamos um especialista em recursos humanos. Contratávamos trinta pessoas por mês, reunindo os cérebros mais qualificados do Vale do Silício. Um dos nossos contratados tinha se demitido da AOL para passar dois meses praticando montanhismo, mas, em vez disso, decidiu se juntar a nós. Outro renunciou a milhões de dólares para entrar na nossa empresa: demitiu-se de outra empresa no dia em que a Loudcloud abriu o capital. Em seis meses, tínhamos quase duzentos funcionários.

O Vale do Silício estava pegando fogo, e a Loudcloud estrelou um artigo de capa na *Wired* intitulado "A volta de Marc Andreessen". Trocamos nosso primeiro escritório – no qual não podíamos ligar um micro-ondas e uma cafeteira ao mesmo tempo sem queimar um fusível – por um galpão de 1.400 metros quadrados em Sunnyvale. Mas esse galpão, por sua vez, também já estava pequeno demais na época em que mudamos.

Gastamos 5 milhões de dólares para mudar mais uma vez. Fomos para um prédio de três andares com acabamento caiado e piso cor de jade, que chamávamos de Taj (inspirados no Taj Mahal). Esse edifício também acabou se tornando pequeno diante do nosso frenesi de contratações. Funcionários trabalhavam sentados até nos corredores. Alugamos três estacionamentos na mesma rua e fretamos um micro-ônibus para o escritório. (Os vizinhos nos odiavam.) A despensa da cozinha parecia um supermercado. Quando demitimos o responsável pela lanchonete por haver transformado a geladeira em algo que parecia ter saído do filme *Paixão de primavera*, ele pediu para ser compensado com ações da empresa.

Era a nossa vez.

No trimestre seguinte, fechamos novos contratos no valor total de 27 milhões de dólares, isso quando a empresa tinha menos de nove meses. Parecia que estávamos construindo o maior negócio de todos os tempos. Foi então que aconteceu a grande quebradeira das pontocom. A Nasdaq atingiu um pico de 5.048,62 pontos em 10 de março de 2000 – mais do que o dobro do seu valor no ano anterior – e caiu 10 por cento dez dias depois. Uma reportagem de capa da *Barron's*, intitulada "Queima total", previa o que aconteceria. Em abril, quando o governo americano declarou que as práticas de mercado da Microsoft configuravam monopólio, o índice caiu ainda mais. As *startups* perderam valor, os investidores perderam rios de dinheiro e as pontocom, que até então vinham sendo apresentadas como pontas de lança de uma nova economia, faliram em massa da noite para o dia. A Nasdaq acabou caindo para 1.200 pontos, numa queda de 80 por cento em relação ao pico.

Àquela altura, tínhamos a impressão de que nossa empresa era a que mais rapidamente havia crescido em toda a história. Essa era a boa notícia. A má notícia era que precisávamos levantar ainda mais dinheiro naquela atmosfera nefasta. Quase todos os 66 milhões de dólares de que dispúnhamos, em ativos e empréstimos, haviam sido gastos para construir o serviço de nuvem número um e dar suporte à nossa rede cada vez mais ampla de clientes.

A quebradeira das pontocom assustara os investidores, de modo que não ia ser fácil arranjar dinheiro. A maioria dos nossos clientes era de *startups* do setor pontocom. Isso ficou bem claro quando fizemos uma proposta à empresa japonesa Softbank Capital. Bill Campbell, meu amigo e membro do conselho da Loudcloud, conhecia bem o pessoal da Softbank e se ofereceu para obter informações "confidenciais" depois da primeira reunião. Quando minha assistente me disse que Bill estava ao telefone, atendi rapidamente, ansioso para saber em que pé as coisas estavam.

Perguntei: "Bill, o que eles disseram?" Com sua voz rouca e de modo objetivo, ele respondeu: "Ben, para falar a verdade, eles acharam que você tinha fumado crack." Com quase trezentos empregados e pouquíssimo dinheiro no banco, tive vontade de morrer. Era a primeira vez que me sentia daquele jeito como diretor executivo da Loudcloud, mas não seria a última.

Naquela época, aprendi a regra mais importante para levantar dinheiro de investidores privados: procure um mercado de uma só pessoa. Basta que um único investidor diga "sim". É melhor ignorar os outros trinta que dizem "não". Acabamos encontrando investidores para uma terceira rodada de financiamento, com uma incrível avaliação pré-investimento de 700 milhões de dólares, e conseguimos 120 milhões. A previsão de vendas para o trimestre era de 100 milhões, e tivemos a impressão de que tudo ia acabar bem. Eu acreditava firmemente que nossa previsão se confirmaria, pois as previsões anteriores haviam subestimado o desempenho de fato obtido. E especulei: talvez conseguíssemos migrar sem sobressaltos de uma base de clientes para outra – das bombas pontocom para clientes mais estáveis e tradicionais, como a Nike, nossa maior cliente na época.

Foi então que derrapamos e saímos da estrada de vez.

Encerramos o terceiro trimestre de 2000 com 37 milhões de dólares em vendas, em vez dos 100 milhões previstos. A implosão das pontocom acabou se revelando muito mais catastrófica do que havíamos imaginado. E, prevendo uma expansão da base de clientes, já tínhamos consumido grande parte do nosso dinheiro para construir a infraestrutura da nuvem.

Euforia e terror

Eu precisava conseguir dinheiro de novo. Só que, dessa vez, o ambiente estava ainda pior. No quarto trimestre de 2000, fiz contato com todas as fontes possíveis de financiamento, entre elas o príncipe Al-Waleed Bin Talal, da Arábia Saudita, mas ninguém estava disposto a investir, fosse qual fosse a avaliação. Em seis meses, tínhamos deixado de ser a *startup* mais promissora do Vale do Silício para nos tornar uma empresa na qual ninguém mais queria investir. Com 477 funcionários e um negócio que mais parecia uma bomba-relógio, comecei a buscar soluções.

Pensar no que poderia acontecer se o dinheiro acabasse de uma vez – ser obrigado a despedir todos os funcionários que escolhera a dedo e contratara com tanto cuidado, perder todo o dinheiro dos investidores, prejudicar todos os clientes que haviam confiado em nós – dificultava que eu me concentrasse nas possibilidades. Marc Andreessen tentou me animar dizendo algo que, na época, não achei nada engraçado:

Marc: "Sabe qual é a melhor coisa de trabalhar numa *startup*?"
Eu: "Não. O quê?"
Marc: "Só sentimos duas emoções: euforia e terror. E a falta de sono intensifica as duas."

Com os segundos escoando, surgiu uma opção pouco atraente, mas intrigante: poderíamos abrir o capital da empresa. Naquela época, o capital privado havia se fechado completamente para nós, mas a janela do mercado público permanecia ainda com uma pequena fresta aberta. Pode parecer algo incomum, uma loucura, e era mesmo, porém os financiadores privados haviam perdido toda a confiança em nós, mas o mercado público, não.

Sem outras opções, eu tinha de propor ao conselho que abríssemos o capital. Para me preparar, fiz uma lista dos prós e dos contras de uma oferta pública inicial.

Eu sabia que a pessoa que teria de persuadir, de um jeito ou de outro, era Bill Campbell. Dos membros do conselho, ele era o único que já tinha sido diretor executivo de uma empresa de capital aberto, de modo que conhecia como ninguém os prós e os contras desse tipo de negócio. Mas em situações complicadas todos sempre acatavam a opinião de Bill, pois ele possuía uma qualidade especial.

Na época, ele tinha mais de sessenta anos, cabelos grisalhos e voz rouca, mas sua energia era a de uma pessoa de vinte anos. Começara a carreira como técnico de futebol americano e só entrara no mundo empresarial aos quarenta anos. Apesar de ter começado tarde, acabou se tornando presidente e diretor executivo da Intuit. Depois, virou uma lenda da alta tecnologia e serviu como mentor para grandes diretores executivos, como Steve Jobs da Apple, Jeff Bezos da Amazon e Eric Schmidt do Google.

Bill é extremamente inteligente, muito carismático e eficiente em matéria operacional, mas a chave do seu sucesso vai além desses atributos. Em qualquer situação – quer se trate do conselho da Apple, do qual faz parte há mais de dez anos; do Conselho de Curadores da Columbia University, do qual é presidente; ou do time feminino de futebol americano, do qual é técnico –, Bill é sempre a pessoa mais querida.

Algumas pessoas dão explicações complexas para isso. A experiência, no entanto, me mostrou que é simples. Todos nós, qualquer que seja a nossa profissão, precisamos de dois tipos de amigos na vida. O primeiro é aquele para quem telefonamos quando algo de bom nos acontece, tendo a certeza de que ficará contente e entusiasmado. Não um entusiasmo fingido, que mal disfarça a inveja, mas verdadeiro, de alguém que fica mais feliz do que se a mesma coisa tivesse acontecido com ele. O segundo tipo de amigo é aquele para quem telefonamos quando tudo dá errado, quando nossa vida está por um fio e só temos uma pessoa para quem ligar. Para quem vamos telefonar? Bill Campbell se encaixa nos dois casos.

Expus o que pensava dizendo: "Não conseguimos encontrar investidor nenhum no mercado privado. Nossas opções são ou continuar trabalhando com financiamento privado ou nos preparar para abrir o capital. Embora nossas perspectivas de obter dinheiro de investidores privados sejam bastante minguadas, a abertura de capital também apresenta inúmeros problemas:

- Nosso processo de vendas não é robusto, de modo que é sempre difícil prever as vendas, em qualquer ambiente.
- Este não é um ambiente qualquer. É um ambiente em rápido declínio, e ninguém sabe onde fica o fundo do poço.
- Nossos clientes estão falindo num ritmo alarmante e imprevisível.
- Estamos perdendo dinheiro e vamos continuar perdendo por algum tempo.
- Operacionalmente, não estamos bem.
- De modo geral, não estamos preparados para abrir o capital."

O conselho ouviu-me com atenção. A expressão dos seus membros denunciava preocupação com os problemas que apontei. Um longo e constrangedor silêncio seguiu-se à minha fala. Como era esperado, foi Bill quem quebrou o gelo: "Ben, o problema não é o dinheiro."

Tive uma estranha sensação de alívio. Talvez não precisássemos abrir o capital. Talvez eu tivesse superestimado nossos problemas de caixa. Talvez houvesse outra saída.

Ele continuou: "É o *maldito* dinheiro."

Tudo bem. Pelo jeito, íamos mesmo abrir o capital.

Além dos problemas que eu expusera ao conselho, nosso negócio era complexo e os investidores tinham dificuldade para compreendê-lo. Em regra, assinávamos contratos de dois anos com nossos clientes e recebíamos o pagamento mensalmente. Esse modelo é comum hoje, mas na época era quase desconhecido. Com o rápido crescimento das nossas vendas, a receita acabava ficando para trás em relação ao número de novos contratos assinados. Por isso, nosso registro na CVM declarava que nossa receita nos seis meses anteriores era de 1,94 milhão de dólares, mas havíamos projetado uma receita de 75 milhões para o ano seguinte – um crescimento inacreditavelmente rápido. Uma vez que a renda declarada é determinada pela receita e não pelos contratos assinados, mas ainda não liquidados, oficialmente nossas perdas eram imensas. Além disso, as normas do mercado de opções vigentes na época faziam que elas parecessem quatro vezes maiores do que na verdade eram. Esses fatores levaram a uma cobertura extremamente negativa por parte da imprensa antes da oferta pública inicial.

Uma reportagem mordaz do *Red Herring* declarava que nossa lista de clientes era "rasa" e que dependíamos demais das pontocom. Citava um analista do Yankee Group segundo o qual havíamos "perdido cerca de 1 milhão de dólares por funcionário ao longo dos últimos doze meses" e conjecturava que, para conseguir tal façanha, havíamos acendido uma fogueira no estacionamento e pedido a todos que queimassem notas de um dólar. A *Businessweek* nos demolia num artigo em que nossa OPI era qualificada de "oferta pública do inferno". Uma reportagem de capa do *Wall Street Journal* citava a reação de um operador de crédito à nossa oferta: "Eles estavam desesperados!" Um financista, porém, que realmente acabou investindo na oferta, declarou que nossa OPI era "a melhor opção dentre um grupo de péssimas opções".

Apesar dessa cobertura, preparamo-nos para cair na estrada. Com base em uma pesquisa feita entre empresas similares, fixamos o preço da oferta em 10 dólares por ação depois que fundíssemos as ações. Com isso, a empresa ficaria valendo pouco menos de 700 milhões de dólares – menos do que a avaliação pré-investimento da última rodada de financiamento privado, mas bem melhor do que a falência.

Não era certo que a oferta seria bem-sucedida. A Bolsa, em queda livre, fazia que os investidores que visitamos, evidentemente, estivessem preocupados.

No fim do processo de preparação e depois de os bancos terem assinado todos os documentos, nosso diretor de finanças, Scott Kupor, recebeu um telefonema do Morgan Stanley.

Banco: "Scott, você sabia que, do dinheiro que vocês têm, 27,6 milhões de dólares estão indisponíveis e atrelados a títulos imobiliários?"

Scott: "Sim, claro."

Banco: "Isso significa que vocês têm dinheiro para mais três semanas de operações e, depois, só resta declarar falência?"

Scott: "Isso mesmo."

Ao contar a conversa, Scott comentou: "Você acredita que eles deram o sinal verde para o negócio e só agora perceberam que o dinheiro estava indisponível? Nós apresentamos a eles todos os documentos."

Antes de viajarmos para divulgar a oferta pública inicial, convoquei uma reunião de todos os funcionários para lhes dar duas notícias: em primeiro lugar, iríamos abrir o capital, ou pelo menos tentar abri-lo; em segundo lugar, o valor da empresa tinha caído tanto que precisaríamos fundir as ações e duas delas virariam uma.

Previ que a primeira notícia seria recebida com tranquilidade, mas a segunda me preocupava. Tínhamos de fundir ações para que elas alcançassem um preço adequado para a oferta pública. Em tese, essa fusão não mudaria nada. Cada funcionário era dono de uma porcentagem da empresa. Multiplicando o número total de ações pela porcentagem, obtinha-se o número de ações por funcionário. Cortando pela metade o número de ações, cada funcionário ficaria com a metade das ações que possuía antes, mas ainda seria dono da mesma porcentagem da empresa. Nada mudaria.

Mas mudou. Como havíamos crescido de zero para seiscentos funcionários em menos de um ano e meio, a situação era propícia a exageros e histeria. Alguns gerentes superentusiasmados tinham vendido um sonho distante demais. Não haviam mencionado porcentagens, apenas o número de ações, e tinham criado o mito de um preço potencial de 100 dólares por ação. Os funcionários fizeram contas com base nesse preço irreal e calcularam quanto iriam ganhar. Eu sabia que isso estava acontecendo, mas nunca tinha imaginado que precisaríamos fundir ações. Por isso, não me preocupei. Como aconteceu em muitos outros departamentos nos quais não agi de modo correto naquela época, deveria ter me preocupado.

Minha esposa, Felicia, como sempre, compareceu à reunião plenária da empresa. Os pais dela estavam na cidade e a acompanharam. A reunião não correu bem. Os funcionários não tinham ideia do quanto estávamos em perigo e não gostaram de saber que a empresa abriria o capital. A notícia da fusão de ações deixou-os ainda mais descontentes. Na verdade, enfureceu-os. Eu tinha cortado pela metade o preço irreal, e eles não gostaram. Ninguém falou nada diretamente para mim, mas meus sogros ouviram tudo o que foi dito. E, como disse meu sogro: "Não era nada de bom."

Minha sogra, Loretta, perguntou a Felicia: "Por que será que todos odeiam tanto o Ben?" Felicia, que normalmente é a pessoa mais elétrica e extrovertida em qualquer ambiente, estava se recuperando de uma cirurgia de hérnia, de modo que não se encontrava em seu fervilhante estado de espírito habitual. Sentia-se desanimada. Meus sogros mostravam-se deprimidos. Os funcionários estavam furiosos. Eu não sabia se conseguiria o dinheiro. Que jeito de começar uma viagem de divulgação, evento que normalmente é celebrado.

A viagem foi horrível. A Bolsa despencava todos os dias, sempre por causa das ações de tecnologia. Quando chegávamos, os investidores pareciam ter acabado de sair de uma câmara de tortura. Um administrador de fundos mútuos olhou direto para mim e para Marc e perguntou: "Em que planeta vocês estão? Têm alguma ideia do que está acontecendo no mundo?" Cheguei à conclusão de que não conseguiríamos o dinheiro de jeito nenhum. Iríamos à falência, com toda a certeza. Durante aquela viagem de três semanas, não consegui dormir mais de duas horas.

Três dias depois da partida, recebi um telefonema do meu sogro. John Wiley havia visto de tudo ao longo de seus 71 anos.

Quando ele era criança, seu pai foi assassinado no Texas. Para sobreviver, ele e a mãe passaram a morar com um homem violento que tinha nove filhos. John era maltratado e tinha de dormir no celeiro com os animais enquanto as outras crianças comiam seu jantar. Para fugir daquela crueldade, John e sua mãe andaram por três dias ao longo de uma estrada de terra, levando tudo o que possuíam. Ele lembraria em detalhes a viagem ao longo de toda a sua vida. Na juventude, antes de terminar o ensino médio, ele foi lutar na Coreia para sustentar a mãe. Já pai de cinco filhos, fez todo tipo de serviço para sustentar a família. Descarregou bananas no porto e construiu o oleoduto do Alasca. Viu dois filhos morrerem antes de completar sessenta anos. Teve uma vida difícil e estava acostumado com as más notícias.

John Wiley não me ligava só para conversar. Quando o fazia, era por um motivo sério, extremamente sério.

Ben: "Alô."

John: "Ben, o pessoal do escritório pediu que eu não incomodasse você, mas quero que saiba que Felicia parou de respirar, mas não vai morrer."

Ben: "Não vai morrer? Como?!?! O que aconteceu?"

Eu não conseguia acreditar. Estava tão concentrado no trabalho que havia esquecido a única coisa que realmente importava. Mais uma vez, tinha deixado de me preocupar com a única coisa com que deveria me preocupar.

Ben: "O que aconteceu?"

John: "Deram-lhe um remédio, ela teve uma reação alérgica e parou de respirar, mas agora já está bem."

Ben: "Quando foi isso?"

John: "Ontem."

Ben: "O quê? Por que você não me contou?"

John: "Sabia que você estava ocupado e com os seus problemas do trabalho, por causa daquela reunião à qual compareci."

Ben: "Devo voltar para casa?"

John: "De jeito nenhum. Vamos cuidar dela. E você cuide do que tem a fazer."

Eu estava atônito. Comecei a suar tanto que precisei trocar de roupa logo após o telefonema. Não sabia o que fazer. Se voltasse para casa, a empresa iria à falência, com certeza. Se ficasse... Mas como poderia ficar? Liguei para casa e pedi que ele passasse o telefone para Felicia.

Ben: "Se você está precisando de mim, volto para casa agora."

Felicia: "Não. Faça a oferta pública. É a última chance para você e para a empresa. Eu vou ficar bem."

Terminei a viagem aos trancos e barrancos, completamente baratinado. Um dia, usei um paletó que não combinava com a calça. Marc chamou a minha atenção para o problema na metade da reunião. Às vezes, eu nem sequer sabia onde estava. Durante as três semanas que passamos na estrada, empresas como a nossa perderam metade de seu valor de mercado, de modo que o preço de 10 dólares por ação passou a representar o dobro do padrão. Os bancos recomendaram que baixássemos o preço da oferta para 6 dólares por ação, para acompanhar a nova realidade, mas nem assim nos garantiram que o negócio iria para a frente. Por fim, na véspera da oferta, a Yahoo – empresa que simbolizava a nova economia da internet – anunciou que seu diretor executivo, Tim Koogle, havia renunciado. Havíamos chegado ao nível mais baixo da quebradeira das pontocom.

A oferta pública inicial da Loudcloud finalmente se realizou ao preço de 6 dólares por ação. Conseguimos levantar 162,5 milhões de dólares, mas não houve festa nem celebração. Nem o Goldman Sachs nem o Morgan Stanley – os dois bancos que administraram a abertura de capital – ofereceram o tradicional jantar de encerramento. Talvez tenha sido a oferta pública inicial menos comemorada em toda a história. Mas Felicia já estava melhor e havíamos conseguido. Num breve instante de tranquilidade durante a viagem de avião de volta para casa, olhei para Scott Kupor, meu diretor financeiro, e falei: "Conseguimos!" Ele respondeu: "Pois é, mas estamos ferrados mesmo assim."

Muitos anos depois, em 2012, quando a Yahoo demitiu seu diretor executivo, Scott Thompson, Felicia me perguntou: "Será que eles devem buscar de novo o Koogle?" Respondi: "Tim Koogle?

Como você sabe quem é Tim Koogle?" Ela recapitulou então uma conversa que havíamos tido onze anos atrás:
Ben: "Estamos ferrados."
Felicia: "Como assim? O que aconteceu?"
Ben: "A Yahoo demitiu o Koogle. Acabou. Acabou tudo."
Felicia: "Quem é esse Koogle?"
Ben: "Era diretor executivo da Yahoo. Estamos ferrados. Vou ter de fechar a empresa."
Felicia: "Tem certeza?"
Ben: "Você não ouviu o que eu disse? A Yahoo demitiu o Koogle. Ferrou."
Ela nunca tinha me visto tão deprimido e nunca se esqueceu daquela conversa. A véspera da oferta pública é um ponto alto na vida da maioria dos diretores executivos. Para mim, foi o ponto mais baixo da depressão.

Se você tem de engolir um sapo, engula inteiro, de uma só vez

Durante a viagem, para diminuir a tensão, Marc costumava dizer: "Lembre-se, Ben: as coisas sempre ficam mais escuras pouco antes de ficarem completamente escuras." Ele estava brincando, mas, quando iniciamos o nosso primeiro trimestre como companhia de capital aberto, suas palavras soavam como uma profecia. Os clientes continuavam abandonando o barco, o ambiente macroeconômico piorava e nossas perspectivas de vendas declinavam. À medida que se aproximava nossa primeira reunião com os investidores para discutirmos os rendimentos da empresa, juntei todas as informações pertinentes para me assegurar de que ainda conseguiríamos atingir nossa meta.

A boa notícia era que alcançaríamos a meta para o trimestre. A má notícia: era quase impossível atingi-la para o ano. Em regra, os investidores não querem que uma empresa abra o capital se não consegue atingir sequer a meta para o primeiro ano.

A época era de exceção, mas redefinir a meta na primeira reunião com os investidores seria ruim mesmo assim.

Na discussão sobre a redefinição da meta, ficamos diante de uma escolha difícil: deveríamos tentar minimizar o dano inicial reduzindo a meta ao menor nível possível ou procurar diminuir o risco de precisar fazer outra redução mais à frente? Se reduzíssemos demais a meta, o preço das ações despencaria. Por outro lado, se não reduzíssemos o suficiente, poderíamos ter de fazer isso de novo, o que nos custaria o pouco de credibilidade que ainda nos restava. Dave Conte, meu contador, levantou a mão e nos deu o conselho definitivo: "Vamos ser criticados de qualquer jeito, não importa o que falarmos. Assim que redefinirmos a meta, nossa credibilidade junto aos investidores estará perdida. Então, o melhor é sofrer toda a dor agora, pois, de qualquer modo, ninguém vai acreditar numa previsão positiva. Se você tem de engolir um sapo, engula inteiro, de uma só vez." Assim, redefinimos a meta para o ano, cortando nossa previsão inicial de uma receita de 75 milhões de dólares para 55 milhões.

Redefinindo a receita projetada, também precisávamos redefinir a projeção de gastos – ou seja, era necessário demitir funcionários. Nós, que havíamos sido os queridinhos do mundo das empresas de tecnologia, agora éramos obrigados a mandar para casa 15 por cento dos nossos empregados. Esse foi o maior indício, até então, de que eu tinha fracassado. Havia decepcionado meus investidores, meus funcionários e a mim mesmo.

Depois da redefinição, o Goldman Sachs e o Morgan Stanley – os bancos de investimento por meio dos quais havíamos aberto o capital – abandonaram a cobertura das pesquisas. Seus analistas não acompanhariam mais o progresso da empresa em nome de seus clientes. Foi um tapa na cara e um descumprimento das promessas que fizeram quando anunciaram nossa oferta pública, mas a época era difícil para todos e não tínhamos a quem recorrer. Sem o voto de confiança dos bancos e com uma projeção de receitas mais baixa, o preço das ações despencou de 6 para 2 dólares.

Apesar da tendência maciçamente negativa, batalhamos e, no terceiro trimestre de 2001, estávamos conseguindo garantir resultados bastante robustos. Mas, em 11 de setembro, terroristas sequestraram quatro aviões, enfiaram dois nas torres do World Trade Center e um no Pentágono e lançaram o mundo no caos. Nosso maior negócio daquele trimestre era um contrato com o governo britânico. Nosso contato nos telefonou para dizer que o primeiro-ministro, Tony Blair, havia redirecionado o dinheiro do nosso contrato para a máquina de guerra. Por um verdadeiro milagre, nosso diretor de vendas convenceu um dos subordinados de Tony Blair a recuperar o dinheiro. Fechamos o contrato e alcançamos as projeções para o trimestre.

Apesar disso, a precariedade da situação foi um sinal, para mim, de que todo o nosso negócio era extremamente frágil. Tive outro sinal quando nossa maior concorrente, a Exodus, pediu falência em 26 de setembro. Era difícil acreditar, pois fazia apenas nove meses que ela levantara 800 milhões de dólares num plano de "financiamento pleno". Mais tarde, um executivo da empresa brincou comigo: "Quando nosso carro caiu do penhasco, não deixamos marcas de frenagem." Se a própria Exodus conseguira perder 50 bilhões de dólares em capitalização de mercado e 800 milhões em dinheiro com tanta rapidez, eu precisava de um plano B.

Na primeira tentativa de elaborar esse plano, cogitamos adquirir a Data Return, uma empresa parecida com a nossa, mas mais voltada para o Windows do que nós, que fazíamos aplicativos para o Unix. Estudamos a ideia durante semanas, pensando como as duas empresas funcionariam juntas e projetando ofertas de produtos e sinergias de custos. Na época, meu diretor financeiro estava bastante entusiasmado com a proposta, pois teria a oportunidade de fazer o que mais prezava: diminuir custos.

Quase no fim do processo, tirei dois dias de folga e viajei para Ashland, Oregon. Logo ao chegar, recebi uma ligação urgente de John O'Farrell, encarregado do desenvolvimento de negócios.

John: "Ben, desculpe perturbá-lo no meio da folga, mas acabamos de fazer uma reunião sobre a aquisição da Data Return e acho que não devemos fechar o negócio."

Ben: "Por que não?"

John: "Para falar a verdade, nossa empresa está com problemas e a deles também. Se juntarmos as duas, vamos ficar com duas vezes mais problemas."
Ben: "Eu estava pensando exatamente a mesma coisa."
Na verdade, ao examinar os negócios da Data Return, tive certeza absoluta de que a Loudcloud não terminaria bem. Há certas coisas que é mais fácil ver nos outros do que em nós mesmos. Olhando para a Data Return, eu via o futuro da Loudcloud, e ele não era bonito. Eu tinha imensa dificuldade para dormir enquanto pensava no nosso destino. Para tentar me sentir melhor, perguntava a mim mesmo: "O que de pior pode acontecer?" A resposta era sempre a mesma: "Vamos à falência, vou perder o dinheiro de todo mundo, inclusive o da minha mãe, vou ter de despedir pessoas que têm trabalhado duro num ambiente econômico péssimo, todos os clientes que confiaram em mim estarão ferrados e minha reputação estará arruinada." Nunca consegui me sentir melhor ao fazer essa pergunta para mim.
Então, um belo dia, fiz uma pergunta diferente: "O que eu faria se fôssemos à falência?" A resposta em que pensei me surpreendeu: "Compraria o Opsware – nosso software, que roda na Loudcloud – e abriria uma empresa de software." Tínhamos desenvolvido o Opsware para automatizar todas as tarefas de gestão da nuvem: aprovisionar os servidores e o equipamento de rede, implantar aplicativos, recuperar o ambiente de rede em caso de queda etc. Pensei, então, em outra pergunta: "Não haverá um jeito de fazer isso sem ir à falência?"
Repassei mentalmente vários processos pelos quais poderíamos sair do setor de nuvem e entrar no de software. Em todos os cenários, o primeiro passo era separar o Opsware da Loudcloud. O Opsware tinha sido criado para rodar apenas na Loudcloud e possuía muitas limitações que o impediam de funcionar em qualquer outro ambiente. Perguntei a Tim Howes, cofundador da empresa e diretor de tecnologia, quanto tempo levaria para separar os dois. Ele respondeu que demoraria cerca de nove meses, projeção que acabaria se revelando extremamente otimista. Designei

de imediato uma equipe de dez engenheiros para começar o processo, num projeto que chamamos de Oxide.

Naquela época, nossa empresa ainda atuava no setor de nuvem, e evitei de toda maneira que alguém soubesse que estava pensando em outra coisa. Se tivesse feito isso, condenaria imediatamente ao fracasso o setor em que atuávamos, pois todos prefeririam trabalhar para o futuro a trabalhar para o passado. Disse a todos que o Oxide era apenas mais uma linha de produtos. Essa afirmação preocupou profundamente dois funcionários formados na Faculdade de Administração de Stanford. Eles marcaram uma reunião comigo e me brindaram com uma apresentação de slides em que demonstravam com clareza que minha decisão de lançar o Oxide era quixotesca, errônea e imbecil. Argumentaram que o projeto retiraria recursos preciosos da nossa linha de atuação principal, e tudo isso para desenvolver um produto que com certeza fracassaria. Deixei que me mostrassem os 45 slides sem fazer uma única pergunta. Quando terminaram, falei: "Por acaso pedi que vocês me fizessem essa apresentação?" Foram as primeiras palavras que disse quando passei a diretor de tempos de paz para diretor de tempos de guerra.

Em virtude da minha posição e do fato de sermos uma empresa de capital aberto, ninguém mais além de mim conhecia o quadro completo. Sabia que estávamos profundamente encrencados. Ninguém mais além de mim poderia nos tirar dessa enrascada, e eu já não queria ouvir conselhos de quem não conhecia todas as variáveis em jogo. Queria todos os dados e informações possíveis, mas não precisava de recomendações sobre a direção futura da empresa. Estávamos em guerra. Minhas decisões, e somente elas, determinariam a vida ou a morte da empresa, responsabilidade que não podia ser diminuída nem atenuada. Se todas as pessoas que eu contratara – e que haviam dado seu sangue pela empresa – fossem simplesmente mandadas para casa, nenhuma desculpa me aliviaria. De nada adiantaria eu dizer que o ambiente econômico estava péssimo, que tinha recebido maus conselhos ou que as coisas haviam mudado rápido demais. Minhas únicas opções eram a sobrevivência ou a destruição total.

Era fato que a maior parte das operações ainda poderia ser delegada e a maioria dos diretores teria poder para tomar decisões dentro da sua área de competência, mas dar a solução para a questão fundamental, se a Loudcloud sobreviveria ou não, e de que forma, ainda cabia a mim, e somente a mim.

Aos trancos e barrancos, terminamos o quarto trimestre de 2001 e superamos nossa meta para o ano com uma receita de 57 milhões de dólares, em vez dos 55 milhões previstos. Nada demais, mas poucas empresas haviam atingido a meta naquele ano, de modo que encarei o fato como uma pequena vitória. O preço das ações subiu aos poucos até chegar a 4 dólares. Parecia que seríamos capazes de fazer funcionar o negócio de nuvem. Para tanto, precisávamos de mais dinheiro.

Analisamos com cuidado nosso plano financeiro e concluímos que necessitávamos de mais 50 milhões de dólares para chegar ao ponto de equilíbrio no fluxo de caixa – o ponto em que já não precisaríamos levantar dinheiro. Dada a nossa situação de mercado, àquela altura era quase impossível arranjar financiamento. A única opção era um esquema bem pouco usado, chamado *private investment in public equity* (Pipe)*. Trabalhamos com o Morgan Stanley para reunir investidores com o objetivo de levantar 50 milhões de dólares.

Na terça-feira, todos cairíamos na estrada para divulgar o Pipe. Na segunda de manhã, recebi um telefonema. "Ben, o diretor executivo da Atriax está no telefone. Você fala com ele?" A Atriax, uma casa de câmbio respaldada pelo Citibank e pelo Deutsche Bank, era nosso maior cliente. Pagava-nos mais de 1 milhão de dólares por mês e tinha assinado um contrato de dois anos. Eu estava no meio de uma reunião com Deb Casados, minha vice-presidente de recursos humanos, mas mandei que transferissem a ligação. Fui informado então de que a Atriax estava falida e não poderia pagar nem um centavo dos 25 milhões de dólares que nos devia. Foi como se o mundo tivesse parado de girar. Fiquei estupefato, sem palavras, até ouvir a voz de Deb dizendo:

---

* Aquisição de participação em empresas de capital aberto por meio de negociações privadas, fora da Bolsa de Valores. (N. do T.)

"Ben, Ben, Ben! Vamos fazer a reunião em outro momento?" Concordei e caminhei lentamente até o escritório do meu diretor financeiro para avaliarmos as perdas. Eram maiores do que eu havia imaginado.

Dada a materialidade da perda do contrato, não poderíamos tentar conseguir dinheiro sem antes revelar que havíamos perdido nosso maior cliente e mais 25 milhões de dólares do nosso plano financeiro. Suspendemos a divulgação do Pipe e publicamos uma nota. As ações imediatamente caíram 50 por cento. Com uma capitalização de mercado de 160 milhões de dólares e em declínio, já não conseguiríamos os 50 milhões de dólares por meio do Pipe. Além disso, com a perda da Atriax, os 50 milhões necessários para o equilíbrio financeiro se transformaram instantaneamente em 75 milhões, sem que tivéssemos a menor perspectiva de transpor esse abismo. A Loudcloud estava condenada, e eu tinha de pôr em ação o plano Oxide.

A situação era complexa, pois 440 dos nossos 450 funcionários trabalhavam no setor de nuvem, que representava todos os nossos clientes e gerava 100 por cento da nossa receita. Eu não podia dizer aos funcionários, nem à equipe executiva, que estava cogitando a hipótese de sair do negócio de nuvem, pois o preço das ações cairia a zero e já não teríamos nenhuma esperança de vender a empresa e evitar a falência.

A única pessoa em quem eu precisava e podia confiar era John O'Farrell. John era o diretor de desenvolvimento corporativo e de negócios. Mais do que isso, era o maior especialista em grandes negociações que eu conhecia. Para você entender o que quero dizer, vamos imaginar que você seja uma pessoa religiosa. Trata-se de uma hipótese. Vamos supor que você tenha chegado ao fim de sua vida e breve estará diante do Criador, para o Juízo Final. Vamos supor, ainda, que você tenha o direito de chamar uma única pessoa para ajudá-lo a negociar seu destino eterno. Quem você chamaria? Se fosse eu, certamente escolheria John O'Farrell, meu irmão irlandês.

Disse a John que eu e ele teríamos de executar um plano de emergência e precisávamos começar de imediato. De início, esse projeto envolveria apenas nós dois, e era necessário que todos os outros se concentrassem na tarefa de reduzir a queima de dinheiro da Loudcloud. Em seguida, telefonei para Bill Campbell para explicar por que precisávamos sair do setor de nuvem. Bill sabia o que era uma crise desde que fora diretor executivo da GO Corporation, no começo da década de 1990. A GO tentara criar um equipamento semelhante a um iPhone em 1992 e acabou entrando para a história como uma das empresas cujos investidores de risco mais perderam dinheiro. Expliquei a Bill a minha lógica: a única maneira de fazer o setor de nuvem dar certo sem ir à falência era vender mais, uma vez que, mesmo que despedíssemos todos os nossos funcionários, os custos de infraestrutura já nos matariam se não aumentássemos as vendas. Expliquei ainda que o desequilíbrio de caixa fazia diminuir a confiança dos clientes. Isso prejudicava as vendas e, em consequência, aumentava ainda mais o rombo no caixa. Bill disse simplesmente: "Espiral", e concluí que ele havia entendido.

John e eu mapeamos o ambiente para identificar quais empresas poderiam estar interessadas em adquirir a Loudcloud. Infelizmente, muitos compradores em potencial estavam eles próprios em má situação. A Qwest e a WorldCom, gigantes das telecomunicações, estavam envolvidas em fraudes contábeis e a Exodus já tinha falido. Decidimos nos concentrar nos três compradores mais prováveis: a IBM, a Cable & Wireless e a EDS.

O sistema de hospedagem da IBM era dirigido pelo simpático Jim Corgel, que se interessou de imediato. Jim valorizava a marca Loudcloud e nossa reputação de superioridade tecnológica. A EDS, por outro lado, não demonstrou interesse. Isso me preocupou, pois estudara todos os relatórios apresentados pelas duas empresas à CVM e estava convencido de que a EDS precisava da Loudcloud muito mais do que a IBM. A necessidade sempre ganha da vontade em matéria de fusões e aquisições. John me disse: "Ben, acho que precisamos largar mão da EDS e nos concentrar nos alvos mais prováveis." Pedi que ele desenhasse mais uma vez o organograma da EDS para verificarmos se não havia alguma pessoa influente dentro da empresa com quem ainda não tivéssemos feito contato. Examinando o organograma, perguntei: "Quem é Jeff Kelly?" John pensou um pouco e disse: "Veja só. Ainda não falei com Jeff, mas talvez possa tomar essa decisão."

De fato, Jeff se interessou. Tínhamos duas empresas interessadas e pusemos nosso plano em ação. John e eu fizemos de tudo para criar uma sensação de urgência tanto na IBM quanto na EDS, pois o tempo não estava a nosso favor. Hospedamos delegações das duas empresas em nossa sede e, como parte da técnica de vendas que John orquestrara com perfeição, fazíamos que elas se cruzassem de vez em quando nos corredores. A última etapa consistia em estabelecer o prazo para o fim das negociações. John e eu conversamos sobre a melhor maneira de fazer isso, pois o prazo final que queríamos estabelecer era claramente artificial. Sugeri que a caminho de Plano, Texas, sede da EDS, parássemos em Los Angeles para ouvir os conselhos de Michael Ovitz.

Michael era membro do conselho da Loudcloud, mas, mais que isso, já fora considerado por muitos o homem mais poderoso de Hollywood. Aos 28 anos de idade, fundara uma agência de talentos chamada Creative Artists Agency (CAA), que acabou dominando todo o setor de entretenimento. A ascensão da CAA tornou Michael tão influente que ele conseguia fechar negócios como ninguém.

Quando chegamos em seu escritório, o lugar fervilhava de atividade. Michael fazia dez coisas ao mesmo tempo, mas arranjou um tempo para falar comigo e com John. Explicamos a situação: estávamos correndo contra o tempo e havia duas empresas interessadas, mas não tínhamos nenhum incentivo para apressá-las. Michael fez uma pausa, pensou um pouco e nos deu seu conselho: "Cavalheiros, já fiz muitos negócios na vida e, por meio desse processo, desenvolvi uma metodologia, um jeito de agir ou mesmo uma filosofia, se quiserem. Por essa filosofia, tenho certas crenças. Acredito em prazos artificiais. Acredito em opor um concorrente ao outro. Acredito em tudo o que, sem cair na ilegalidade nem na imoralidade, possa me ajudar a fechar o diabo do negócio."

Michael tinha um jeito todo especial de expressar a sua opinião com bastante clareza.

Agradecemos e fomos para o aeroporto. Telefonamos para a EDS e a IBM e dissemos que completaríamos o processo ao longo das oito semanas seguintes. Após esse prazo, venderíamos a Loudcloud. Se eles estivessem interessados, deviam obedecer a esse cronograma ou sair do jogo. O prazo artificial de Michael Ovitz estava em pleno funcionamento. Sabíamos que talvez tivéssemos de prolongá-lo um pouco, mas Michael nos convenceu de que prolongar o prazo era melhor do que não ter prazo nenhum.

Sete semanas depois, chegamos a um acordo com a EDS. Ela compraria a Loudcloud por 63,5 milhões de dólares em dinheiro e assumiria seu passivo. Conservaríamos a propriedade intelectual e o Opsware e nos transformaríamos numa empresa de software. A EDS, pagando-nos 20 milhões por ano, teria licença para usar nosso software tanto na Loudcloud quanto em seu sistema maior. Achei o negócio excelente tanto para a EDS quanto para nós. De qualquer modo, era muito melhor do que a falência. Senti-me 70 quilos mais leve e consegui respirar fundo pela primeira vez em um ano e meio. Mesmo assim, o processo de venda da Loudcloud não seria simples. Teríamos de transferir 150 funcionários para a EDS e despedir outros 140.

Liguei para Bill Campbell para lhe dar as boas notícias: o contrato estava assinado e seria anunciado em Nova York na segunda-feira. Ele respondeu: "Que pena que você não poderá estar em Nova York para o anúncio, terá de mandar o Marc." Perguntei: "Como assim?" Ele explicou: "Você deve ficar na empresa e deixar bem claro para cada pessoa qual é a situação dela. Não pode esperar nem um dia. Na verdade, nem um minuto. Cada pessoa precisa saber se vai estar trabalhando para você, para a EDS ou procurando emprego." Droga. Ele tinha razão. Mandei Marc para Nova York e me preparei para informar a cada um qual era a sua situação. Esse breve conselho de Bill representou o fundamento de que precisávamos para reconstruir a empresa. Se não tivéssemos tratado com justiça as pessoas que mandamos embora, as que ficaram jamais teriam conseguido confiar em mim novamente. Apenas um diretor executivo que já tinha passado por situações terríveis, devastadoras, seria capaz de me dar aquele conselho naquele momento.

CAPÍTULO 3
MAIS UMA VEZ, AGORA COM SENTIMENTO

> "Sigo em frente, a única direção
> Não posso ter medo de fracassar na busca da perfeição."*
>
> **JAY Z, "ON THE NEXT ONE"**

Com a venda para a EDS, eu achava que a empresa estava sanada, mas os acionistas não concordavam. Havia vendido todos os clientes, toda a receita e uma atividade comercial que o pessoal da EDS entendia. Resultado: todos os grandes acionistas abandonaram o barco e o preço das ações caiu para 0,35 dólar – ou seja, nosso valor de mercado passou a representar cerca de metade do dinheiro que possuíamos no banco. Percebi que, afora eu, ninguém mais sabia o quanto as coisas tinham estado por um fio; me dei conta também de que, afora eu, ninguém mais acreditava no futuro. Decidi convidar os funcionários para um passeio, para tentar vender-lhes a nova oportunidade.

Aluguei quarenta quartos num hotel barato em Santa Cruz e levei os oitenta funcionários que nos restavam para uma noite de bebedeira e um dia de conversa séria sobre a oportunidade da Opsware. No final do dia, tentei ser o mais honesto possível.

"Agora vocês já sabem tudo o que sei e penso sobre a oportunidade que temos à nossa frente. Wall Street não acredita que a Opsware seja uma boa ideia, mas eu acredito. Compreendo que

---

* *I move onward, the only direction / Can't be scared to fail in search of perfection.*

vocês não tenham a mesma opinião. Como esta empresa é novinha em folha e o desafio também é novo, estou oferecendo de graça a todos lotes de ações da empresa. Tudo o que peço é que aqueles que decidirem sair que o façam ainda hoje. Não vou simplesmente lhes dar adeus, vou ajudá-los a achar outro emprego. Mas precisamos saber onde estamos. Precisamos saber quem está conosco, com quem podemos contar. Não podemos nos dar ao luxo de perder sangue aos poucos. A franqueza é algo que vocês devem a seus companheiros de equipe. Digam-nos o que vocês pretendem fazer."

Naquele dia, dois funcionários se demitiram. Os outros 78 que não se demitiram, com exceção de dois, permaneceram conosco até a venda para a Hewlett-Packard, cinco anos depois.

Depois dessa reunião, a primeira coisa a fazer era aumentar o valor das ações. A Nasdaq havia me enviado uma carta lacônica dizendo que, se não conseguíssemos elevar o valor de nossas ações acima de um dólar, ela nos excluiria da Bolsa e nos relegaria ao purgatório chamado de *penny stocks*, as ações cotadas em centavos de dólar. O conselho discutiu a melhor maneira de elevar o valor – fundir ações? recomprar as ações de seus atuais detentores? –, mas eu achava que bastava contarmos nossa história, que era bem simples. Tínhamos uma equipe de primeira, 60 milhões de dólares no banco, um contrato de 20 milhões de dólares por ano com a EDS e bens intelectuais valiosos. A menos que eu fosse o pior diretor executivo de todos os tempos, devíamos valer mais de 30 milhões de dólares. A história "colou" e o valor das ações subiu para mais de um dólar por ação.

Em seguida, precisei montar um produto. O Opsware havia sido criado para funcionar apenas na Loudcloud. Ainda não estava pronto para enfrentar o mundo. Na verdade, certas partes da programação estavam gravadas fisicamente em máquinas que tínhamos no prédio. O componente que administrava a rede chamava-se Jive e aparecia na primeira página com um chapéu roxo de cafetão. O projeto Oxide já era um começo, mas os engenheiros estavam preocupados. Apresentaram-me uma longa lista de recursos que, no seu entender, deviam ser acrescentados ao produto antes de ingressarmos no mercado. Mencionaram concorrentes que tinham produtos mais bem-acabados.

Ao ouvir suas longas objeções, para mim ficou claro que os recursos que eles queriam acrescentar provinham dos requisitos da Loudcloud. Por mais doloroso que fosse, eu sabia que precisaríamos entrar num mercado maior para conhecê-lo bem o suficiente de forma a poder criar o melhor produto. Paradoxalmente, a única maneira de fazer isso consistia em montar e tentar vender um produto que não fosse muito bom. Daríamos com os burros n'água, mas rapidamente aprenderíamos o que deveríamos fazer para sobreviver.

Por fim, tive de reestruturar a equipe executiva. O diretor financeiro não entendia de contabilidade de software, o diretor de vendas nunca vendera softwares e o diretor de marketing não conhecia nosso mercado. Todos tinham sido excelentes em suas antigas funções, mas não estavam qualificados para as novas. Foi horrível ter de mandá-los embora, porém foi necessário.

A estratégia e a equipe se encaixaram, e a empresa passou a funcionar. Começamos a conquistar clientes num ritmo regular, e o valor das nossas ações subiu de 0,35 dólar, seu valor mais baixo, para mais de 7 dólares por unidade. Achei que, por fim, estávamos com a cabeça fora d'água. Naturalmente, eu estava errado.

Sessenta dias de sobrevida

Passado algum tempo, recebemos péssimas notícias da EDS, nossa maior cliente. "Maior cliente" é um eufemismo: a EDS representava 90 por cento da nossa receita e não estava contente. Implantado pela EDS, o Opsware não havia atingido seus objetivos e surgiram múltiplos problemas técnicos. A EDS queria cancelar a implantação, cancelar o contrato e receber o dinheiro de volta. Se devolvêssemos o dinheiro, a Opsware acabaria. Se entrássemos numa grande disputa com um cliente que representava quase toda a nossa receita, isso também ocorreria. Estávamos condenados de novo.

Chamei os dois principais encarregados da conta da EDS para uma reunião.

Jason Rosenthal tinha sido o primeiro funcionário contratado por mim e era o melhor gerente da empresa. Formado em Stanford, dotado de uma incrível memória e de uma mente genial para administrar todos os detalhes de um projeto complexo, ele era encarregado da implantação do Opsware na EDS.

Anthony Wright fora criado num bairro pobre e violento de Pittsburgh. Filho do legendário lutador de rua Joe Wright, era faixa preta em várias artes marciais. Conquistara seu próprio espaço, era muito determinado e não aceitava o fracasso. Tinha também a misteriosa capacidade de compreender com rapidez o caráter e as motivações das pessoas. Era capaz de convencer cães famintos a se afastar de um caminhão de carne, como disse outro membro da equipe. Anthony era o gerente de relacionamento com a EDS.

Comecei pedindo uma avaliação: o que havia acontecido? Muitas coisas. O ambiente da EDS era estapafúrdio e caótico. Eles haviam herdado as redes e a infraestrutura de todos os clientes que tinham servido, em contratos assinados nas mais diferentes datas. Possuíam centros de dados conectados por redes de 56 quilobits numa época em que mais ninguém se conectava com uma velocidade que não fosse pelo menos vinte vezes maior. A EDS usava sistemas operacionais em versões tão ultrapassadas que não davam suporte a tecnologias como a dos *threads* – ou seja, nosso software não rodava naqueles sistemas operacionais. E os funcionários eram diferentes dos nossos. Às 2 da tarde, no centro de dados, encontravam-se funcionários dormindo. Não eram motivados e, no geral, não estavam muito contentes. Além disso, nosso produto estava longe de ser perfeito, e cada um dos muitos problemas e imperfeições constituía um motivo a mais para suspender a implantação.

Fiz uma longa pausa, cocei a cabeça e comecei a dar instruções. Escolhi cuidadosamente as palavras:

"Entendo essas dificuldades e, mais do que isso, agradeço profundamente a vocês dois pelo esforço. No entanto, acho que não consegui passar uma ideia clara da situação em que nos encontramos. Neste cenário, uma desculpa não basta. Temos de ganhar ou ganhar. Se a EDS nos abandonar, estamos ferrados, e tudo acabará. A oferta pública de ações, termos conseguido evitar a falência da Loudcloud, todas as demissões e todo o sofrimento terão sido em vão, porque estaremos mortos. Ou seja, nossa única opção é ganhar. Não podemos perder esta partida.

"Jason, a empresa inteira está à sua disposição. Vou garantir que você tenha acesso a tudo de que precisar.

"Anthony, Jason vai trabalhar para criar todo o valor que a EDS espera, mas não vai conseguir. Não será capaz de atender a todas as expectativas deles. Assim, você está encarregado, agora, de descobrir algo que eles não esperam, mas querem. Está encarregado de descobrir qual valor vai acrescentar o elemento entusiasmo. Quando você descobrir isso, é isso que vamos lhes dar."

Jason e Anthony foram então a Plano, no Texas, para se reunir com o pessoal da EDS.

Não sabiam quem tomava as decisões na empresa, mas, depois de várias reuniões e outros tantos becos sem saída, conseguiram acesso ao escritório de uma pessoa que vou chamar de Frank Johnson (não é seu nome verdadeiro). Era um cara grande e robusto que havia sido criado nos campos de petróleo de Oklahoma. Formara-se na academia militar de West Point e agora era encarregado de todas as pessoas que tivessem algo a ver com qualquer servidor da EDS. Anthony e Jason tentaram mostrar a ele o quanto a tecnologia do Opsware era eficiente e como ela poderia ajudar a cortar custos.

Depois de ouvir, Frank empurrou a cadeira para trás, levantou-se e berrou: "Vocês querem mesmo saber o que eu acho do Opsware? Acho que é um monte de merda! Ouço reclamações o dia todo sobre como essa porcaria de produto não funciona. Vou fazer tudo o que puder para que vocês nunca mais ponham os pés aqui!"

Frank revelou seu plano de remover imediatamente o nosso software e de exigir a devolução de todo o dinheiro. Estava falando muito sério.

Anthony permaneceu calmo, fitou-o nos olhos e disse: "Frank, vou fazer exatamente o que você está dizendo. Entendi tudo muito bem. Este é um momento terrível para você e para nós. Se você permitir que eu use seu telefone, ligo agora mesmo para Ben Horowitz e transmito a ele o que você planeja. Mas, antes, posso lhe fazer uma pergunta? Se minha empresa se comprometesse a solucionar esses problemas, quanto tempo você nos daria para fazer isso?"

Ele respondeu: "Sessenta dias." Anthony disse que a contagem regressiva já havia começado e saiu imediatamente do escritório. Era uma boa notícia: tínhamos exatos sessenta dias para resolver todos os problemas e fazer a implantação funcionar. Se não conseguíssemos, babau. Restavam-nos sessenta dias de sobrevida.

Uma das primeiras coisas que aprendi na minha carreira é que, sempre que uma grande organização quer fazer algo, tudo sempre se concentra em uma única pessoa, que pode atrasar todo o projeto. Um engenheiro empaca à espera da decisão de um gerente; uma gerente pensa que não tem autoridade para fazer uma compra importantíssima. Essas pequenas hesitações, aparentemente insignificantes, podem causar terríveis atrasos. Como eu não podia me dar ao luxo de deixar isso acontecer, agendei uma reunião diária com Anthony, Jason e a equipe, embora todos eles estivessem sediados em Plano. O objetivo era remover todos os obstáculos. Se alguém empacasse por qualquer motivo, a paralisação não duraria mais de 24 horas, o intervalo entre duas reuniões.

Enquanto isso, Anthony dava duro para encontrar o valor de entusiasmo que poderíamos oferecer à EDS. Começamos com breves informações que não mudariam nosso destino, mas revelavam dicas importantes. Pagamos a passagem de avião para que Frank, o principal executivo da EDS, se reunisse com nossos principais engenheiros e arquitetos. Depois de comprar a passagem, Anthony contou que Frank pedira o maior tempo de espera possível no aeroporto onde faria a baldeação. Achei que não tinha entendido bem. "O quê? Ele quer um tempo de espera grande?"

Anthony: "Isso mesmo."

Ben: "E por que cargas-d'água alguém quer ficar um tempão parado num aeroporto?"
Anthony: "Pelo jeito, ele gosta de esperar no bar do aeroporto, entre um voo e outro."
Ben: "E por que ele gosta disso?"
Anthony: "Fiz-lhe a mesma pergunta. Frank respondeu: 'Porque detesto meu emprego e minha família.'"
Até então, eu não tinha ideia de com quem estava lidando. Saber que Frank via o mundo de um modo muito diferente daquele como o pessoal da Opsware via clareou meus pensamentos. Ele estava certo de que queríamos ferrá-lo. Isso sempre acontecera em sua carreira e, pelo jeito, também em sua vida pessoal. Precisávamos de algo que o fizesse superar essa impressão. Precisávamos nos colocar do lado do bar do aeroporto, não do lado do emprego e da família.

Ao mesmo tempo, Jason comandava a equipe de implantação com precisão incansável. Um mês depois de posto em ação o plano, as tripulações que faziam o voo entre Dallas e San Jose já conheciam Jason e todos da equipe pelo nome. Eles faziam progresso constante, mas isso não era suficiente. Como não conseguiríamos implantar por completo o Opsware na EDS em sessenta dias, precisávamos que Anthony nos desse o valor de entusiasmo de qualquer jeito.

Eu estava sentado no escritório, à espera de alguma novidade, quando meu celular tocou. Era Anthony.
Anthony: "Ben, acho que descobri."
Ben: "Descobriu o quê?"
Anthony: "O valor de entusiasmo é a Tangram."
Ben: "O quê?"
Anthony: "A Tangram. A EDS usa um produto de uma empresa chamada Tangram para fazer o balanço anual de hardware e software. Frank adora esse produto, mas os responsáveis pelas compras obrigam-no a optar por um produto equivalente da Computer Associates, disponível gratuitamente devido a um acerto entre a CA e a EDS. Frank detesta o produto da CA. Está se ferrando de novo."

Ben: "E o que podemos fazer?"
Anthony: "Se oferecermos o produto da Tangram de graça junto com o Opsware, o Frank vai dar pulos de alegria."
Ben: "Economicamente, parece inviável. Se comprarmos as licenças da Tangram e as dermos à EDS, teremos um gasto colossal. Será impossível justificá-lo para Wall Street."
Anthony: "Você me perguntou o que a EDS realmente quer. Ela quer a Tangram."
Ben: "Entendido."

Como nunca tinha ouvido falar da Tangram, fiz uma rápida busca na internet. Era uma empresa pequena de Cary, Carolina do Norte, mas seu capital era negociado na Nasdaq. Pesquisei a sua capitalização de mercado. Não era possível: segundo o Yahoo Finanças, a Tangram Enterprise Solutions valia apenas 6 milhões de dólares. Nunca tinha ouvido falar de uma empresa de capital aberto tão barata.

Liguei imediatamente para John O'Farrell, meu diretor de desenvolvimento de negócios. Disse-lhe que queria comprar a Tangram e que isso teria de ser feito com extrema rapidez – ou seja, eu queria a aquisição da Tangram definida antes que nossa janela de sessenta dias com a EDS fechasse.

A Tangram era dirigida por Norman Phelps, um diretor executivo interino, excelente sinal de que estariam dispostos a vender a empresa, pois a maioria dos conselhos prefere vender a fazer uma nova aposta num novo diretor executivo. John entrou em contato com a Tangram, que se interessou na hora. Montamos uma equipe para fazer todas as investigações necessárias enquanto negociávamos, paralelamente, um acordo de fusão. Terminadas as investigações, me reuni com a equipe. Todos concordaram, imediata e unanimemente, que não valia a pena comprar a Tangram: a tecnologia não tinha tanto valor, seria difícil de integrar e era antiga; a empresa estava situada na Carolina do Norte e tinha sido fundada fazia quinze anos. A equipe de finanças achava que a aquisição seria perda de dinheiro. Ouvi tudo e, em seguida, disse a todos que nada daquilo importava. Íamos comprar a Tangram e ponto final. A equipe ficou chocada, mas não contra-argumentou.

John e eu negociamos um acordo para adquirir a Tangram por 10 milhões de dólares em dinheiro e ações. Assinamos o acordo antes de terminado o prazo combinado. Liguei para Frank, da EDS, para lhe dizer que, quando a transação se completasse, incluiríamos todos os softwares da Tangram de graça no contrato da EDS com a Opsware. Frank entrou em êxtase. Ao resolvermos o problema, ele passou a ver de um modo completamente diferente o trabalho que a equipe de Jason tinha feito. Ao fim dos sessenta dias, Frank reuniu nosso pessoal e falou:

"O que eu disse a vocês no começo desse processo, já havia dito a pelo menos uma dúzia de outros fornecedores. Todos me prometeram tudo, mas nenhum cumpriu suas promessas. Mas vocês cumpriram. Estou admirado. São meus melhores fornecedores, e estou contente por trabalharmos juntos."

Tínhamos conseguido. Salvamos a conta e a empresa. Que alívio! Mas ainda havia um assunto para resolver: a empresa que adquirimos, com seus 57 funcionários. Algumas decisões foram fáceis de tomar. Não precisávamos de nove dos dez vendedores, pois nada havia para ser vendido. Outras foram mais complexas: deveríamos conservar a base na Carolina do Norte? No fim, decidimos conservar o edifício e sediar nele o nosso sistema de apoio aos clientes. Levando em conta a rotatividade de pessoal e o custo do recrutamento e do treinamento, sai mais barato contratar engenheiros em Cary, Carolina do Norte, do que em Bangalore, na Índia. À medida que os anos foram passando, a Tangram foi se revelando uma aquisição altamente lucrativa, bem além do papel crítico que ela desempenhou para salvar a conta da EDS.

Durante as conversas que precederam a aquisição, os dois lados haviam concordado em que o diretor financeiro da Tangram, John Nelli, não faria parte da Opsware. Porém, no período entre a assinatura e a implementação das mudanças, John começou a sentir fortes dores de cabeça. Os médicos descobriram que ele tinha um tumor no cérebro. Como não trabalharia mais para a Opsware e a doença já existia, não teria direito ao seguro-saúde estabelecido pelo nosso plano. Porém o custo do tratamento sem o seguro-saúde provavelmente seria inviável para sua família. Perguntei ao meu diretor de recursos humanos quanto gastaríamos para mantê-lo na folha de pagamento tempo suficiente para que ele se qualificasse para o Cobra* e o quanto este custaria. Não era pouco: cerca de 200 mil dólares. Era uma quantia significativa para uma empresa na situação em que estávamos. Além disso, mal conhecíamos John e, tecnicamente, não lhe "devíamos" nada. O problema não era nosso. Estávamos lutando para sobreviver.

Estávamos lutando para sobreviver, e ele também. Decidi pagar seu tratamento, tirando aquele dinheiro do orçamento. Tomei a decisão e esqueci o assunto. Porém, quinze meses depois, recebi uma carta da esposa de John, escrita à mão, na qual ela me contava que ele tinha morrido e expressava a sua perplexidade pelo fato de eu ter ajudado uma pessoa que nem sequer conhecia, ato que, para ela, evitou que caísse no mais absoluto desespero. Ao longo de vários parágrafos, ela me disse que não sabia por que eu havia bancado o tratamento do seu marido, mas que esse ato lhe permitira continuar vivendo e ela seria eternamente grata a nós.

Acho que fiz isso porque já sabia o que era o desespero.

A sobrevivência dos mais aptos

Logo após ter sido superada a crise da EDS, fiquei sabendo que três clientes que tínhamos em vista desistiram de fazer negócio conosco. Um novo e excelente concorrente, a BladeLogic, havia surgido e estava ganhando contas que seriam fundamentais para nós. Perdemos diversos negócios e, em consequência, ficamos aquém do lucro projetado para o trimestre. O preço das ações caiu de novo para 2,90 dólares.

Lá íamos nós outra vez.

---

* Lei norte-americana (Consolidated Omnibus Budget Reconciliation Act of 1985) que, sob certas condições, determina a extensão dos planos de seguro--saúde oferecidos por uma empresa a seus funcionários. (N. do T.)

Com um produto deficiente, ações em queda e uma equipe cansada, eu sabia que estávamos em apuros. Para piorar as coisas, Marc, que vinha trabalhando exclusivamente na Loudcloud e na Opsware como "presidente do conselho em tempo integral", tinha decidido fundar outra empresa, a Ning. O sucesso ou o fracasso da Opsware, portanto, dependiam de mim e da equipe, mas o momento não poderia ser pior. Além de as ações da empresa estarem despencando, nosso rosto e nosso porta-voz ia trabalhar em outra coisa. Depois de tudo o que tínhamos enfrentado, como poderia pedir à equipe que escalasse mais uma montanha? Onde eu mesmo buscaria forças para fazer isso?

Eu não tinha mais histórias para contar, nem ideias para falas de motivação ou frases de entusiasmo. Decidi contar a verdade ao pessoal e ver o que acontecia. Chamei todos os engenheiros para uma reunião e falei o seguinte:

"Tenho péssimas notícias. A BladeLogic está nos mandando para o ralo, e o problema é o nosso produto. Se isso continuar, vou ter de vender barato a empresa. Não conseguiremos sobreviver de jeito nenhum se o nosso produto não for o melhor. Por isso, preciso que cada um de vocês faça alguma coisa. Preciso que cada um de vocês, ao voltar para casa hoje, tenha uma conversa séria com sua mulher, seu marido, seu namorado ou quem quer que seja que mais goste de você e lhe diga o seguinte: 'Ben vai precisar de mim pelos próximos seis meses.' Vou precisar que vocês cheguem cedo e saiam tarde. Vou lhes dar o jantar e ficarei aqui com vocês. Mas não se enganem: só temos uma bala na agulha e precisamos acertar o alvo."

Na época, eu me senti péssimo ao pedir à equipe mais um sacrifício. Mas, ao escrever este livro, acho que deveria ter me sentido bem. Muitos anos depois, Ted Crossman, um dos meus melhores engenheiros, disse o seguinte sobre aqueles tempos e o lançamento do Projeto Darwin (um nome bastante adequado):

De todas as épocas que passei na Loudcloud e na Opsware, a do Projeto Darwin foi a mais divertida e a mais difícil. Trabalhei sete dias por semana, das 8 da manhã às 10 da noite, por seis meses a fio. Estávamos a todo vapor. Uma vez por semana, saía

com minha esposa e lhe dedicava toda a minha atenção das 6 da tarde à meia-noite. Mas, no dia seguinte, mesmo que fosse sábado, estava de volta ao escritório às 8 e ficava até depois do jantar. Chegava em casa entre 10 e 11 horas, toda noite. E não era só eu, mas todos os funcionários.
    As exigências técnicas esperadas de nós eram amplas. Fazíamos brainstorms para ter ideias e depois precisávamos concretizá-las num produto de fato.
    Foi difícil, mas divertido. Acho que, na época, não perdemos ninguém. Todos pensávamos: "Temos de fazer isso, senão vamos ter de arranjar outro emprego." Éramos muito unidos. Muitos dos funcionários mais jovens se mostraram à altura da situação. A experiência de serem jogados no mar e terem de nadar fez que crescessem bem rápido.
    Seis meses depois, alguns conceitos começaram a se mostrar realmente viáveis. Ben fez um excelente trabalho. Sempre dava feedback sobre a nossa atuação e cumprimentava as pessoas quando terminavam alguma coisa.

Oito anos depois, ao ler o que Ted havia escrito, as lágrimas escorreram-me dos olhos. Chorei porque não sabia. Achei que soubesse, mas não sabia. Achei que estivesse exigindo demais de todos. Achei que, depois de mal terem sobrevivido à Loudcloud, ninguém mais estivesse disposto a encarar outra missão de vida ou morte. Gostaria de ter sabido na época o que sei hoje.

Depois do pedido de mais um sacrifício, veio a parte difícil: definir o produto. O plano do produto era pesado porque incorporava centenas de exigências feitas pelos nossos clientes. A equipe de gestão de produto teve uma reação contrária à ideia de dar prioridade a características potencialmente boas em detrimento daquelas que poderiam, em tese, derrotar a BladeLogic. Diziam: "Como desistir de exigências que *sabemos* serem essenciais para buscar algo que *achamos* que vai funcionar?"

Acontece que a estratégia de produto consiste exatamente nisso: descobrir o produto correto é tarefa da empresa, não do cliente. O cliente sabe apenas o que quer do produto, baseado em sua experiência. A empresa pode levar em conta todas as informações possíveis e, muitas vezes, ser obrigada a contrariar aquilo que *sabe* ser verdade. Por isso, a inovação pressupõe uma combinação de conhecimento, habilidade e coragem. Existem ocasiões em que somente quem a fundou tem coragem de ignorar os dados. Como nosso tempo estava se esgotando, tive de meter o bedelho: "Pouco me importam as exigências que nos fizeram até agora. Preciso que vocês reinventem o produto, e todos nós precisamos vencer." Nove meses depois, quando lançamos nosso produto, podíamos ganhar de qualquer concorrente. Armado com o novo produto, Mark Cranney, diretor de vendas, foi à luta.

Depois de montar uma equipe de ponta, Mark modificou radicalmente o processo de vendas e submeteu todos os vendedores a um programa de treinamento severo e impiedoso. Exigia a perfeição e não tinha a mínima tolerância com as menores falhas relativas a técnica, habilidade ou conhecimento.

Em toda reunião semanal de previsão de vendas, Mark repassava cada venda em potencial para nossos 150 vendedores. Numa dessas reuniões, um vendedor descreveu em detalhes uma conta que havia apresentado como venda praticamente concluída: "Tenho sinal verde do contato na empresa, do vice-presidente ao qual ele é subordinado e do chefe de compras. Meu contato me garantiu que eles vão fechar negócio antes do final deste trimestre fiscal."

Cranney respondeu na hora: "Você falou com o diretor de redes, que tem o mesmo poder decisório desse vice-presidente?"

Representante: "Humm, não falei."

Cranney: "Você mesmo falou com o vice-presidente?"

Representante: "Não."

Cranney: "Ok, então ouça com atenção. Quero que você faça o seguinte: primeiro, tire esses óculos cor-de-rosa que está usando; depois, pegue um cotonete e limpe a cera dos ouvidos; por fim, tire essas luvas de pelica e ligue para o vice-presidente agora, pois o negócio não está fechado coisa nenhuma!"

Cranney tinha razão. O negócio não estava fechado. O diretor de redes, que tinha o mesmo poder decisório do vice-presidente, opunha-se a ele. Acabamos conseguindo uma reunião com ele e ganhamos a venda. Mas o mais importante foi que Cranney deu o tom: um trabalho malfeito não seria tolerado.

Depois de conseguir melhorar nossa posição competitiva, partimos para a ofensiva. Na reunião semanal com minha equipe, inseri uma pauta chamada: "O que não estamos fazendo?" Em geral, nesse tipo de reunião, passamos bastante tempo revendo, avaliando e melhorando todas as coisas que já fazemos: criar produtos, vender produtos, atender os clientes, contratar funcionários e por aí afora. Às vezes, porém, as coisas que não estamos fazendo são aquelas nas quais deveríamos nos concentrar.

Em uma dessas reuniões, depois de eu fazer a pergunta, todos concordaram: "Não estamos automatizando a rede." Embora a versão original do Opsware usada na Loudcloud tivesse automatizado a nossa rede, o software não era robusto o suficiente e, para piorar, trazia um chapéu roxo na capa da interface. Por isso, quando nos tornamos uma empresa de software, nos concentramos na automatização de servidores e nunca reconsideramos essa decisão. Isso havia dado certo nos primeiros anos, mas naquele momento tínhamos a oportunidade de retomar nosso projeto de automação de redes.

Infelizmente, o Jive não era um bom código de base e não podia ser transformado num produto comercial. Minhas opções eram ou começar um novo projeto ou comprar uma das quatro empresas de automatização de redes então existentes. Já no início da minha carreira de engenheiro, aprendi que todas as decisões parecem objetivas até ser escrita a primeira linha de programação. Depois disso, todas se tornam emocionais. Além disso, eu contava com John O'Farrell, o maior negociador de fusões e aquisições do setor. Decidi pesquisar sobre as outras empresas antes de preparar um esforço interno.

Surpreendemo-nos ao saber que, entre as quatro empresas de automatização de redes existentes, aquela que para nós tinha a melhor arquitetura de produto, a Rendition Networks, possuía a menor receita. Por isso, alguns dos nossos financistas duvidaram da nossa avaliação técnica. Mas eu já sabia que as ideias aceitas de pronto nem sempre são verdadeiras, e sabia também que a hipótese do "mercado eficiente" é enganadora. De que outra maneira poderíamos explicar o fato de a Opsware ter valor de mercado equivalente à metade do dinheiro de que dispunha em caixa numa época em que possuía um contrato de 20 milhões de dólares por ano e cinquenta dos melhores engenheiros do mundo? Os mercados não são "eficientes" para descobrir a verdade, são eficientes para convergir para uma conclusão, muitas vezes errada.

Depois de confirmarmos que seria melhor adquirir do que desenvolver o produto, negociamos um acordo de compra da Rendition Networks por 33 milhões de dólares. Três meses após a aquisição, John negociou um acordo para que a Cisco Systems – a maior empresa de gerenciamento de redes do mundo – revendesse nosso produto. O acordo incluía o pagamento antecipado de 30 milhões de dólares pelo licenciamento do software. Ou seja, somente o negócio que fechamos com a Cisco cobriu mais de 90 por cento dos custos da aquisição.

Nota para mim mesmo: sempre vale a pena perguntar: "O que não estou fazendo?"

A decisão final

Quando pusemos no mercado uma linha de produtos mais ampla, fomos ganhando cada vez mais impulso. A partir das cinzas de uma empresa anterior, havíamos construído uma empresa de software cuja receita anual se aproximava de 150 milhões de dólares. O preço das ações cresceu junto com a receita: de 0,35 dólar, no início, para um valor entre 6 e 8 dólares. Às vezes, nossa capitalização de mercado chegava a mais de 800 milhões de dólares.

Mas nem tudo eram rosas. Cada trimestre era uma batalha, e os cenários da competição e da tecnologia mudavam com rapidez. Uma tecnologia chamada "virtualização" estava tomando de assalto o mercado e mudando a maneira de os clientes pensarem sobre a automação de seus ambientes de rede. Na época, me parecia que a virtualização poderia ser a novidade tecnológica que finalmente faria funcionar o modelo de computação em nuvem. Além disso, nunca é fácil dirigir uma empresa de capital aberto. A certa altura, uma acionista chamada Rachel Hyman concluiu que meu ego estava descontrolado e pediu ao conselho que me demitisse e vendesse imediatamente a empresa. Isso apesar de nossas ações estarem sendo cotadas a 7 dólares, ou seja, a um preço dez vezes maior do que o das ações originais de Hyman.

Mesmo assim, eu não pensava em vender. Sempre que um comprador em potencial nos sondava, respondia: "Não estamos à venda." Era uma excelente resposta, pois expressava com clareza que eu não estava disposto a vender, mas também deixava a porta aberta para um comprador agressivo. "Não estamos à venda" não significava que não estávamos abertos a ouvir ofertas, apenas que não estávamos tentando vender a empresa. Assim, quando a EMC deu a entender que queria adquirir nossa empresa, não dei bola. Nossas ações, na época, valiam 6,50 dólares, e eu não cogitava em vender a empresa nem a esse preço nem a um preço próximo a esse. Porém, naquela ocasião, a notícia da oferta chegou à imprensa e nosso valor de mercado subiu para 9,50 dólares por ação, mudando a equação econômica, sobretudo porque o preço delas não estava subindo por um motivo consistente.

Paradoxalmente, quanto mais o preço subia, mais empresas interessavam-se em nos comprar. No decorrer do mês seguinte, onze delas manifestaram seu interesse. Dados a incerteza do nosso setor e o lucro de uma possível venda, o interesse delas não podia ser ignorado.

Para dar início ao processo, John e eu ligamos para Michael Ovitz pedindo conselho. Achávamos que a Oracle, uma das interessadas, jamais faria uma oferta alta, pois suas análises financeiras eram extremamente disciplinadas. Foi o que dissemos a Michael, perguntando em seguida se devíamos ou não manter negociações com a Oracle. Sua resposta teve um valor inestimável: "Bem, meninos, se vocês querem organizar uma corrida de cães, vão precisar de um coelho. E a Oracle é um coelho e tanto."

Com essa estratégia em mãos, conseguimos obter uma ampla gama de ofertas, todas elas entre 10 e 11 dólares por ação. As mais altas representavam um ágio de 38 por cento sobre o preço das ações na época. Embora esse ágio fosse considerado muito bom, eu não achava correto vender a empresa a 11 dólares por ação. A equipe tinha trabalhado demais, tínhamos alcançado muitas conquistas e éramos uma ótima empresa. O risco de permanecermos independentes era grande, mas eu ainda queria apostar na equipe. Recomendei ao conselho que não fizéssemos a venda.

O conselho se surpreendeu, mas me apoiou. Mesmo assim, tinha para com os acionistas a responsabilidade fiduciária de me fazer perguntas difíceis. "Se você não está disposto a vender a empresa a 11 dólares por ação, existe algum preço pelo qual a venderia?" Tive de refletir para responder a essa pergunta. Havia prometido à equipe que, se chegássemos a ser a empresa número um num grande mercado, não venderíamos. Éramos a número um, mas qual era o tamanho exato do nosso mercado? Será que a equipe realmente queria seguir em frente, ou só eu queria? Como fazer essa sondagem sem deixar a empresa em pânico? Diante dessas questões, comecei a ter uma série de longas conversas comigo mesmo.

Foi uma discussão severa em que eu defendia os dois lados. Argumentava que a virtualização criaria inúmeras oportunidades para servidores virtuais, tornando mais essencial do que nunca a nossa atuação, e logo em seguida contra-argumentava: embora isso fosse verdade, as mudanças na arquitetura de software tornariam vulnerável a nossa posição no mercado. Briguei comigo mesmo durante semanas até concluir que a rapidez das mudanças nos obrigaria a fazer modificações substantivas na arquitetura do nosso produto para que continuássemos por cima. A chave para a tomada da decisão final era conhecer o estado de espírito da equipe. Todos estavam dispostos a enfrentar mais um desafio gigantesco, ou já tinham chegado ao fim de um longo caminho? Decidi abrir o jogo com as pessoas que reportavam diretamente a mim e perguntei-lhes a sua opinião. A resposta foi clara: todos, com exceção de um, que achava que ainda tínhamos muitas oportunidades pela frente, optaram pela venda. Agora tudo se resumia a uma questão de preço. Mas que preço?

Depois de uma longa discussão com John O'Farrell, concluí que o melhor preço para vendermos a empresa seria de 14 dólares por ação, cerca de 1,6 bilhão de dólares. Apresentei esse número ao conselho, que o considerou extremamente alto e achou pouco provável conseguirmos gerar uma oferta nesse montante, mas me apoiou mesmo assim. Liguei para todos os potenciais compradores, informando-lhes que só levaríamos em conta ofertas de 14 dólares ou mais. Ninguém se habilitou.

Mais de um mês se passou sem nenhuma manifestação, e concluí que as conversas sobre fusão e aquisição haviam se encerrado. Comecei de novo a pensar como fazer as mudanças necessárias para continuarmos competitivos. Recebi um telefonema de Bob Beauchamp, diretor executivo da BMC Software, oferecendo 13,25 dólares por ação. Mantive-me firme: "Muito obrigado, Bob, mas nosso preço é 14 dólares por ação." Ele disse que teria de pensar no assunto. Ligou dois dias depois e ofereceu 14 dólares por ação. Uau! O cão pegara o coelho.

Imediatamente, John e eu ligamos para os outros interessados para lhes dizer que havíamos recebido uma boa oferta e estávamos tentados a aceitá-la. A Hewlett-Packard ainda tinha interesse em nós e, para ter certeza de que eu não estava blefando, ofereceu 13,50 dólares por ação. Respondi que, como diretor executivo de uma empresa de capital aberto, não poderia aceitar uma oferta inferior. A HP acabou oferecendo 14,25 dólares por ação, ou seja, 1,65 bilhão de dólares em dinheiro. Fechamos negócio.

Quando tudo finalmente terminou – o longo caminho da Loudcloud até a Opsware –, não acreditei que tinha vendido algo que havia construído ao longo de oito anos e ao custo de toda a minha força vital. Como pude fazer isso? Fiquei doente. Não conseguia dormir, suava frio, vomitava e chorava. Mas acabei percebendo que essa foi a decisão mais inteligente que tomei em toda a minha carreira. Havíamos construído algo a partir do nada. Depois, vimos esse algo virar nada novamente. Por fim, conseguimos reconstruí-lo e transformá-lo numa franquia de 1,65 bilhão de dólares.

Àquela altura, parecia que minha vida empresarial tinha acabado. Eu havia contratado os melhores profissionais e passado por todas as etapas da construção de uma empresa: fundação, abertura do capital e venda. Definitivamente, não me sentia disposto a começar tudo de novo. Mas, ao mesmo tempo, havia aprendido muita coisa. Parecia desperdício começar outro caminho completamente diferente. Foi então que tive a ideia de fundar uma nova espécie de empresa de investimento de risco.

Vou apresentar essa ideia no capítulo 9. Antes, porém, nos capítulos 4 a 8, vou revelar a maior parte do meu aprendizado até agora e contar mais algumas histórias de guerra tiradas das minhas experiências na gestão da Loudcloud e da Opsware.

CAPÍTULO 4
QUANDO TUDO DÁ ERRADO

"Podemos abordar de diferentes maneiras a questão da determinação e da indeterminação. Pela visão da matemática, tem-se cálculo *versus* estatística. Quando se deseja precisão, o cálculo predomina. Podemos fazer cálculos de modo preciso e determinista. Quando enviamos um foguete à Lua, temos de calcular com precisão sua posição exata a todo momento. A viagem não é um processo iterativo em que lançamos o foguete e vamos descobrindo as coisas à medida que acontecem. Será que vamos à Lua? A Júpiter? Ou simplesmente nos perderemos no espaço? Na década de 1990, muitas empresas tinham equipe de lançamento, mas não possuíam equipe de aterrissagem.

Porém, quando o futuro é indeterminado, a probabilidade e a estatística constituem a modalidade dominante da busca de entendimento do mundo. Curvas de sino e progressões aleatórias dizem como será o futuro. Defende-se que as escolas de ensino médio deveriam abolir o cálculo e substituí-lo pela estatística, considerada por muitos realmente importante e útil na prática. Cada vez mais pessoas têm abraçado a ideia de que o pensamento estatístico será o motor do futuro."

PETER THIEL

Quando tentava vender a parte da Loudcloud que correspondia aos serviços de computação em nuvem, tive uma reunião com Bill Campbell para contar-lhe como iam as coisas. A venda seria decisiva, uma vez que, sem ela, a empresa certamente iria à falência.

Depois de informá-lo em detalhes com todo o cuidado sobre o pé em que estavam as negociações com as duas partes interessadas, a IBM e a EDS, Bill ficou algum tempo em silêncio. A seguir, me fitou nos olhos e disse: "Ben, há outra coisa que você precisa fazer além de tentar fechar esse negócio. É algo que você precisa fazer sozinho, com o seu conselho geral: preparar a empresa para a falência." O observador objetivo concluirá que Bill, com toda a prudência, estava me aconselhando a pensar num plano B para o caso de as coisas darem errado. Mas algo em sua voz e em seus olhos me disse outra coisa: ele acreditava que o plano B seria, na verdade, o plano A.

A conversa com Bill me fez lembrar uma história que um amigo havia me contado sobre seu irmão, um jovem médico. Um paciente de 35 anos foi consultá-lo. Seu aspecto era terrível: os olhos estavam fundos e a pele, escurecida. Era evidente que algo estava errado, mas o jovem médico não sabia o que era. Chamou um colega mais experiente para ajudá-lo no diagnóstico. O médico mais experiente examinou o paciente e dispensou-o. Voltou-se então para o mais jovem e disse: "Ele está morto." Estarrecido, ele falou: "Como? Ele acaba de sair daqui andando!", a que o mais velho respondeu: "Ele ainda não sabe, mas está morto. Teve um ataque cardíaco. Quando pessoas muito jovens têm um ataque cardíaco, seu corpo não possui flexibilidade suficiente para se recuperar. Ele está morto." Três semanas depois, o paciente morreu.

Percebi que Bill estava tentando me dizer que, embora eu ainda estivesse me esforçando para fechar o negócio, já estava morto e não sabia. Foi difícil para ele dizer isso, e só os melhores amigos têm coragem de nos dizer coisas tão terríveis. Foi mais difícil ainda para mim ouvi-lo. Ele me deu aquele conselho para que eu pudesse me preparar emocionalmente e preparar a empresa financeiramente para o seu inevitável enterro. A probabilidade de fechar um negócio que nos salvasse durante o inverno nuclear do setor de tecnologia era quase nula. Pela probabilidade, eu estava morto.

Nunca pensei no plano B. Ao longo dos processos aparentemente impossíveis que a Loudcloud havia enfrentado – a terceira rodada de financiamento e a oferta pública inicial –, eu tinha aprendido uma importante lição: o diretor executivo de uma *startup* não deve confiar em probabilidades. Quando estamos construindo uma empresa, devemos acreditar que existe uma solução, mesmo que seja pequena a chance de encontrá-la. Temos de encontrá-la e acabou. Pouco importa que a probabilidade seja de 90 por cento ou de um em mil: nossa tarefa é a mesma.

No fim, encontrei a solução. Fechamos o negócio com a EDS e a empresa não faliu. Não fiquei bravo com Bill. Até hoje, sou grato a ele por ter me falado a verdade sobre as probabilidades de fracasso. Mas não acredito em estatística, acredito em cálculo.

As pessoas sempre me perguntam: "Qual é o segredo de um diretor executivo bem-sucedido?" Infelizmente, não existe segredo nenhum. Porém, se há uma habilidade que distingue uma pessoa adulta de uma criança é a capacidade que o adulto tem de se concentrar e tomar a melhor decisão possível quando não existe nenhuma boa decisão a ser tomada. É nos momentos em que temos vontade de morrer ou de nos esconder que podemos fazer a diferença como diretores executivos. No restante deste capítulo, vou oferecer algumas dicas sobre como vencer a luta sem desistir nem sofrer demais.

A maioria dos livros de administração enfoca o modo correto de agir para que você não erre, mas suas lições lançam luz sobre como você deve agir depois de ter errado. A boa notícia é que, assim como todos os outros diretores executivos, tenho larga experiência nesse campo.

Embora este capítulo trate de questões sérias ligadas a momentos de crise, tais como o modo correto de demitir um executivo e de fazer demissões coletivas, resolvi colocá-lo na frente dos outros, seguindo um princípio do Bushidô, o caminho do guerreiro: tenha a morte em mente a todo tempo. Se o guerreiro tiver a morte em mente todo o tempo e viver cada dia como se fosse o último, vai se portar de forma condigna em todas as suas ações. Do mesmo modo, se o diretor executivo tiver em mente as lições apresentadas a seguir, será capaz de manter o foco adequado ao contratar e treinar funcionários e ao construir sua cultura.

A LUTA

Todo empreendedor funda sua empresa visando alcançar sucesso. Você vai criar um excelente ambiente e contratar as pessoas mais inteligentes. Juntos, vão construir um belo produto que agrade aos clientes e torne o mundo um pouco melhor. Será fantástico!

Depois de trabalhar dia e noite para transformar as suas ideias em realidade, você de repente se dá conta de que nem tudo saiu conforme o planejado. Sua empresa não se desenvolveu como prometia o discurso motivacional de Jack Dorsey que você ouviu antes de começar. Seu produto apresenta problemas difíceis de resolver. O mercado não está exatamente do modo como deveria. Os funcionários estão perdendo a confiança e alguns pediram demissão. Dentre estes, alguns eram bastante inteligentes, e os que ficaram começam a se perguntar se realmente vale a pena insistir. Seu dinheiro está acabando e o investidor de risco diz a você que, em vista da iminente catástrofe econômica europeia, será difícil levantar fundos. Você perde uma briga com a concorrência, perde um cliente leal, perde um grande funcionário eficiente. Começa a ficar sem opções. Onde você errou? Por que o desempenho da empresa não correspondeu ao que você pretendia? Será que você é bom o suficiente para fazer isso? Quando seus sonhos viram pesadelos, você se vê no meio da *luta*.

Sobre a luta
"A vida é uma luta."

KARL MARX

A luta é aquele momento em que você se pergunta por que fundou a empresa.

A luta é aquele momento em que as pessoas lhe perguntam por que você não desiste, e você não sabe o que responder.

A luta é aquele momento em que os funcionários pensam que você está mentindo, e você começa a pensar que eles talvez tenham razão.

A luta é aquele momento em que a comida perde o gosto.

A luta é aquele momento em que você não acredita mais que deva ser o diretor executivo de sua empresa. É aquele momento em que você está nadando em águas demasiado profundas, mas, ao mesmo tempo, sabe que ninguém pode substituí-lo.

A luta é aquele momento em que todos pensam que você é um idiota, mas ninguém o demite.

A luta é aquele momento em que suas dúvidas sobre sua capacidade começam a se transformar em ódio por você mesmo.

A luta é aquele momento em que você está conversando com alguém, mas não ouve nenhuma palavra que lhe é dita, pois só tem ouvidos para a luta em si.

A luta é aquele momento em que você gostaria de parar de sentir dor, é infelicidade.

A luta é aquele momento em que você sai de férias para se sentir melhor, mas acaba se sentindo pior.

A luta é aquele momento em que, rodeado de gente, você se sente sozinho. A luta não tem piedade.

A luta é o território das promessas descumpridas e dos sonhos despedaçados. É o suor frio, uma sensação tão forte de queimação no estômago que você tem a impressão de que vai cuspir sangue.

A luta não é um fracasso, mas a causa de um fracasso, em especial para os fracos – para os fracos, sempre.

A maioria das pessoas não é forte o suficiente.

Todos os grandes empreendedores, de Steve Jobs a Mark Zuckerberg, passaram pela luta. Todos eles lutaram, de modo que você não está sozinho. Mas isso não significa que você vá vencer. Talvez não vença. É por isso que o nome do que estou falando é "a luta".

É na luta que nasce a grandeza.

Alguns princípios que talvez ajudem, talvez não

Não existe nenhuma solução pronta para a luta, mas apresento a seguir algumas coisas que me ajudaram.

- *Não carregue todo o peso sozinho.* É fácil pensar que aquilo que incomoda você incomodará ainda mais o seu pessoal. Isso não é verdade. Em regra, acontece o contrário. Ninguém sofre tanto com as perdas quanto o principal responsável. Ninguém sente mais do que você. Você não conseguirá partilhar todos os fardos, mas partilhe todos que puder. Reúna o maior número possível de cérebros ao redor dos problemas, mesmo que estes representem uma ameaça à sua própria existência. Quando eu dirigia a Opsware e estávamos perdendo muitas propostas para a concorrência, convoquei uma reunião geral e disse que estávamos perdendo a briga e, se não parássemos de sangrar, iríamos morrer. Ninguém vacilou. A equipe juntou forças, montou um projeto vencedor e me livrou de uma derrota certa.

- *Não estamos jogando damas, estamos jogando xadrez.* As empresas de tecnologia tendem a ser extremamente complexas. A tecnologia em si se modifica, a concorrência se modifica, assim como o mercado e as pessoas. Em decorrência disso, como no xadrez tridimensional de *Jornada nas estrelas*, sempre é possível mais uma jogada. Você acha que já não tem nenhuma carta na manga? Que tal abrir o capital da empresa com uma receita de 2 milhões de dólares nos últimos doze meses, 340 funcionários e o plano de aumentar a receita para 75 milhões de dólares no ano seguinte? Fiz essa jogada em 2001, uma época em que muitos consideravam a pior possível para uma empresa de tecnologia ter aberto o capital. Fiz isso com dinheiro no banco para apenas mais seis semanas de operações. Sempre é possível mais uma jogada.

- *Se você jogar por tempo suficiente, é possível que tenha sorte.* No jogo da tecnologia, o amanhã é muito diferente do hoje. Se você conseguir sobreviver até amanhã, o novo dia poderá trazer a solução que lhe parece impossível hoje.
- *Não leve nada para o lado pessoal.* A situação terrível em que você se meteu provavelmente aconteceu por culpa sua, apenas sua. Foi você quem contratou os funcionários, foi você quem tomou as decisões. Mas, quando assumiu essa tarefa, você já sabia que ela era perigosa. Todos cometem erros, todo diretor executivo comete milhares de erros. Mas avaliar a si mesmo e atribuir-se nota zero não ajuda em nada.
- Lembre-se de que é isso que distingue os adultos das crianças. Se você quer a grandeza, esse é o seu desafio. Se não quer, não deveria sequer ter fundado uma empresa.

Para concluir

No meio da luta, nada é fácil, nada parece correto. Você caiu no abismo e talvez jamais saia dele. Minha experiência me diz que, sem um pouco de sorte e alguma ajuda não esperadas, eu teria me perdido.

A todos os que estão nessa situação, desejo que vocês encontrem força e paz.

O DIRETOR EXECUTIVO NÃO DEVE MAQUIAR A VERDADE

Uma das lições de gestão mais importantes para o fundador/diretor executivo não é nada intuitiva. Em minha atuação como diretor executivo, a mais importante lição foi aprendida no dia em que deixei de ser positivo demais.

Quando eu era novo na função, sentia a pressão – a pressão da dependência dos funcionários em relação a mim, de não saber direito o que estava fazendo, de ser responsável por dezenas de milhões de dólares pertencentes a outras pessoas. Diante disso, as perdas me abatiam muito. Quando não conseguíamos conquistar um cliente, perdíamos um prazo de entrega ou púnhamos no mercado um produto com defeitos, essas coisas pesavam sobre mim, e eu achava que seria pior transferir o fardo para meus funcionários. Pelo contrário, pensava que deveria projetar uma imagem positiva e radiante e reunir as tropas ao meu redor para que elas caminhassem comigo rumo à vitória sem nenhum peso nas costas. Estava completamente enganado.

Percebi meu erro durante uma conversa com meu cunhado, Cartheu. Na época, ele trabalhava para a AT&T, consertando linhas telefônicas (ele é um daqueles que sobem nos postes mais altos). Eu tinha acabado de conhecer um executivo da AT&T, que vou chamar de Fred Johnson, e estava ansioso por saber se Cartheu o conhecia. Meu cunhado falou: "Conheço o Fred. Todo trimestre, ele aparece na minha unidade para enfiar um pouco de sol na minha bunda." Naquele instante, percebi que meu excesso de positividade estava prejudicando a empresa.

Na minha cabeça, eu conseguia manter todos animados ao enfatizar os aspectos positivos e ignorar os negativos. Mas minha equipe sabia que a realidade era mais complexa do que eu dizia. E, além de verem claramente que o mundo não era tão cor-de-rosa quanto eu queria dar a entender, meus funcionários ainda tinham de digerir, em todas as reuniões da empresa, minhas tentativas de enfiar-lhes um pouco de sol na bunda.

Como cometi um erro tão terrível? E por que era tão terrível?

A ilusão da positividade

Ocupando a posição mais alta dentro da hierarquia da empresa, eu achava que era a pessoa mais indicada para lidar com as más notícias. A verdade é que ninguém se abalava tanto com as más notícias quanto eu. Os engenheiros esqueciam facilmente coisas que não me deixavam dormir à noite. Afinal de contas, eu era o fundador e o diretor executivo, eu é que estava "casado" com a empresa. Se tudo desse errado, eles iriam embora, mas eu, não. Por isso, os funcionários lidavam muito melhor do que eu com as perdas.

De forma ainda mais equivocada, achava que cabia apenas a mim a preocupação com os problemas da empresa, e a ninguém mais. Se pensasse com mais clareza, teria percebido que a ideia de eu ser o único a me preocupar com o fato de um produto apresentar um defeito, por exemplo, não tinha sentido, pois não era eu quem iria procurar um modo para consertá-lo. Seria muito melhor transferir o problema às pessoas que, além de serem capazes de solucioná-lo, também se sentem animadas e motivadas a fazê-lo.

Outro exemplo: quando perdíamos um grande cliente em potencial, a organização toda tinha de compreender o porquê a fim de que, juntos, pudéssemos remediar as deficiências dos produtos, do marketing e das vendas. Se eu insistisse em não divulgar os reveses, seria impossível dar a partida nesse processo.

Por que é imprescindível não maquiar a verdade

Há três razões principais pelas quais faz sentido deixar bem claros os problemas da empresa:

1. Confiança

Sem confiança, não há comunicação. Em qualquer interação humana, a quantidade necessária de comunicação é inversamente proporcional ao nível de confiança.

Pense no seguinte. Se confio totalmente em você, não exijo que me dê absolutamente nenhuma explicação ou satisfação das suas ações, pois tenho certeza de que tudo o que você faz é o melhor para mim. Por outro lado, se não confio nem um pouco, nenhuma conversa que tiver com você, nenhuma explicação ou raciocínio seu terá qualquer efeito sobre mim, pois não acredito que você esteja falando a verdade.

No contexto empresarial, esse é o ponto crítico. À medida que a empresa cresce, a comunicação vai se tornando seu maior desafio. Se os funcionários confiarem no diretor executivo, a comunicação será muito mais eficiente do que se não confiarem. Não maquiar a verdade é elemento-chave para a construção dessa confiança. No decorrer do tempo, a capacidade do diretor executivo de construir essa confiança pode representar a diferença entre as empresas que atuam com eficiência e aquelas inoperantes.

2. Quanto mais cérebros trabalham juntos para resolver um problema, melhor

Para construir uma grande empresa de tecnologia, é preciso contratar muitas pessoas bastante inteligentes. É um grande desperdício ter na equipe grande número de cérebros e não deixar que eles trabalhem para resolver nossos problemas mais sérios. Mas nenhum cérebro, por mais brilhante que seja, consegue resolver um problema que desconhece. O pessoal que trabalha com software de código aberto diria: "Diante de olhos perspicazes, todos os erros ficam evidentes."

3. Uma boa cultura empresarial é como o antigo protocolo de roteamento RIP: as más notícias correm, as boas andam devagar

Ao analisar as empresas que não deram certo, verificamos que muitos funcionários estavam cientes dos principais problemas muito antes de estes a derrubarem. Se os funcionários conheciam esses problemas, por que não disseram ou fizeram algo? Na maioria das vezes, isso aconteceu porque a empresa desencorajava a disseminação das más notícias, de modo que o conhecimento dos funcionários permaneceu latente até o momento em que não dava mais tempo de fazer nada.

Uma cultura empresarial sadia encoraja as pessoas a partilhar as más notícias. A empresa que discute seus problemas com liberdade e abertura é capaz de solucioná-los com maior rapidez. Aquela que encobre seus problemas frustra todos os envolvidos. O que o diretor executivo deve concluir disso? Construa uma cultura empresarial que recompense, e não puna, as pessoas que expõem os problemas a fim de resolvê-los.

Uma consequência lógica: cuidado com máximas de gestão que impeçam que as informações fluam livremente na sua empresa. Pense, por exemplo, neste velho bordão da administração: "Não me traga um problema sem me trazer também uma solução." E se o funcionário não for capaz de resolver um problema importante? E se um engenheiro, por exemplo, identificar uma falha grave no modo como o produto está sendo divulgado no mercado? Você gostaria mesmo que ele ocultasse essa informação? Esses truísmos de administração podem até constituir boa aspiração para os funcionários, mas também podem ser inimigos do livre fluxo de informações, fato que pode prejudicar gravemente a saúde da empresa.

Último pensamento

Se você dirige uma empresa, sofrerá uma tremenda pressão psicológica para mostrar-se demasiadamente positivo. Resista à pressão, enfrente seus medos e não maqueie a verdade.

O JEITO CERTO DE FAZER
DEMISSÕES COLETIVAS

Pouco depois de vendermos a Opsware à Hewlett-Packard, tive uma conversa com o legendário investidor de risco Doug Leone, da Sequoia Capital. Ele pediu-me que lhe contasse de novo como deixamos de estar condenados aos olhos do mundo e chegamos a valer 1,6 bilhão de dólares sem nenhum tipo de recapitalização. Depois que lhe contei todos os detalhes – incluindo as várias quase falências, as ações cotadas a 0,35 dólar cada uma, as inúmeras notícias ruins veiculadas pela imprensa e as três demissões coletivas nas quais perdemos, no total, quatrocentos funcionários –, o que mais o impressionou foram as demissões coletivas. Em mais de vinte anos como investidor de risco, ele nunca vira uma empresa se recuperar de sucessivos processos de demissão coletiva e conseguir um resultado de mais de 1 bilhão de dólares. Confessou que sempre havia apostado contra essa possibilidade.

Como minha experiência parecia a única grande exceção, quis saber mais sobre o assunto. Perguntei-lhe por que as outras *startups* haviam fracassado. Ele respondeu que os processos de demissão coletiva inevitavelmente despedaçam a cultura empresarial. Depois de seus amigos serem demitidos, os funcionários que permanecem já não se sentem dispostos a fazer os sacrifícios necessários para construir a empresa. Doug disse que, embora as empresas às vezes sobrevivam a uma única demissão coletiva, é improvável que venham a alcançar sucesso depois disso. E acrescentou que o fato de termos construído um negócio altamente valioso após três demissões coletivas consecutivas, acompanhadas por uma cobertura da imprensa agressiva e contundente (fomos arrasados por reportagens de capa tanto no *Wall Street Journal* quanto na *BusinessWeek*), violava todas as leis da física do investimento de risco. Ele queria saber como havíamos conseguido. Depois de pensar no assunto, apresento a resposta neste livro.

Olhando para trás, vejo que fomos capazes de manter a continuidade da cultura empresarial e nossos melhores funcionários porque, nas demissões coletivas, dispensamos as pessoas do jeito certo. Isso talvez soe incoerente: como fazer "do jeito certo" uma coisa fundamentalmente errada? Vou explicar.

Ponto 1: ponha a cabeça no lugar

Quando uma empresa deixa de atingir suas metas financeiras, a ponto de ser obrigada a demitir os funcionários que ela levou tanto tempo e gastou tanto dinheiro para contratar, o peso disso recai sobre o executivo-chefe. Durante a primeira demissão coletiva em nossa empresa, alguém me encaminhou uma troca de e-mails entre funcionários. Nesses e-mails, um de nossos funcionários mais inteligentes dizia: "Ou Ben está mentindo, ou ele é burro, ou os dois." Quando li isso, pensei: "Sou burro, não resta dúvida." Em momentos como esse, o passado nos abate e é difícil focar o futuro – mas é exatamente isso que devemos fazer.

Ponto 2: não demore

Se você decidiu fazer uma demissão coletiva, o tempo entre a decisão e sua execução deve ser o mais curto possível. Se a notícia correr (o que será inevitável, caso você demore), você se verá diante de vários outros problemas. Os funcionários vão perguntar aos gerentes se haverá uma demissão coletiva. Se os gerentes não souberem a resposta, ficarão com cara de tacho. Se souberem, só terão três opções: mentir a seus subordinados, contribuir para fazer a notícia vazar ou permanecer em silêncio, criando ainda mais tensão. Na Loudcloud/Opsware, não gerimos da forma certa essa dinâmica na primeira rodada de demissões, mas fizemos as correções necessárias nas outras duas rodadas.

Ponto 3: tenha claro para si mesmo por que você está demitindo o pessoal

Quando a demissão coletiva tem início, os membros do conselho às vezes tentam pintar a situação de cor-de-rosa para que você se sinta melhor. Dizem: "Com isso, temos a oportunidade de resolver alguns problemas de desempenho e simplificar a empresa." Pode até ser, mas não deixe que essa ideia nuble seus pensamentos ou a mensagem que você transmitirá aos funcionários. Você está demitindo as pessoas porque a empresa não atingiu suas metas. Se o problema fosse de desempenho individual, tomaria outras medidas. Foi a *empresa* que fracassou em seu desempenho. Fazer essa distinção é crucial, pois a mensagem transmitida à empresa e aos indivíduos demitidos não deve ser: "Que ótimo que isto está acontecendo, pois poderemos melhorar o desempenho", mas sim: "A empresa fracassou e, para poder seguir em frente, vamos ter de perder alguns funcionários excelentes." Admitir o fracasso talvez não pareça tão importante, mas tenha certeza de que é. Todos os dias, o diretor executivo diz a seus funcionários: "Acredite, esta empresa será grande. Acredite, trabalhar aqui será bom para sua carreira. Acredite, trabalhar aqui será bom para a sua vida." A demissão coletiva quebra essa confiança. Para reconstruí-la, você precisa falar a verdade.

Ponto 4: treine os gerentes

O aspecto mais importante de todo esse exercício é treinar a equipe de gestores. Se você colocá-los nessa situação mais do que desconfortável sem nenhum treinamento, a maioria fracassará.

O treinamento começa com uma regra de ouro: *cada gerente deve demitir seus próprios subordinados*. Ele não pode delegar a tarefa ao setor de RH ou a um colega mais frio. A empresa não pode contratar uma empresa terceirizada como no filme *Amor sem escalas*. Cada gerente deve demitir seus próprios subordinados.

Por que essa rigidez? Por que os gerentes mais "de briga" não podem assumir essa tarefa no lugar dos outros? Porque as pessoas não vão lembrar todos os dias em que trabalharam para a empresa, mas certamente vão guardar na memória para sempre o dia em que foram demitidas. Vão recordar todos os detalhes desse dia, e eles farão grande diferença. A reputação da empresa e dos gerentes depende de vocês terem a coragem de olhar de frente os funcionários que confiaram em vocês e trabalharam duro por vocês. Se você me contratou e me matei de trabalhar para você, espero que no mínimo tenha a coragem e a decência de você mesmo me demitir.

Depois de deixar claro para os gerentes que eles mesmos terão de demitir seus subordinados, prepare-os para a tarefa:

1. Eles devem explicar em breves palavras o que aconteceu, declarando que o fracasso não foi pessoal, mas da empresa como um todo.

2. Devem deixar claro para o funcionário que a decisão de demiti-lo não é negociável.

3. Devem estar preparados para dar todos os detalhes dos benefícios e do apoio que a empresa pretende oferecer aos demitidos.

Ponto 5: fale com toda a empresa

Antes da demissão coletiva, o diretor executivo deve falar com toda a empresa. Deve transmitir uma mensagem geral que explicite o contexto e ofereça apoio para a atuação dos gerentes. Se você fizer direito o que deve fazer, será mais fácil para os gerentes fazerem o que devem fazer. Lembre-se daquilo que Bill Campbell, ex-diretor executivo da Intuit, me disse: *O alvo da mensagem são as pessoas que vão ficar.* Para elas, o modo como você trata os colegas demitidos tem bastante importância. Muitos dos demitidos com certeza terão maior proximidade com os que ficarem do que com você. Por isso, trate-os com respeito. Por outro lado, a empresa precisa seguir em frente. Então, tome cuidado para não tentar se desculpar demais.

Ponto 6: seja visível, esteja presente

Depois de dizer a seus funcionários que bom número deles será demitido, você não vai sentir vontade de andar pelos corredores e conversar com as pessoas. Provavelmente, preferirá ir sozinho a um bar e tomar algumas doses de tequila. Não faça isso. Esteja presente e seja visível. Ponha-se à disposição. As pessoas querem vê-lo, querem saber se você se importa ou não. Os demitidos desejarão saber se ainda mantêm um relacionamento com você e com a empresa. Converse com as pessoas, ajude-as a levar seus objetos pessoais para o carro, deixe bem claro o quanto os esforços delas foram essenciais para você.

PREPARANDO-SE PARA DEMITIR UM EXECUTIVO

Quando recrutamos um executivo, pintamos um belo quadro do seu futuro na empresa. Descrevemos, em cores vivas e com nuanças, o quanto se beneficiará se aceitar nossa oferta, o quanto será melhor trabalhar para nós do que para outra empresa. Depois, um dia, temos de demiti-lo. Como conciliar as duas coisas?

O ato de demitir um executivo pode ser relativamente simples, em comparação com outras demissões. Os executivos possuem a experiência de estar do outro lado da mesa e costumam ser extremamente profissionais. Já demitir um executivo *do jeito certo* é um pouco mais complicado e extremamente importante. Se você não aprender as lições ao enfrentar essa situação, logo estará voltando a fazer a mesma coisa.

Como em tantas outras situações, a chave para demitir corretamente um executivo é a preparação. Apresento aqui um processo em quatro etapas no qual o executivo é tratado de modo adequado e a empresa como um todo sai ganhando.

Etapa 1: analisar as causas

Às vezes acontece de demitirmos um executivo por mau comportamento, incompetência ou preguiça, mas esses casos são raros e relativamente simples. Infelizmente, a menos que seu processo de contratação seja por demais deficiente, o mais provável é que não sejam essas as razões pelas quais você precisa fazer a demissão. A maioria das empresas desse nível busca executivos que reúnam as habilidades necessárias, motivação e um histórico compatível. Se você precisa demitir seu diretor de marketing, não é porque ele é ruim; é porque *você* é ruim.

Em outras palavras, não se deve encarar a demissão de um executivo como um fracasso dele. O correto é encará-la como um fracasso do processo de entrevista/integração. A primeira etapa para demitir corretamente um executivo consiste em descobrir por que você contratou a pessoa errada para sua empresa. Existem várias razões possíveis:

- *Você, desde o começo, não conseguiu definir corretamente o que deseja.* Se você não sabe o que quer, provavelmente não conseguirá nada. Com muita frequência, os diretores executivos contratam um executivo com base em ideias abstratas sobre como esse profissional deve ser e em seus sentimentos. Esse erro comumente faz que ele não apresente as qualidades essenciais e necessárias que o cargo exige.

- *Você não contratou um executivo por causa de seus pontos fortes, mas porque não encontrou pontos fracos nele.* Isso é muito comum nos processos de contratação baseados no consenso de vários avaliadores. O grupo será exímio em identificar os pontos fracos dos candidatos, mas não dará atenção suficiente àquelas áreas em que é necessário que eles tenham desempenho de primeira linha. Em decorrência, a empresa contratará um executivo sem nenhum ponto fraco evidente, mas medíocre em aspectos nos quais deveria ser grande. Se você não dispõe de uma força de primeira linha onde é necessário, sua empresa jamais será de primeira linha.

- *Você contratou muito cedo uma pessoa especialista em empresas grandes.* O pior conselho que os investidores de risco e os recrutadores de executivos dão aos diretores executivos é que contratem alguém "maior" do que o necessário, em geral com esta justificativa: "Pense nos três a cinco anos seguintes e em quando a empresa for grande." É ótimo contratar pessoas capazes de gerir uma empresa de grande escala quando nossa empresa realmente é de grande escala. Também é ótimo contratar quem saiba fazer a empresa crescer quando ela realmente está pronta para crescer. No entanto, se a empresa não é grande nem está pronta para crescer, você precisa de alguém que seja capaz de dar conta do recado ao longo dos dezoito meses seguintes. Se contratar alguém que será ótimo daqui a dezoito meses, mas não saberá o que fazer enquanto esse tempo não passar, a empresa rejeitará essa pessoa antes que ela tenha a oportunidade de mostrar o seu valor. Os outros funcionários vão se perguntar: por que demos a essa pessoa tantas opções de ações se ela não está contribuindo em nada? Quando essas perguntas começam a surgir, já não há recuperação possível. Os investidores de risco e os recrutadores de executivos não são tolos; simplesmente aprenderam as lições erradas com os fracassos do passado. Para aprender as lições corretas, veja a seguir o caso especial da empresa que cresceu e o do crescimento rápido.

- *Você fez a contratação para uma posição genérica.* O "grande diretor executivo", o "grande diretor de marketing", o "grande diretor de vendas" não existem. O que existe é um grande diretor de vendas para a sua empresa no próximo ano ou nos próximos dois anos. Essa posição não é a mesma que a da Microsoft ou a do Facebook. Não procure um personagem estereotipado. Você não está em um filme.

- *O executivo não tinha uma ambição sadia.* No capítulo 6, apresentarei a diferença entre a ambição para a empresa e a ambição para si mesmo. Se o executivo não tiver uma ambição sadia, é possível que a empresa o rejeite, ainda que ele seja qualificado.

- *Você não conseguiu integrar o executivo.* Trazer uma pessoa nova para desempenhar um papel importante na empresa é difícil. Os outros funcionários rapidamente vão julgá-la, as expectativas do contratado podem ser diferentes das suas, e é possível que a posição dele não tenha sido definida com clareza. Você deve rever e aperfeiçoar seu plano de integração depois de demitir um executivo.

O caso especial da empresa que cresceu

Um motivo bastante comum para a demissão de executivos é que, quando o tamanho da empresa quadruplica, eles já não executam suas tarefas com a mesma eficiência. Isso ocorre porque, quando o tamanho da empresa aumenta, os cargos de gerência se tornam completamente novos. Todos precisam se requalificar para os novos cargos, pois a nova posição e a antiga não são as mesmas. Gerir duzentos funcionários de vendas que operam em escala global não é como gerir uma equipe local de 25 pessoas. Se você tiver sorte, a pessoa contratada para gerir a equipe de 25 funcionários aprenderá a gerir a de duzentos. Senão, terá de contratar outra pessoa para a nova posição. Não se trata de um fracasso do executivo nem do sistema. É como mudar para uma cidade grande. Não procure evitar isso, pois agir assim só fará piorar as coisas.

O caso especial do crescimento rápido

Se você cria um produto que o mercado quer comprar, terá de fazer sua empresa crescer com rapidez. Para garantir o sucesso, não há nada melhor do que contratar um executivo que já tenha feito crescer com rapidez e sucesso uma empresa semelhante à sua. Veja que isso não é o mesmo que herdar uma empresa grande ou trabalhar passo a passo para fazê-la crescer. Você deve contratar um executivo especializado em crescimento rápido. Além disso, não contrate essa pessoa se não estiver disposto a lhe dar bastante liberdade orçamentária para fazer a empresa crescer. Saiba que ele vai fazer o que sabe. O executivo especializado em crescimento rápido é tão importante para as novas empresas que os recrutadores e investidores de risco costumam aconselhar os diretores executivos a contratá-lo antes mesmo de a empresa estar construída.

Uma vez identificado o problema, cria-se uma base para as próximas etapas.

Etapa 2: informar o conselho

Informar o conselho é complicado, e certas questões podem tornar a tarefa ainda mais difícil:

- Esse é o quinto ou sexto executivo que você demite.
- Esse é o terceiro executivo que você demite no mesmo cargo.
- O candidato foi indicado por um membro do conselho, que o recomendou como um superastro.

Em todos esses casos, o conselho estará ressabiado – e não há nada que você possa fazer. Mas lembre que suas opções são ou desagradar ao conselho ou manter um executivo ineficiente no cargo. Embora a primeira opção não seja muito conveniente, é bem melhor que a segunda. Se um líder fracassado permanecer no cargo, todo um departamento da empresa sofrerá os efeitos disso aos poucos. Se isso acontecer, o conselho não estará apenas ressabiado.

Com relação ao conselho, você deve ter três objetivos:

- *Obter o apoio e a compreensão dos membros para a difícil tarefa que terá de cumprir.* Para começar, assegure-se de que os membros do conselho entendam a causa da demissão e o plano que você tem para remediar a situação. Com isso, eles terão mais confiança em sua capacidade de contratar e administrar executivos no futuro.

- *Pedir sugestões e obter a aprovação do conselho para o pacote demissional.* Isso será crucial para a próxima etapa. Os pacotes demissionais oferecidos a executivos são, com razão, mais polpudos do que aqueles oferecidos a funcionários comuns. O tempo que um executivo leva para encontrar uma nova posição é dez vezes maior do que o dos funcionários menos graduados.

- *Preservar a reputação do executivo demitido.* É muito provável que o fracasso tenha sido causado por toda a equipe, e é melhor que seja retratado assim. Você não terá a simpatia do conselho se fizer críticas a alguém que trabalhou para você. Uma abordagem madura ajudará o conselho a continuar tendo confiança em sua capacidade de diretor executivo. Além disso, também é a atitude mais correta.

Por fim, a demissão de um executivo é assunto que é melhor tratar por meio de telefonemas particulares, e não de maneira bombástica, durante uma reunião do conselho. Demora um pouco mais, mas vale o esforço. As conversas particulares serão importantes no caso de um dos membros do conselho ter indicado o executivo. Uma vez que todos estejam de acordo, você pode costurar os detalhes numa reunião ou videoconferência geral.

Etapa 3: preparar-se para a conversa

Depois de descobrir o que deu errado e informar ao conselho, comunique o fato ao executivo o mais rápido possível. Ao preparar-se para essa reunião, recomendo que você faça uma lista de itens ou ensaie o que pretende expor para não dizer a coisa errada. O executivo vai se lembrar dessa conversa por muito tempo, por isso é crucial que você acerte.

Como parte da preparação, retome todas as avaliações de desempenho ou registros de conversas sobre desempenho a fim de identificar as possíveis incoerências de suas comunicações anteriores.

Três pontos-chave para acertar no ato da demissão:

1. *Exponha os motivos de maneira clara.* Você pensou sobre o assunto por muito tempo antes de tomar a decisão. Não use meias palavras nem procure dourar a pílula. É seu dever expor com clareza ao executivo o que você acha que aconteceu.

2. *Seja objetivo.* Não deixe a discussão em aberto. Não se trata de uma avaliação de desempenho, mas de uma demissão. Diga "Tomei a decisão de" em vez de "Eu acho que".

3. *O pacote demissional já deve ter sido aprovado e estar pronto para ser implementado.* Quando o executivo souber da demissão, imediatamente deixará de se preocupar com a empresa e seus problemas e passará a pensar em si mesmo e em sua família. Esteja preparado para expor detalhes do pacote de demissões.

Por fim, o executivo terá grande interesse em saber como a notícia será comunicada à empresa e ao resto do mundo. O melhor é deixá-lo decidir. Certa vez, quando eu me preparava para demitir um executivo, Bill Campbell me deu um excelente conselho: "Ben, você não pode deixar que ele permaneça no emprego, mas pode e deve deixar que ele conserve sua reputação."

Etapa 4: preparar-se para notificar a empresa

Depois de notificar o executivo, você deve notificar a empresa e sua equipe rapidamente sobre a mudança. Comece notificando aqueles que se reportam diretamente ao executivo, pois serão os mais impactados; depois, aqueles que se reportam diretamente a você, pois terão de responder a perguntas sobre o acontecido; e, por último, o resto da empresa. Todas essas notificações devem acontecer no mesmo dia, de preferência em poucas horas. Ao revelar a demissão àqueles que se reportam diretamente ao executivo, você deverá informar-lhes a quem passarão a se reportar e o que acontecerá em seguida (busca de novos profissionais? reorganização? promoção interna?). Em geral, é mais inteligente da parte do diretor executivo que ele próprio assuma a função por certo tempo. Se você assumir a função, faça-o efetivamente, realizando reuniões de equipe e privadas, estabelecendo objetivos etc. Com isso, a equipe terá uma boa continuidade e você reunirá informações preciosas que o ajudarão a escolher quem contratar em seguida.

Como no caso da comunicação ao conselho, a mensagem às outras pessoas da empresa deve ser positiva e a imagem do executivo demitido não deve ser manchada. É provável que os melhores funcionários da empresa sejam os mais próximos do executivo demitido. Se você falar mal dele, deixará essas pessoas em estado de alerta, pensando se serão as próximas a serem demitidas. É essa a mensagem que você quer transmitir?

Ao notificar a empresa em geral, talvez você se preocupe com a possibilidade de os funcionários interpretarem erroneamente a notícia e concluírem que toda a empresa está em risco. Não tente contornar essa situação. Quando você trata seus funcionários como pessoas adultas, eles em geral se comportam como tais. Quando os trata como crianças, a empresa pode começar a parecer um episódio do seriado *Barney e seus amigos*.

Para concluir

Todo diretor executivo gosta de dizer que dirige uma empresa excelente. Até que a empresa ou o diretor executivo tenham de fazer algo muito difícil, é quase impossível saber se essa afirmação é verdadeira ou não. Demitir um executivo é uma boa prova.

REBAIXANDO UM AMIGO LEAL

Quando fundei a Loudcloud, contratei as melhores pessoas que conhecia, pessoas que eu respeitava, em quem confiava e de quem gostava. Como eu, muitas delas não tinham experiência nas funções que lhes atribuí, mas trabalharam noite e dia para aprender e deram grandes contribuições à empresa. Mesmo assim, chegou um dia em que precisei contratar outra pessoa, com mais experiência, para exercer a função que havia confiado a meu amigo leal. Como fazer isso?

Será que é o caso de fazer?

A primeira pergunta que sempre nos vem à mente é: será que preciso mesmo fazer isso? Quem mais estaria tão disposto a trabalhar tanto e a dar o sangue pela empresa? Infelizmente, se você está fazendo a si mesmo essas perguntas é porque já deve saber a resposta. Se precisa construir uma organização de vendas que opere no mundo inteiro, é quase certo que seu amigo que fechou os primeiros contratos com clientes locais não será a melhor opção. Por mais difícil que seja, você precisa adotar uma abordagem confuciana. Deve pensar primeiro nos outros funcionários e só depois no seu amigo. O bem do indivíduo deve ser sacrificado pelo bem de todos.

Como dar a notícia?

Uma vez tomada a decisão, não será fácil dar a notícia. É importante que você leve em conta duas emoções que seu amigo deverá sentir:

- **Vergonha.** Não subestime a força desse sentimento dele. Todos os amigos, parentes e colegas sabem qual é a posição que ele ocupa na empresa, sabem o quanto se esforçou e se sacrificou pela empresa. Como ele vai explicar-lhes que não fará mais parte da equipe executiva?

- **Sensação de ter sido traído.** Está fora de dúvida que seu amigo se sentirá traído e pensará: "Estou aqui desde o começo, trabalhando ao seu lado. Como você é capaz de fazer isso? Você também não é perfeito na sua função. Como pode me jogar no lixo sem mais nem menos?"

São emoções fortes. Por isso, prepare-se para uma discussão intensa. Paradoxalmente, a solução de qualquer discussão emocional consiste em afastar dela toda a emoção. Para tanto, você deve ter muita clareza em sua mente sobre o que decidiu e o que pretende fazer.

O mais importante é estar seguro de que realmente quer fazer isso. Se entrar na discussão sem ter isso claro para você, vai provocar uma grande confusão, tanto no que se refere à situação em si quanto ao seu relacionamento com o seu amigo. Para tomar a decisão, você precisa estar preparado para o caso de o funcionário querer deixar a empresa. Ele vai sentir intensas emoções, e nada garante que queira ficar. Se você não pode se dar ao luxo de perdê-lo, é melhor não fazer a mudança.

Por fim, determine qual é a melhor posição para ele na empresa. A solução mais simples seria deixá-lo no mesmo departamento, como subordinado de um novo chefe, mas talvez essa não seja a melhor saída para ele, para sua carreira e para o novo chefe. Seu fiel funcionário continuará tendo muito conhecimento sobre a empresa, a concorrência, os clientes e o mercado, conhecimento que o novo chefe não terá. Por um lado, isso pode ser bom: ele pode ajudar o novo chefe a se integrar. Por outro, os sentimentos de vergonha e de ter sido traído podem fazer que se desenhe um quadro de sabotagem.

Outro problema é que, do ponto de vista da carreira, a perspectiva de o funcionário ter de se reportar a alguém que vai ocupar seu cargo não pode ser descrita senão como um rebaixamento. Uma alternativa seria transferi-lo para outro setor da empresa em

que suas habilidades, seus talentos e seus conhecimentos sejam úteis. Isso dará a ele a oportunidade de desenvolver novas habilidades e ajudar a empresa. Para funcionários jovens, a experiência em diferentes áreas é um aspecto bastante positivo.
Infelizmente, essa opção não resolve tudo. Talvez ele não queira outro cargo, talvez esteja disposto a lutar até o fim pelo cargo que está ocupando. Prepare-se também para isso.

Quando você tiver decidido contratar alguém para substituir seu amigo e tiver determinado as alternativas que vai oferecer-lhe, converse com ele. Lembre que, embora você não possa deixá-lo permanecer no antigo cargo, pode e deve ser justo e honesto com ele. Alguns pontos importantes nesse sentido:

- **Exponha as suas ideias com clareza.** Deixe claro que você já tomou a decisão. Use expressões como "decidi" em lugar de "eu acho" ou "eu gostaria de". Fazendo isso, você evita colocar o funcionário na incômoda posição de tentar barganhar para manter seu cargo. Você não pode lhe dizer o que ele gostaria de ouvir, mas pode e deve ser honesto com ele.

- **Admita a realidade.** Se você é o fundador da empresa e também o diretor executivo, como eu era, seu funcionário certamente saberá que você está tão pouco preparado para ocupar seu cargo quanto ele para ocupar o dele. Não procure maquiar esse fato. Admita que, se você fosse um diretor executivo mais experiente, seria capaz de fazê-lo se adaptar aos poucos às novas exigências da função, mas duas pessoas não preparadas trabalhando juntas é uma receita de fracasso.

- **Reconheça as contribuições.** Se você quer que o funcionário continue trabalhando para você, diga isso com todas as letras e deixe bem claro que quer ajudá-lo a construir a carreira e contribuir para a empresa. Diga-lhe que aprecia tudo o que já fez e que sua decisão não resulta de uma avaliação negativa do desempenho passado, mas de uma avaliação de quais serão as necessidades da empresa daqui para a frente. A melhor maneira de traduzir suas palavras em ações é aliar o rebaixamento a um *aumento* de salário. Com isso, ele saberá que você o aprecia e valoriza as contribuições que ele ainda tem a dar.

No decorrer de todo o processo, não se esqueça de que nada do que você disser poderá impedir que seu amigo fique profundamente aborrecido. Seu objetivo não deve ser suavizar as coisas, mas sim ser honesto, claro e direto. Talvez seu amigo não aprove essa atitude num primeiro momento, mas vai apreciá-la depois.

AS MENTIRAS QUE OS PERDEDORES CONTAM

Quando uma empresa começar a perder grandes batalhas, a primeira baixa em geral é a verdade. Os diretores e funcionários trabalham incansavelmente para elaborar narrativas criativas que os ajudem a não ter de lidar com os fatos mais óbvios. Apesar disso, muitas empresas acabam oferecendo as mesmas explicações falsas.

Algumas mentiras mais conhecidas

"Ela se demitiu, mas nós já tínhamos resolvido demiti-la ou fazer um relatório crítico de seu desempenho." Nas empresas de alta tecnologia, os conflitos com funcionários tendem a ser enquadrados em três categorias:

1. Pessoas que se demitiram.
2. Pessoas que foram demitidas.
3. Pessoas que se demitiram, sem problemas para a empresa, pois ela já não as queria.

O interessante é que, quando as coisas começam a dar errado na empresa, a terceira categoria sempre tende a crescer mais rápido do que a primeira. Além disso, a súbita onda de avaliações negativas de desempenho em geral acontece em empresas que se gabam de só contratar gente extremamente talentosa e qualificada. Como esses superfuncionários deixam de ser excelentes e passam a ser um lixo de uma hora para a outra? Como é possível que, quando você perde de repente um dos seus melhores funcionários, o diretor responsável apresse-se em explicar que o desempenho dele já não era lá essas coisas?

"Teríamos ganhado, mas a concorrência deu o produto de presente." "Do ponto de vista técnico, o cliente nos escolheu e acha que somos melhores, mas a concorrência entregou o produto de bandeja. Jamais o venderíamos tão barato, pois isso arranharia a nossa reputação." Quem já coordenou uma equipe de vendas ouviu essa mentira pelo menos uma vez. Entramos na briga por uma conta, brigamos e apanhamos. O representante de vendas, pouco disposto a assumir a culpa, joga-a no "vendedor de carros usados" da empresa concorrente. O diretor executivo, que de maneira alguma quer ouvir a notícia de que seu produto está perdendo competitividade, acredita em seu representante. Se você ouvir algo assim, converse com o cliente. Aposto que ele vai negar essa versão da história.

"Não é porque não cumprimos a tempo alguns objetivos que não vamos respeitar o cronograma para a entrega do produto." Nas reuniões da equipe de engenharia, em que a pressão dos prazos é grande – o prazo de entrega do produto a um cliente, a necessidade de garantir uma margem de lucro trimestral, uma exigência imposta pela concorrência –, todos querem ouvir boas notícias. Quando os fatos não correspondem às boas notícias esperadas, o gerente esperto inventa uma explicação que faça todos se sentirem melhor, até a próxima reunião.

"Nosso índice de abandono é muito alto, mas, assim que passarmos a fazer marketing por e-mail com nossa base de clientes, as pessoas voltarão a usar nossos serviços." Claro! Os clientes abandonam nosso serviço e não voltam a utilizá-lo porque não estamos enviando *spam* em quantidade suficiente. Não acredito nisso. E você?

Como surgem as mentiras?

Para responder a essa pergunta, relembro uma conversa que tive muitos anos atrás com o incomparável Andy Grove.

No final da Grande Bolha da Internet, em 2001, quando todas as gigantes de tecnologia passaram de repente a ficar muito longe de suas projeções de ganhos trimestrais, questionei-me como era possível que ninguém tivesse previsto que isso ia acontecer. Seria de esperar que, depois da quebra das pontocom, em abril de 2000, empresas como a Cisco, a Siebel e a HP percebessem que também para elas se seguiria um período de dificuldades, pois muitos de seus clientes tinham falido. No entanto, mesmo diante do maior e mais barulhento sistema de alerta preventivo de todos os tempos, todos os diretores executivos continuaram tocando suas máquinas a todo vapor até o triste momento em que elas chegaram ao fim dos trilhos.

Perguntei a Andy por que esses diretores executivos mentiram a respeito do destino iminente que os aguardava. Ele me disse que eles não estavam mentindo aos investidores, mas a si próprios.

Andy me explicou que os seres humanos, em particular os criadores, só dão importância a indicadores de boas notícias. Se um diretor executivo fica sabendo que seu portfólio de clientes cresceu 25 por cento a mais do que a expectativa para o mês, ele corre para contratar mais engenheiros a fim de atender ao iminente *tsunami* de demanda. Se, por outro lado, as novas contratações diminuem em 25 por cento, com a mesma paixão e intensidade ele vai procurar uma explicação satisfatória: "O site estava lento naquele mês, tivemos quatro feriados e fizemos uma mudança de interface do usuário que causou todos os problemas. Caramba, não vamos entrar em pânico!"

Pode ser que ambos os indicadores estivessem errados ou certos, mas isso não importa. O que interessa é que nosso hipotético diretor executivo – como quase todos os diretores executivos – só agiu diante do indicador positivo; diante do negativo, ele procurou explicações plausíveis.

Se você perguntar a si mesmo por que seus honestos funcionários estão mentindo a você, a resposta é: não estão mentindo a você, mas a eles mesmos. E, se você acreditar neles, estará mentindo a si mesmo.

SOLUÇÕES DE VERDADE

No início do período em que trabalhei na Netscape, quando descobrimos que o novo servidor web da Microsoft tinha os mesmos recursos que o nosso e, além disso, era cinco vezes mais rápido e seria distribuído de graça, comecei imediatamente a tentar direcionar nossa linha de servidores para algo que pudéssemos vender e dar lucro. Junto com o grande e saudoso Mark Homer, trabalhei como louco para constituir um conjunto de parcerias e aquisições que ampliassem a linha de produtos e garantissem ao servidor funcionalidades suficientes para permitir que sobrevivêssemos ao ataque.

Entusiasmado, revi o plano com Bill Turpin, chefe de engenharia, que olhou para mim como se eu fosse um menininho e ainda tivesse muito a aprender. Bill, que já trabalhara na Borland, era um veterano das lutas contra a Microsoft e entendia o que eu estava tentando fazer, mas não se deixou convencer. Disse: "Ben, essas soluções mágicas que você e Mike estão procurando são ótimas, mas nosso servidor web é cinco vezes mais lento. Não há solução mágica que possa consertar isso. Vamos ter de buscar soluções de verdade."

Graças ao conselho de Bill, nossa equipe de engenharia concentrou-se em solucionar os problemas de desempenho e tratamos todo o resto como um complemento. Acabamos tendo um desempenho melhor do que o da Microsoft e transformamos a linha de servidores num negócio de 400 milhões de dólares. Jamais teríamos conseguido isso sem soluções efetivas.

Guardei essa lição comigo por muito tempo. Seis anos depois, quando eu já era diretor executivo da Opsware, começamos a perder vários clientes importantes para nossa concorrente mais forte, a Blade Logic. Éramos uma empresa de capital aberto, e nossas perdas eram divulgadas para todos. Para piorar a situação, precisávamos ganhar aqueles clientes a fim de ter um desempenho melhor do que o projetado por Wall Street. Em resumo, a empresa estava sob tremenda pressão. Muitos de nossos funcionários deram sugestões para evitar a briga:

- "Vamos construir uma versão mais leve do produto e comercializá-lo numa faixa inferior de mercado."
- "Vamos adquirir uma empresa com uma arquitetura mais simples."
- "Vamos nos concentrar nos fornecedores de serviços."

Isso fez que ficasse claro para mim que nosso problema não era um problema de mercado: os clientes estavam comprando, apenas não estavam comprando *nosso* produto. Não era hora de mudar de foco. Por isso, disse a mesma coisa a todos os que vieram com essas sugestões: "Não existem soluções mágicas para esse problema, apenas soluções de verdade." Não era isso o que eles queriam ouvir, mas ficou claro que precisávamos de um produto melhor. Não tínhamos outra saída. Não havia nenhuma janela, nenhum buraco, nenhuma porta dos fundos. Tínhamos de entrar pela porta da frente e encarar o segurança, grande e armado, que a bloqueava.

Depois de nove meses de trabalho extenuante num ciclo de produto extremamente árduo, retomamos a liderança de mercado e acabamos construindo uma empresa que foi vendida por 1,6 bilhão de dólares. Sem as soluções de verdade, suponho que teríamos alcançado no máximo um décimo desse valor.

Na vida empresarial, talvez não haja nada mais assustador do que uma ameaça à própria existência da empresa. Isso é tão assustador que muitos membros da organização farão de tudo para ignorar a ameaça. Buscarão qualquer alternativa, qualquer saída, qualquer desculpa para não ter de enfrentar uma batalha de vida ou morte. Vejo isso com muita frequência quando um empreendedor vem me pedir que invista em sua *startup*.

Empresário: "Nosso produto é, de longe, o melhor do mercado. Todos os consumidores o adoram e o preferem ao do concorrente X."

Eu: "E por que a receita do concorrente X é cinco vezes maior do que a de vocês?"

Empresário: "Trabalhamos com parceiros e vendemos produtos OEM a montadoras, pois não conseguimos criar um canal de venda direta como o concorrente X."

Eu: "Por que não? Se vocês têm o melhor produto, por que não cerrar os punhos e ir para a guerra?"

Empresário: "Hummm."

Eu: "Pare de procurar uma solução mágica."

Na história de toda empresa, chega uma hora em que ela precisa lutar pela sua vida. Se você fugir na hora em que deveria estar lutando, pergunte-se: "Se nossa empresa não é boa o suficiente para ganhar, para que ela existe?"

NINGUÉM ESTÁ NEM AÍ

"O importante é ganhar, meu bem."

AL DAVIS

Na época da Loudcloud, eu vivia pensando: como poderia ter me preparado para tudo isso? Como poderia ter previsto que metade dos nossos clientes iria à falência? Como poderia saber que se tornaria quase impossível levantar dinheiro no mercado privado? Como poderia prever que haveria 221 ofertas públicas iniciais em 2000 e somente dezenove em 2001? Quem poderia exigir de mim que obtivesse um resultado positivo nessas circunstâncias?

Enquanto eu me lamentava, com pena de mim mesmo, assisti por acaso a uma entrevista com Bill Parcells, um famoso técnico de futebol americano. Ele contou que enfrentou um dilema semelhante no começo da sua carreira. Na primeira temporada, o New York Giants, time que ele dirigia, perdeu muitos jogadores por causa de contusões. Parcells estava sempre preocupado com os efeitos das contusões sobre o destino do time. Se já era difícil ganhar com os melhores jogadores, como seria jogando com os reservas? Al Davis, amigo e mentor de Parcells e dono do Raiders, telefonou-lhe para saber como iam as coisas, e Parcells falou do problema das contusões.

Parcells: "Não sei se vamos conseguir ganhar sem tantos titulares. O que devo fazer?"

Davis: "Bill, ninguém está nem aí. Dirija o time e ponto final."

Talvez esse seja o melhor conselho de todos os tempos aos diretores executivos. Quando as coisas dão errado em sua empresa, ninguém está nem aí. A imprensa não está nem aí, os investidores não estão nem aí, o conselho não está nem aí, os funcionários não estão nem aí, sua mãe (até ela) não está nem aí. Ninguém está nem aí.

E todos têm razão. Uma excelente desculpa para o fracasso não impede que os investidores percam dinheiro, que os funcionários fiquem sem o emprego, que você perca clientes. Mais ainda, ela não vai fazer você se sentir nem um pouco melhor quando fechar a empresa e declarar falência.

Toda a energia mental que você usa para sentir pena de si mesmo deve ser direcionada para encontrar uma saída aparentemente impossível para a péssima situação em que se encontra. Não pense nem um segundo no que você poderia ou deveria ter feito. Dedique todo o seu tempo a pensar no que pode fazer agora. No fim, ninguém está nem aí. Dirija sua empresa, e ponto final.

CAPÍTULO 5

CUIDE DAS PESSOAS, DOS PRODUTOS E DOS LUCROS — NESTA ORDEM

"Ando com os manos da pesada, ganho dinheiro com os manos mais espertos
Não tenho tempo para perder com os manos artistas
Melhor fechar a matraca, mano, antes que você se torne um alvo
Vocês são recos e eu sou o sargento."*

THE GAME, "SCREAM ON EM"

Depois de conseguir que o preço das ações da Opsware superasse de novo o valor de um dólar, era hora de reestruturar a equipe executiva. Nossos executivos eram especializados em serviços de nuvem, mas agora fabricávamos software e precisávamos de executivos de software. Nas empresas de software, as duas posições mais importantes costumam ser a do diretor de vendas e a do diretor de engenharia. No começo, tentei transformar o diretor de serviços profissionais da Loudcloud num diretor de vendas. Não funcionou. O próximo diretor de vendas seria o quarto a ser contratado desde a fundação da empresa, fazia três anos – um histórico nada invejável. Mais importante: o próximo erro que eu cometesse na contratação de um líder de vendas seria o último, pois o mercado, e sobretudo os investidores de Wall Street, não me deixava muita margem para erro.

I roll with the hardest niggas, make money with the hardest niggas / I ain't got time for you fuckin artist niggas / Better shut your trap before you become a target nigga / Y'al army brats I'm the motherfuckin sergeant nigga.

A fim de me preparar melhor para a contratação, decidi eu mesmo dirigir por um tempo o departamento de vendas. Administrei a equipe, liderei as reuniões de previsão de vendas e era o único responsável pelas metas de receita da Opsware. Tinha aprendido, do jeito mais difícil, que devemos seguir as instruções de Colin Powell na contratação de executivos, levando em conta seus pontos fortes, não a ausência de pontos fracos. Dirigindo as vendas, entendi com clareza quais eram os pontos fortes de que precisávamos. Fiz uma lista bastante detalhada e saí em busca do executivo de vendas que tivesse as habilidades e os talentos de que a Opsware necessitava.

Entrevistei mais de vinte candidatos, mas nenhum deles tinha os pontos fortes que eu buscava. Um deles foi Mark Cranney. Ele não era o que eu esperava, não tinha as características requeridas de um executivo de vendas agressivo. Para começar, sua altura era média, e os executivos de vendas, em sua maioria, tendem a ser mais altos. Além disso, era quadrado, ou seja, sua largura era igual à altura. Não era gordo, mas quadrado. Seu corpo quadrado parecia desconfortável dentro do terno que certamente tinha sido feito sob medida, pois nenhuma roupa pronta serviria num cara quadrado como Mark.

Em seguida, li seu currículo. A primeira coisa que chamou minha atenção é que ele tinha cursado uma faculdade da qual eu nunca ouvira falar, a Universidade do Sul de Utah. Perguntei-lhe que faculdade era essa, e ele respondeu: "É o MIT do Sul de Utah." Foi a primeira e a última piada que contou. Ele era tão sério que parecia desconfortável dentro da própria pele e também me fazia sentir assim. Normalmente, isso seria suficiente para eu excluir um candidato, mas os pontos fortes de que eu precisava eram tão essenciais para a empresa que estava disposto a passar por cima de todos os pontos fracos. Uma das técnicas que eu usava para distinguir os bons dos maus candidatos nas entrevistas era dirigir-lhes uma bateria de perguntas sobre a contratação, o treinamento e a gestão de representantes de vendas. Em regra, a conversa acontecia assim:

Ben: "O que você procura num representante de vendas?"

Candidato: "Ele deve ser inteligente, agressivo e competitivo. Precisa saber fazer negociações complexas e encontrar seu caminho dentro das organizações."

Ben: "Como você faz para saber, durante a entrevista, se ele tem essas características?"

Candidato: "Humm... Bem, eu contrato todas as pessoas da minha lista de contatos."

Ben: "Tudo bem. Depois de contratá-las, o que você espera delas?"

Candidato: "Que compreendam e sigam o processo de vendas, que saibam tudo sobre o produto, que me deem previsões exatas..."

Ben: "Fale-me sobre o programa de treinamento que você elaborou para conseguir isso."

Candidato: "Humm..." Em seguida, inventa alguma coisa na hora.

Mark respondeu de maneira adequada às perguntas sobre o perfil e a entrevista. Fiz-lhe então a pergunta sobre o treinamento. Nunca vou esquecer a expressão que se estampou em seu rosto. Parecia que ele queria levantar e ir embora naquele minuto. Tive vontade de lhe oferecer uma aspirina ou, quem sabe, uma dose de aripiprazol*. Sua reação me surpreendeu, pois até então ele tinha ido muito bem. Depois me dei conta de que perguntar a Mark Cranney como se treinam representantes de vendas era a mesma coisa que um leigo pedir a Isaac Newton que explicasse as leis da física. Por onde começar?

Depois de um silêncio que pareceu se prolongar por cinco minutos, Mark enfiou a mão na maleta e sacou dela um enorme manual de treinamento que ele próprio havia escrito. Disse que seria impossível explicar o que eu queria saber sobre treinamento no pouco tempo que nos restava, mas que, se eu quisesse marcar outra reunião, ele me explicaria as nuanças do treinamento de vendedores em uma ampla gama de áreas – processos, produtos e venda para organizações. Explicou ainda que, mesmo com todo

---

* Medicamento usado para tratamento de esquizofrenia. (N. da R.)

aquele material, o líder de vendas bem-sucedido tinha também de encorajar sua equipe. Parecia o general Patton. Percebi então que havia encontrado a pessoa que procurava.

Infelizmente, ninguém concordou comigo. Todos os membros da equipe executiva (com uma única exceção) e todos os membros do conselho diretor votaram contra a contratação de Mark Cranney. Pedi a opinião de Bill Campbell, que disse: "Não vou deitar sobre os trilhos do trem para impedir você de contratar Mark Cranney." Não era exatamente a aprovação entusiástica que eu esperava. As razões para a rejeição à sua contratação não tinham a ver com a ausência de pontos fortes em Mark, mas com a abundância de pontos fracos: ele tinha se formado na Universidade do Sul de Utah, deixava as pessoas pouco à vontade, não parecia um diretor de vendas.

Mesmo assim, quanto mais tempo eu convivia com ele, mais me convencia de que era o cara indicado para o cargo. Conversando com Mark por uma hora, aprendi mais sobre vendas do que havia aprendido nos seis meses em que dirigira o departamento. Ele chegou a me telefonar dando detalhes de contas que minha equipe estava procurando obter, detalhes que nem meus próprios representantes conheciam. Parecia dirigir um FBI das vendas.

Decidi assumir uma posição. Disse à equipe e ao conselho que compreendia as preocupações deles, mas ainda assim queria apostar em Mark e levaria adiante o processo.

Ao pedir a Mark os nomes de pessoas que poderiam dar referências sobre ele, surpreendeu-me de novo: ele me entregou uma lista de 75 pessoas e disse que, se eu precisasse, poderia dar mais. Telefonei para todos os nomes da lista e todos retornaram a ligação em menos de uma hora. A rede de contatos de Mark era forte. Seriam eles o seu FBI das vendas? Quando eu estava a ponto de fechar a contratação, uma executiva da equipe ligou para dizer que um amigo seu conhecia Mark Cranney e queria dar uma referência negativa.

Telefonei a esse amigo (vou chamá-lo de Joe) e tive a conversa sobre referências mais estranha de toda a minha carreira:

Ben: "Muito obrigado por ter entrado em contato."

Joe: "Não tem de quê."

Ben: "De onde você conhece Mark Cranney?"

Joe: "Ele era vice-presidente setorial quando eu dava treinamento de vendas na última empresa em que trabalhei. Quero lhe dizer que você não deve contratar Mark Cranney em hipótese alguma."

Ben: "Poxa, é uma afirmação pesada. Ele cometeu algum crime?"

Joe: "Não, nunca ouvi falar que Mark tenha feito nada de antiético."

Ben: "Ele faz contratações ruins?"

Joe: "De jeito nenhum, contratou alguns dos melhores vendedores da empresa."

Ben: "Sabe conduzir negociações grandes?"

Joe: "Com certeza. Fechou alguns dos nossos maiores negócios."

Ben: "É um mau gestor de pessoas?"

Joe: "Não, era eficientíssimo na gestão da sua equipe."

Ben: "Nesse caso, por que não devo contratá-lo?"

Joe: "Ele não vai conseguir se integrar na cultura da empresa."

Ben: "Explique, por favor."

Joe: "Quando eu dava treinamento de vendas aos recém-contratados na PTC, pedi ao Mark que, como convidado, fizesse um discurso aos novatos, para animá-los. Tínhamos cinquenta vendedores novos e eu havia conseguido deixar todos entusiasmados com a ideia de vender e trabalhar para a empresa. Mark Cranney subiu à tribuna, olhou para os novos contratados e disse: 'Pouco me importa se vocês foram bem treinados ou não. Se não me trouxerem 500 mil dólares por trimestre, vou enfiar uma bala na cabeça de cada um de vocês.'"

Ben: "Muito obrigado."

O mundo, em tempos de paz, parece-nos muito diferente de quando precisamos lutar pela nossa vida todos os dias. Em tempos de paz, temos de nos preocupar com a polidez, os sentimentos das pessoas e as consequências de longo prazo para a cultura empresarial. Em tempos de guerra, tudo o que importa é matar o inimigo e trazer os soldados a salvo de volta para casa. Eu estava em guerra e precisava de um general: Mark Cranney.

O último passo, antes da contratação, era justificá-la para Marc Andreessen. Por ser cofundador e presidente do conselho, a opinião de Marc era importantíssima para os membros do conselho, e ele ainda não estava à vontade com Cranney. Confiava em mim o suficiente para me deixar fazer a contratação, gostasse do candidato ou não, mas para mim era importante que a aprovasse sem restrições.

Deixei que Marc começasse a conversa. Apesar de ele ser a pessoa mais inteligente, em qualquer lugar, talvez até no mundo inteiro, é tão humilde que não acredita que os outros o achem inteligente. Por isso, não gosta de ser ignorado. Começou a conversa listando os problemas de Cranney: ele não tem a aparência nem a voz de um diretor de vendas, frequentou uma faculdade fraca, não deixa os outros à vontade. Ouvi com atenção e respondi: "Concordo com tudo isso. No entanto, Mark Cranney é um mago das vendas. Domina o assunto mais do que ninguém. Se não fossem os problemas que você acabou de apontar, ele não estaria disposto a trabalhar numa empresa cujas ações, outro dia, valiam 35 centavos de dólar. Seria o diretor executivo da IBM."

A resposta de Marc foi rápida: "Entendi. Vamos contratá-lo!"

E foi assim que dei o passo fundamental para construir, a partir das ruínas da Loudcloud, uma equipe de primeira classe para fabricar e vender software. À medida que fui conhecendo Mark ao longo dos anos, todas as opiniões sobre ele que havia formado durante a entrevista e o que as pessoas me disseram sobre ele se confirmaram. Ele não conseguia se integrar facilmente à cultura da empresa, mas era um gênio. Eu precisava da sua genialidade, e ajudei-o a se integrar. Não sei se todos os membros da equipe conseguiram algum dia se sentir à vontade na presença de Mark, mas no fim todos concordaram que ele era a pessoa mais indicada para ocupar aquele cargo.

Meu antigo chefe, Jim Barksdale, gostava de dizer: "Nós cuidamos das pessoas, dos produtos e dos lucros – nesta ordem." É uma frase simples, mas profunda. "Cuidar das pessoas" é, de longe, a mais difícil das três tarefas e, se não fizermos isso, as outras duas pouco importarão. Cuidar das pessoas significa fazer que a empresa seja um bom lugar para trabalhar. Os ambientes de trabalho são, em sua maioria, péssimos. À medida que as organizações crescem, contribuições importantes vão deixando de ser reconhecidas, os funcionários mais esforçados são passados para trás pelos que são mais políticos, e os processos burocráticos acabam sufocando a criatividade e extinguindo a alegria de trabalhar.

Quando tudo deu errado – desde a quebradeira das pontocom até a ameaça da Nasdaq de nos rebaixar –, o que nos salvou foram os procedimentos descritos neste capítulo. Se a sua empresa for um bom lugar para trabalhar, é possível que ela dure o suficiente para que você alcance a glória.

UM BOM LUGAR PARA TRABALHAR

Na Opsware, eu dava uma palestra sobre o que esperávamos dos gerentes, pois acreditava piamente na necessidade de treinamento. Deixava claro que todos deviam se reunir com regularidade com seus subordinados e dava instruções sobre como conduzir a reunião com um subordinado, para que os gerentes não tivessem nenhuma desculpa.

Um belo dia, enquanto cuidava alegremente dos meus afazeres, tomei ciência de que um dos meus gerentes não se reunia com seus funcionários havia mais de seis meses. Fazia questão de "verificar se minhas expectativas" estavam sendo atendidas, e essa revelação foi inesperada. Nenhuma reunião particular em mais de seis meses? Como podia ter passado tanto tempo refletindo sobre gestão, preparando materiais e treinando pessoalmente meus gerentes e, agora, um deles passasse seis meses sem se reunir com cada um de seus funcionários? Pelo jeito, a autoridade do diretor executivo não valia muito. Se os gerentes não dão atenção ao que digo, para que me preocupar em levantar da cama e ir trabalhar, afinal?

Pensei que a liderança pelo exemplo seria uma forma de garantir que a empresa toda fizesse o que eu queria. Deus sabe que os funcionários começaram a imitar todos os meus maus hábitos. Então, por que não imitavam também os bons hábitos? Será que eu tinha perdido a autoridade sobre a equipe? Lembrei uma conversa que havia tido com meu pai muitos anos atrás sobre Tommy Heinsohn, na época treinador do time de basquete Boston Celtics. Heinsohn tinha sido um dos técnicos mais bem-sucedidos do mundo. Havia ganhado uma vez o prêmio de técnico do ano e vencido dois campeonatos da NBA.

Entretanto, decaiu rapidamente e chegou a ter o pior histórico da liga. Perguntei a meu pai o que havia acontecido. Ele respondeu: "Os jogadores pararam de prestar atenção aos chiliques dele. No começo, Heinsohn gritava com o time, que reagia. Agora, eles simplesmente o ignoram." Será que meu time estava me ignorando? Será que tinha gritado demais com eles?

Quanto mais pensava sobre o assunto, mais ia percebendo que, embora tivesse dito ao time "o que" fazer, não havia deixado claro "por que" queria que agisse de certo modo. Estava evidente que minha autoridade, por si só, não era suficiente para que os gerentes fizessem o que eu esperava. Dada a imensa quantidade de coisas de que tínhamos de dar conta, os gerentes não conseguiam fazer tudo e acabavam elaborando sua própria lista de prioridades. Parecia que, na opinião daquele gerente a que nos referimos, as reuniões com cada funcionário não eram tão importantes, e eu também não havia lhe explicado por que elas eram importantes.

Nesse caso, por que eu havia submetido cada um dos gerentes ao treinamento? Por que exigia que tivessem uma reunião periódica com cada funcionário? Depois de muito refletir, disse a mim mesmo a razão principal dessa exigência, liguei para o diretor do gerente que não realizava as reuniões (vou chamá-lo de Steve) e pedi-lhe para falar com ele naquele momento.

Quando Steve entrou no escritório, fiz-lhe uma pergunta: "Steve, você sabe por que vim trabalhar hoje?"

Steve: "Como assim, Ben?"

Eu: "Por que me preocupei em sair da cama? Por que me preocupei em vir até aqui? Se fosse por dinheiro, eu poderia vender a empresa amanhã e ter mais dinheiro do que jamais sonhei. Também não quero ser famoso, pelo contrário."

Steve: "Certo."

Eu: "Então, por que vim trabalhar?"

Steve: "Não sei."

Eu: "Vou lhe explicar. Vim trabalhar porque é muito importante para mim, como pessoa, que a Opsware seja uma boa empresa. É importante para mim que as pessoas que passam aqui de doze a dezesseis horas por dia – ou seja, a maior parte do tempo em que estão acordadas – tenham uma vida boa. É por isso que venho trabalhar."

Steve: "Certo."

Eu: "Você conhece a diferença entre um lugar bom para trabalhar e um lugar ruim para trabalhar?"

Steve: "Humm, acho que sim."

Eu: "Qual é a diferença?"

Steve: "Humm, bem..."

Eu: "Vou lhe dizer qual é. Nas boas organizações, as pessoas podem se concentrar em seu trabalho e ter certeza de que, se o fizerem bem, coisas boas acontecerão com a empresa e com elas, pessoalmente. É um prazer trabalhar numa organização como essa. Todo funcionário pode acordar sabendo que seu trabalho será eficiente, eficaz e produtivo para a organização e para ele próprio. Com isso, ele tem motivação para trabalhar e fica satisfeito com o que realiza.

"Numa organização ruim, por outro lado, as pessoas passam boa parte do tempo lutando contra os limites rígidos da organização, os conflitos internos e os processos ineficazes. Sequer sabem qual é a tarefa que lhes cabe e, por isso, não têm como saber se a estão cumprindo ou não. Num caso hipotético, e raríssimo, em que elas, trabalhando infinitas horas por dia, consigam efetivamente cumprir a tarefa, não sabem o que isso vai significar para a empresa e para a carreira delas. Para piorar ainda mais as coisas e jogar sal na ferida, quando finalmente têm coragem de dizer à direção que as coisas vão mal, ela defende o *status quo*, nega a existência do problema, simplesmente o ignora."

Steve: "Certo."

Eu: "Você sabia que seu gerente, Tim, faz seis meses não se reúne com nenhum dos funcionários dele?"

Steve: "Não."

Eu: "Agora que sabe, será que consegue perceber que, desse jeito, ele não poderá de maneira alguma descobrir se a organização dele é boa ou ruim?"

Steve: "Sim."

Eu: "Em resumo, você e Tim estão me impedindo de realizar meu primeiro e único objetivo. Tornaram-se obstáculos no caminho que conduz ao meu objetivo mais importante. Por isso, se Tim não se reunir com cada um dos seus funcionários nas próximas 24 horas, não vou ter escolha a não ser demitir você e ele. Está claro?"

Steve: "Como água."

Isso era mesmo necessário?

Talvez você pense que, por mais bem dirigida que seja, uma empresa vai fracassar se não houver um bom encaixe entre o produto e o mercado. Pode ser que ache, ainda, que várias empresas que são muito mal dirigidas, mas têm um excelente encaixe entre o produto e o mercado, vão muito bem. E não há nada de errado em pensar assim. Nesse caso, era mesmo necessário que eu usasse um discurso tão dramático e ameaçasse de demissão um dos meus executivos? Acredito que sim, por três razões:

- O fato de a empresa ser boa não importa quando as coisas vão bem, mas pode representar a diferença entre a vida e a morte quando elas vão mal.
- As coisas sempre vão mal.
- A empresa ser boa é um fim em si mesmo.

A diferença entre a vida e a morte

Quando as coisas vão bem, você tem muitas razões para permanecer na empresa:

- As oportunidades de crescer na carreira são inúmeras, uma vez que, à medida que a empresa cresce, muitas posições interessantes surgem naturalmente.
- Seus amigos e familiares consideram genial você ter decidido trabalhar na "empresa do momento" antes que ela se revelasse como tal.
- Ao trabalhar para uma empresa de elite quando ela está no auge, seu currículo se fortalece.
- Já ia esquecendo: você está ficando rico.

Quando as coisas vão por água abaixo, tudo se torna justificativa para ir embora. Na verdade, a única coisa que segura o funcionário numa empresa, quando as coisas vão muito mal – sem contar o fato de precisar do emprego, que não se aplica muito ao macroambiente econômico atual –, é ele gostar do emprego.

As coisas sempre vão mal

Nunca houve, em toda a história, nenhuma empresa cujas ações tenham subido ininterruptamente de valor. Nas empresas ruins, quando o sucesso econômico desvanece, os funcionários desaparecem. Nas empresas de tecnologia, quando os funcionários somem, começa a espiral: a empresa perde valor, os melhores funcionários vão embora, a empresa perde valor, os melhores funcionários vão embora. É extremamente difícil reverter uma espiral.

A empresa ser boa é um fim em si mesmo

Quando conheci Bill Campbell, ele era presidente da Intuit, membro do conselho diretor da Apple e mentor de muitos diretores executivos famosos no setor. Contudo, nenhuma dessas coisas me impressionou tanto quanto o fato de ele ter dirigido uma empresa chamada GO Corporation nos anos de 1992. A GO tentou construir uma espécie de iPhone na época. Levantou mais dinheiro de capital de risco do que praticamente qualquer outra *startup* na história e perdeu quase tudo antes de ser vendida por uma ninharia à AT&T em 1994.

Talvez esse histórico não pareça nada especial. Antes, parece pintar o quadro de um terrível fracasso. Porém, na minha carreira, conheci dezenas de ex-funcionários da GO, entre eles gente de primeira linha, como Mike Homer, Danny Shader, Frank Chen e Stratton Sclavos. O incrível era que cada um deles considerava a GO uma das grandes experiências de trabalho da sua vida, a melhor experiência de todas, apesar de suas carreiras terem estagnado, de não terem ganhado dinheiro e de terem sido pintados como fracassados nas manchetes da imprensa. A GO era um bom lugar para trabalhar.

Isso me fez perceber que Bill era um diretor executivo incrivelmente eficaz. John Doerr parecia pensar a mesma coisa. Quando Scott Cook precisou de um diretor executivo para a Intuit, John indicou Bill, embora este tivesse perdido grande quantia de seu dinheiro na GO. Durante anos, todos os que entraram em contato com os ex-funcionários da GO sabiam qual era o negócio de Bill: construir boas empresas.

Mesmo que você não consiga mais nada, faça como Bill e construa uma boa empresa.

POR QUE AS *STARTUPS* DEVEM TREINAR SEU PESSOAL

Foi trabalhando na Netscape que aprendi por que as *startups* devem treinar seu pessoal. Os funcionários do McDonald's são treinados para exercer suas funções, mas gente que vai exercer funções muito mais complicadas não recebe treinamento nenhum. Não faz sentido. Você gostaria de ser atendido no McDonald's por um funcionário não treinado? Gostaria de usar um software criado por um engenheiro que não sabia como funcionava o restante do código? Muitas empresas acham que seus funcionários, por serem muito inteligentes, não precisam de treinamento. Não é verdade.

Quando me tornei gerente, meus sentimentos em relação ao treinamento eram dúbios. A lógica me dizia que fazia sentido treinar os funcionários de empresas de alta tecnologia, mas minha experiência pessoal com os programas de treinamento nas empresas onde havia trabalhado não me marcara nem um pouco. Os cursos eram oferecidos por empresas terceirizadas que não conheciam o negócio por dentro e ensinavam coisas irrelevantes. Foi então que li o capítulo 16 do livro *High Output Management* [Gestão de alta produtividade], um clássico da administração escrito por Andy Grove. Esse capítulo, intitulado "Por que o treinamento é uma função do chefe", mudou minha carreira. Grove escreveu: "A maioria dos gerentes acha que o treinamento dos funcionários é uma tarefa a ser delegada a terceiros. Eu tenho a firme convicção de que é algo que o gerente deve fazer ele próprio."

Quando fui diretor de gestão de produto na Netscape, frustrei-me ao perceber que a maioria dos gerentes de produto acrescentava pouco valor à empresa. Baseado nas orientações de Andy, escrevi um pequeno documento chamado "O bom e o mau gerente de produto", que usei para treinar os membros da equipe e transmitir-lhes minhas expectativas. (O documento aparece reproduzido nas páginas 118-20 deste livro.) O que aconteceu em seguida me chocou: o desempenho da equipe melhorou instantaneamente. Gerentes de produto que eu quase tinha na conta de casos perdidos tornaram-se eficientes. Em pouco tempo, eu estava dirigindo a equipe de melhor desempenho de toda a empresa. Com base nessa experiência, ao fundar a Loudcloud, investi pesado no treinamento. Atribuo a esse investimento boa parte do crédito pelo nosso sucesso. E tudo começou com a simples decisão de treinar meu pessoal, e com um documento mais simples ainda. Por isso, agora vou pagar minha dívida para com Andy Grove e explicar por que você deve fazer isso também em sua empresa, o que exatamente deve fazer e como deve fazer.

Por que você deve treinar seu pessoal

Quase todos os empresários que montam empresas de tecnologia sabem que seu ativo mais importante são os funcionários. As *startups* bem administradas dão grande ênfase ao recrutamento e ao processo de entrevistas para formar sua base de talentos. Na maioria das vezes, o investimento nas pessoas para por aí. Há quatro razões fundamentais pelas quais isso não deve acontecer, expostas a seguir.

1. Produtividade

Muitas vezes, as *startups* mantêm cuidadosas estatísticas relativas a quantos candidatos foram avaliados, quantos chegaram até o fim do processo de entrevistas e quantos foram contratados. Esses itens são muito importantes, mas falta o essencial: quantos funcionários plenamente produtivos foram admitidos na empresa? Por não avaliarem o progresso rumo ao objetivo propriamente dito, as empresas perdem de vista o valor do treinamento. Se medissem a produtividade, talvez ficassem assustadas ao constatar que todo o investimento em recrutamento, contratação e integração foi desperdiçado. Mesmo que conhecesse a baixa produtividade de funcionários recém-contratados, a maioria dos diretores executivos acharia que não tem tempo para investir em treinamento. Andy Grove faz os cálculos e mostra que a verdade é o contrário:

> O treinamento, em poucas palavras, é uma das atividades mais produtivas a que o gerente pode se dedicar. Considere a possibilidade de fazer uma série de quatro palestras para os membros de seu departamento. Vamos supor que, a cada hora de curso, correspondam três horas de preparação – doze horas de trabalho, no total. Digamos que você tenha dez alunos em sua classe. No ano que vem, eles vão trabalhar cerca de 20 mil horas, ao todo, para sua empresa. Se o seu esforço de treinamento resultar numa melhora de 1 por cento no desempenho deles, a empresa vai ganhar o equivalente a duzentas horas de trabalho como resultado das doze horas que você investiu.

2. Gestão de desempenho

As pessoas que entrevistam gerentes costumam perguntar: "Você já demitiu alguém? Quantas pessoas? Como faria para demitir alguém?" São boas perguntas, mas às vezes a melhor pergunta é aquela que não foi feita: quando você demitiu o funcionário, como tinha certeza de que ele conhecia as expectativas para o cargo e não as estava atingindo? A melhor resposta é que o gerente tenha estabelecido expectativas claras ao treinar o funcionário para seu cargo. Se você não treina seu pessoal, não estabelece bases para a gestão de desempenho e, em consequência, em sua empresa ela será desleixada e incoerente.

3. Qualidade de produto

Muitos fundadores criam suas empresas tendo uma visão de arquitetura de produto bela e elegante, capaz de resolver boa parte dos problemas com que tiveram de lidar em seus empregos anteriores. Quando a empresa alcança o sucesso, constatam que a bela arquitetura de seu produto se transformou num Frankenstein. Como isso acontece? O sucesso obriga as empresas a contratar novos engenheiros em ritmo acelerado, e elas nem sempre treinam de maneira adequada os recém-contratados. À medida que os engenheiros recebem suas tarefas, eles as cumprem da forma que lhes parece melhor. Muitas vezes, isso os leva a reproduzir certas características já existentes na arquitetura. O usuário vê-se então às voltas com um produto com problemas de desempenho e com uma bagunça generalizada. E você achava que o treinamento saía caro...

4. Retenção dos funcionários

Numa época em que houve muitos pedidos voluntários de demissão na Netscape, resolvi ler os registros de todas as entrevistas em que os funcionários pediam as contas a fim de compreender melhor por que as pessoas se demitem de uma empresa de alta tecnologia. Além do aspecto econômico, descobri duas outras razões principais para a sua saída da empresa:

- As pessoas detestavam seu gerente. Em geral, os funcionários se mostravam perplexos com a falta de orientação, de desenvolvimento de carreira e de feedback sobre o próprio desempenho.

- Elas não estavam aprendendo nada. A empresa não estava investindo recursos para ajudar os funcionários a desenvolver novas habilidades.

Um bom programa de treinamento pode resolver diretamente, de uma só vez, esses dois problemas.

O que você deve fazer primeiro?

O melhor ponto de partida é o tópico que mais interessa aos funcionários: o conhecimento e as habilidades de que precisam para cumprir suas funções. Chamo isso de treinamento funcional, que pode ser simples – treinar um novo funcionário em relação ao que dele se espera (ver "O bom e o mau gerente de produto") – ou complexo – um retiro de várias semanas em que os contratados do departamento de engenharia recebem todas as informações sobre as nuanças arquitetônicas do seu produto. Os cursos de treinamento devem ser feitos sob medida para funções específicas. Se você quiser implementar o curso mais complexo, não deixe de arregimentar não apenas o gerente da equipe, mas também seus melhores especialistas. Esse esforço tem um ótimo efeito colateral: para criar uma cultura empresarial forte e positiva, vale mais do que cem retiros estratégicos concebidos em especial para esse fim.

O outro componente essencial do programa de treinamento da empresa é o treinamento da gerência, o melhor momento para que você comece a estabelecer expectativas para sua equipe de gestão. Você quer que os gerentes façam reuniões regulares com cada um de seus funcionários? Deseja que deem feedback de desempenho aos funcionários? Pretende que eles próprios os treinem? Espera que levem em conta as opiniões dos subordinados para estabelecer objetivos? Nesse caso, diga-lhes tudo o que você deseja, pois a mediocridade reina na gerência das empresas de tecnologia. Uma vez estabelecidas as expectativas, o próximo conjunto de cursos de gestão já foi definido. São os cursos em que seus gerentes serão treinados para fazer aquilo que você espera deles (como escrever um relatório de desempenho, conduzir uma reunião com um funcionário...).

Realizados o treinamento da gerência e o funcional, haverá ainda outras oportunidades de treinamento. Um dos aspectos mais interessantes, ao se fundar uma empresa de tecnologia, são as pessoas que serão contratadas. Escolha os melhores funcionários e encoraje-os a partilhar suas habilidades. Cursos de treinamento em áreas como negociação, entrevistas e finanças contribuirão para melhorar a competência da empresa nesses setores, além de impulsionar o moral dos funcionários. Ministrar esses cursos também pode se tornar uma distinção para aqueles que atingirem alto grau de competência.

Como implementar o programa de treinamento

Agora que já conhece o valor do treinamento, você saberá como a organização pode implementar esses programas. Antes de tudo, é preciso reconhecer que nenhuma *startup* tem tempo para se dedicar a atividades extras. Portanto, o treinamento deve ser obrigatório. Os dois primeiros tipos de treinamento (funcional e de gerência) podem ser postos em prática como se segue.

- Para pôr em prática o treinamento funcional, suspenda as requisições para a contratação de novos funcionários. De acordo com Andy Grove, só há duas maneiras para um gerente melhorar a produtividade de um funcionário: motivação e treinamento. Portanto, o treinamento deve ser a primeira exigência para todos os gerentes da sua organização. O modo mais eficaz para garantir o cumprimento de tal exigência consiste em suspender as requisições para a contratação de novos funcionários até que os gerentes tenham desenvolvido todo um programa de treinamento para os ASC (a serem contratados).

- Para pôr em prática o treinamento de gerência, conduza-o você mesmo. Gerir a empresa é função do diretor executivo. Embora você não tenha tempo para ministrar todos os cursos, deve dar o curso sobre o que se espera dos gerentes. Afinal de contas, é *você* que espera algo deles. Depois, escolha os melhores gerentes da sua equipe, como reconhecimento pelo seu trabalho, para ministrar os outros cursos, igualmente obrigatórios.

Paradoxalmente, o maior obstáculo à efetivação de um programa de treinamento é a ideia de que ele consumirá muito tempo. Nunca esqueça que não há nenhum outro investimento melhor do que esse para tornar a empresa mais produtiva. Estar ocupado demais para fazer treinamento é o mesmo que estar faminto demais para comer. Além disso, não é tão difícil elaborar cursos básicos de treinamento. (Ver "O bom e o mau gerente de produto", abaixo, que serve de exemplo para uma possível abordagem.)

Quando passei a dirigir o grupo de gestão de produto dos servidores na Netscape, fiquei muito aborrecido porque cada membro da equipe que havia herdado possuía uma forma única e exclusiva de interpretar sua função. Por fim, descobri que ninguém, em todo o setor, jamais havia definido a função de gestão de produto. Escrevi o texto a seguir para tentar fazer isso e, ao mesmo tempo, baixar um pouco minha pressão sanguínea. O mais incrível é que as pessoas o leem até hoje. Isso me mostrou a importância do treinamento.

O bom e o mau gerente de produto

O bom gerente de produto conhece muito bem o mercado, o produto, a linha do produto e a concorrência e trabalha a partir de um forte alicerce de conhecimento e confiança. Ele é o diretor executivo do produto: assume toda a responsabilidade por ele e mede o próprio sucesso pelo sucesso do produto.

O bom gerente de produto é responsável por entregar o produto correto no tempo certo e tudo o mais que isso acarreta. Conhece o contexto em que vai trabalhar (a empresa, suas fontes de financiamento, suas concorrentes etc.) e assume a obrigação de criar e executar um plano vencedor (sem desculpas).

O mau gerente de produto sempre tem uma desculpa pronta: não há dinheiro suficiente, o gerente de engenharia é um idiota, a Microsoft tem dez vezes mais engenheiros, estou sobrecarregado, não recebo orientação suficiente. O diretor executivo não dá desculpas desse tipo, e o diretor executivo de produto tampouco deve dá-las.

O bom gerente de produto não perde tempo com as várias organizações que têm de trabalhar juntas para que o produto correto seja entregue no momento certo. Não engole todos os minutos da equipe de produto. Não procura fazer a gestão de projeto das várias funções. Não é o garoto de recados da engenharia. Não é membro da equipe de produto, mas aquele que a dirige. A equipe de engenharia não considera o bom gerente de produto um "recurso de marketing"; ele é a contrapartida de marketing do gerente de engenharia.

O bom gerente de produto define de modo conciso e exato o alvo, o que (e não como) e administra a entrega. O mau gerente se sente melhor quando descobre como. O bom gerente de produto se comunica com a engenharia de forma precisa e sucinta, não só oralmente, mas também por escrito. Ele não dirige seu setor de modo informal, mas colhe informações informalmente.

O bom gerente de produto cria materiais de apoio, FAQs, faz apresentações de slides e relatórios que podem ser usados com proveito pelo pessoal de vendas e de marketing, assim como pelos executivos. O mau gerente se queixa de estar sobrecarregado por ter de passar o dia todo respondendo a perguntas do pessoal de vendas. O bom gerente de produto prevê as falhas graves do produto e cria soluções viáveis. O mau gerente de produto passa o dia inteiro apagando incêndios.

O bom gerente de produto toma posição por escrito acerca de questões importantes ("soluções mágicas" da concorrência, difíceis decisões arquitetônicas ou sobre o produto e os mercados a serem conquistados ou cedidos). O mau gerente expressa suas opiniões oralmente e lamenta o fato de os "poderes constituídos" não terem deixado que fossem acolhidas. Quando ele fracassa, comenta que havia previsto que isso aconteceria.

O bom gerente de produto faz que a equipe se concentre na receita e nos clientes. O mau gerente a faz concentrar-se nos recursos do produto que está sendo criado pela concorrência. O bom gerente de produto define um produto bom que possa ser criado com bastante esforço. O mau gerente define um produto bom que não pode ser executado, ou permite que a engenharia construa o que quer (ou seja, deixa que ela resolva o problema mais difícil).

Durante a fase de planejamento de produto, o objetivo do bom gerente de produto é entregar ao mercado um valor superior; na fase de lançamento, seu objetivo é conquistar uma fatia do mercado e alcançar determinada meta de receita. O mau gerente fica confuso com as diferenças entre criar valor, superar os recursos da concorrência, estipular o preço e fazer o produto chegar a todos os nichos de mercado. O bom gerente de produto esmiúça os problemas; o mau gerente junta todos num só.

O bom gerente de produto pensa na reportagem que quer ver publicada na imprensa. O mau gerente pensa em divulgar todos os recursos, sem exceção, e alcançar a precisão técnica absoluta em seu contato com a imprensa. O bom gerente de produto faz perguntas à imprensa; o mau gerente responde a todas as perguntas que ela lhe faz. O bom gerente de produto parte do princípio de que o pessoal da imprensa e os analistas são inteligentes; o mau gerente parte do princípio de que os jornalistas são burros porque não entendem as nuanças sutis da sua tecnologia em particular.

O bom gerente de produto, quando erra, peca por excesso de clareza; o mau gerente nunca explica o óbvio. O bom gerente de produto define sua função e seu sucesso; o mau gerente quer que a todo tempo lhe digam o que fazer.

O bom gerente de produto envia seus relatórios no prazo toda semana, pois é disciplinado; o mau gerente esquece de enviar seus relatórios no prazo, pois não dá valor à disciplina.

É ERRADO CONTRATAR UM EXECUTIVO DA EMPRESA DO SEU AMIGO?

Toda boa empresa de tecnologia precisa de excelentes funcionários. As melhores empresas investem tempo, dinheiro e suor para se tornar máquinas de recrutamento de primeira classe. Mas até que ponto você deve levar adiante a sua busca para construir a melhor equipe do mundo? É válido contratar funcionários que trabalhavam na empresa de um amigo? Vocês continuarão amigos depois disso?

Em primeiro lugar, o que significa o termo "amigo"? Os amigos podem ser classificados em duas categorias:

- parceiros comerciais importantes;
- amigos.

Nesta discussão, amigos e parceiros comerciais importantes correspondem quase à mesma coisa.

A maioria dos diretores executivos nunca buscaria talentos na empresa de um amigo. Esses profissionais em geral não têm muitos amigos de verdade nos negócios, e fazer esse tipo de incursão na empresa de um amigo é pedir para perder uma amizade. Não obstante, quase todos os diretores executivos terão, em algum momento, de decidir se contratam ou não um funcionário que trabalha na empresa de um amigo. Como isso acontece? Quando você pode fazer a contratação? Quando isso vai lhe custar uma amizade?

Mas eles já estavam procurando

Tudo sempre começa do mesmo jeito. Um grande engenheiro chamado Fred trabalha para a sua amiga Cathy. Por acaso, Fred é amigo de um dos seus melhores engenheiros. Sem que você saiba, seu engenheiro leva Fred para fazer uma entrevista na sua empresa e ele navega tranquilo por todo o processo de seleção. A etapa final é uma entrevista com você, o diretor executivo. Você descobre imediatamente que Fred trabalha na empresa de sua amiga Cathy e conversa com o seu pessoal para ter certeza de que não foi nenhum deles que abordou Fred. Todos lhe asseguram que Fred já estava procurando outro emprego e, se não encontrar vaga na sua empresa, vai encontrar em outra. E agora?

A essa altura, talvez você esteja pensando: "Se Fred está mudando de emprego, minha amiga Cathy vai preferir que ele trabalhe na minha empresa a vê-lo prestando serviços a uma concorrente ou a um diretor executivo de que ela não goste." Pode até ser que Cathy veja as coisas desse modo, mas é improvável.

Em geral, os bons funcionários abandonam as empresas quando as coisas não vão bem. Desse modo, você deve partir do princípio de que Cathy está lutando pela vida de sua empresa. Nessa situação, nada seria pior para ela do que perder um bom funcionário, pois Cathy sabe que os outros funcionários verão esse fato como um forte indício da derrocada da empresa. Mais ainda, os funcionários dela verão esse acontecimento como um ato de traição: um suposto amigo de Cathy está roubando seus empregados. Vão pensar: "Cathy é uma diretora tão ruim que nem consegue impedir seus amigos de contratarem seus funcionários." Dessa maneira, uma questão lógica rápido se transforma numa questão emocional.

Como você não quer perder a amizade de Cathy, assegura-lhe que Fred foi uma exceção, que foi ele quem o procurou e que será o primeiro e o último funcionário dela que você contratará. Em geral, essa explicação funciona, e Cathy compreenderá e apreciará o seu gesto. Ela o perdoará, mas não esquecerá o que aconteceu.

As lembranças que Cathy tem de Fred serão importantes, pois ele terá sido apenas o primeiro passo na destruição do relacionamento de vocês. Como Fred é conhecido, os melhores funcionários de Cathy provavelmente o procurarão para saber por que ele foi embora e para onde foi. Ele vai explicar seu raciocínio e dará razões convincentes. De repente, um bando de gente desejará seguir o caminho de Fred e também ingressar na sua empresa. Quando você se der conta da situação, os candidatos a emprego que conversaram com Fred já terão ouvido promessas e talvez até recebido propostas.

Em cada um dos casos, seus funcionários lhe assegurarão que foram os funcionários de Cathy que os abordaram, e não o contrário. Argumentarão que outras empresas também fizeram propostas a esses funcionários, ou seja, estão saindo da empresa de Cathy de qualquer jeito. Por que não tirar proveito dessas mudanças? Já os gerentes de Cathy contarão uma história completamente diferente. Pedirão a ela que rogue ao seu amigo que pare de roubar os melhores funcionários; do contrário, jamais conseguirão cumprir suas funções. Deixarão Cathy envergonhada e enraivecida. No fim, essa pressão social levará a melhor sobre a sua brilhante lógica.

Vou dar um exemplo para facilitar o entendimento dessa dinâmica. Se o seu marido a abandonasse, você gostaria que ele saísse com a sua melhor amiga? Ele vai sair com alguém de qualquer modo. Não é melhor que seja com a sua amiga? Isso parece lógico, mas a situação não é nada lógica e, se acontecer, você terá perdido uma amiga.

Nesse caso, o que fazer?

Em primeiro lugar, lembre que os funcionários de que estamos falando são muito bons; caso contrário, você nem desejaria que eles fizessem parte da sua empresa. Ou seja, ou você vai recrutar funcionários de primeira linha da empresa do seu amigo, ou talvez contrate pessoas medíocres. Não se engane: não pense que as pessoas que você está contratando não farão falta em outra empresa.

Uma boa regra a seguir é o princípio reflexivo do roubo de funcionários: "Se você ficasse chocado e horrorizado se a empresa X contratasse vários funcionários seus, não contrate nenhum funcionário dela." O número de empresas que seguem essa regra deve ser bem pequeno ou até nulo.

A fim de evitar essas situações complicadas, muitas organizações estabelecem, de modo formal ou informal, diretrizes acerca de empresas cujos funcionários não devem ser contratados sem a aprovação do diretor executivo ou de outro executivo de primeiro escalão. Seguindo essa diretriz, você poderá dar ao seu amigo uma última chance de salvar o funcionário dele ou de vetar a contratação antes que você a efetue.

Tendo isso em mente, o melhor é lidar com essas situações de modo aberto e transparente. Assim que tomar ciência do possível conflito que será provocado pela contratação do funcionário especial, o que poderá ser entendido como traição ao seu amigo, ponha as cartas na mesa. Informe ao funcionário que você tem uma importante relação comercial com a empresa para a qual ele trabalha e precisará falar com o diretor executivo antes de lhe fazer uma oferta. Diga-lhe que, se não fizer isso, você interromperá o processo de contratação e guardará segredo sobre o que aconteceu até então. Conversando com o seu amigo antes de fazer a contratação, você poderá ter uma ideia melhor do impacto dela no relacionamento de vocês. Além disso, poderá se livrar de fazer uma contratação ruim, uma vez que muitos candidatos que se saem bem nas entrevistas acabam se revelando maus funcionários.

Últimos pensamentos

No clássico filme *Três homens em conflito*, Clint Eastwood ("o bom") e Eli Wallach ("o feio") são parceiros no crime. Wallach é um bandido famoso. Como sua cabeça está a prêmio, os dois fazem uma tramoia para ficar com o dinheiro da recompensa. Eastwood entrega Wallach às autoridades e recebe o dinheiro. Wallach é condenado à morte por enforcamento. Quando está montado no cavalo, com as mãos atadas e a corda no pescoço, Eastwood atira de longe, corta a corda com o tiro, liberta Wallach e reparte a recompensa com ele. O golpe funciona muito bem, até que, um dia, Eastwood salva Wallach mas, em seguida, lhe diz: "Acho que você nunca vai valer mais de três mil dólares." Wallach responde: "Como assim?" Eastwood responde: "Nossa parceria está desfeita. Mas você continua amarrado. Eu fico com o dinheiro, você fica com a corda." O que acontece em seguida é uma das maiores buscas por vingança da história do cinema.

Ou seja, se você disser ao seu amigo que ele não vale mais do que esse funcionário, não pense que ele continuará sendo seu amigo.

POR QUE É DIFÍCIL TRAZER EXECUTIVOS DE EMPRESAS GRANDES PARA EMPRESAS PEQUENAS

Você conseguiu compatibilizar o produto com o mercado e está pronto para fazer a empresa crescer. O conselho o encoraja a contratar alguns executivos experientes em finanças, vendas e marketing para que, a partir de um produto de primeira classe, você construa uma empresa grande. Você seleciona alguns candidatos, mas o investidor de risco, que faz parte do conselho, diz: "Você está pensando pequeno. Esta empresa vai se tornar enorme. Podemos atrair talentos melhores." Você voa alto e contrata um diretor de vendas respeitadíssimo, que dirigiu organizações enormes, com milhares de empregados. As referências dele são brilhantes e até a sua aparência é compatível com o cargo. O investidor de risco o adora, pois seu currículo é impressionante.

Seis meses depois...

Seis meses depois, todos os funcionários da empresa estão se perguntando por que o cara das vendas (ou do marketing, ou das finanças, ou do produto), que não produziu absolutamente nada, ganhou um pacote de opções de ações tão polpudo, ao passo que as pessoas que realmente trabalham receberam pacotes muito menores. Além de você estar pagando um salário bem alto a alguém que não faz nada, a própria empresa está em risco, pois não vem conseguindo atingir as metas trimestrais, enquanto o superexecutivo descansa. O que aconteceu, afinal?

O mais importante é compreender que a função do executivo numa empresa grande e numa pequena é muito diferente. Depois da venda da Opsware, quando eu comandava milhares de pessoas na Hewlett-Packard, tinha de atender a inúmeras exigências vindas de fora. Todos precisavam de mim. Empresas menores propunham parceria comigo ou queriam que eu as comprasse, pessoas da minha organização precisavam do meu sinal verde, outras unidades da empresa precisavam da minha ajuda, os clientes queriam a minha atenção e assim por diante. Em consequência, eu passava a maior parte do tempo otimizando e aperfeiçoando uma estrutura que já existia. Meu trabalho consistia sobretudo em enfrentar as situações que surgiam. A maioria dos bons executivos que trabalham em grandes empresas lhe dirá que, se você tomar mais de três iniciativas novas por trimestre, estará se sobrecarregando. Por causa disso, eles só agem quando estimulados por uma interrupção.

Numa *startup*, por outro lado, nada acontece, a menos que o executivo faça acontecer. No começo da vida da empresa, ele tem de tomar de oito a dez novas iniciativas por dia se não quiser que a empresa fique estagnada. A inércia jamais a colocará em movimento. Sem uma contribuição maciça da sua parte, a empresa permanecerá parada.

O que acontece?

Quando você contrata um executivo de uma empresa grande, tem de enfrentar dois descompassos:

1. **Descompasso de ritmo.** O executivo está acostumado a esperar que os e-mails cheguem, que o telefone toque e que as reuniões sejam agendadas. Na sua empresa, ele terá de aguardar sentado. Se ficar à espera (como está acostumado a fazer), os outros funcionários ficarão desconfiados. Você ouvirá coisas como: "O que esse cara fica fazendo o dia inteiro?", "Por que ele ganhou um pacote de ações tão grande?"

2. **Descompasso de habilidades.** As habilidades necessárias para dirigir uma organização grande são diferentes das requeridas para criá-la e construí-la. Quem dirige uma organização grande tende a se especializar em áreas como decisões complexas, priorização, arquitetura da organiza-

ção, aperfeiçoamento de processos e comunicação organizacional. Quando estamos começando a construir uma organização, ela é pequena e não precisa de arquitetura, não existem processos a serem aperfeiçoados e a comunicação é algo simples. Por outro lado, devemos gerir um processo de contratação de qualidade, possuir conhecimento amplo do setor em que trabalhamos (somos pessoalmente responsáveis pelo controle de qualidade), saber conceber processos a partir do zero e ser extremamente criativos ao estabelecer novas direções e tarefas.

Como impedir que as coisas deem errado?

Há dois segredos para evitar o desastre:

1. Use o processo de entrevistas para identificar o excesso de descompassos.
2. Leve a integração tão a sério quanto as entrevistas.

Identifique descompassos

Como saber se os descompassos de ritmo e de habilidades são grandes demais para ser superados? As perguntas a seguir, feitas em entrevistas, me foram muito úteis.

O que você vai fazer em seu primeiro mês no trabalho?

Cuidado com respostas que enfatizam muito o aprendizado. Elas podem dar a entender que o candidato acha que tem muito a aprender a respeito da sua organização. Pode ser que ele pense que sua organização é tão complexa quanto aquela da qual faz parte atualmente.

Cuidado com qualquer indício de que o candidato precise ser movido por interrupções, em vez de estabelecer ele próprio o ritmo dos acontecimentos. Tais interrupções não deverão ocorrer.

Procure candidatos que apresentem mais iniciativas do que você considera possível implementar. Esse é um bom sinal.

Quais as diferenças entre seu novo emprego e o emprego atual?

Nesse caso, o ideal é que o executivo tenha consciência das diferenças. Se ele tiver a experiência de que você precisa, saberá falar sobre esse assunto.

Cuidado com candidatos que pensam que a maior parte da sua experiência atual pode ser diretamente transferida para a nova empresa. Isso pode render dividendos mais à frente, mas provavelmente não renderá amanhã.

Por que você quer trabalhar numa empresa pequena?

Se a principal motivação for a participação acionária, cuidado. Um por cento de nada é nada. Os executivos de grandes empresas às vezes têm dificuldade para compreender isso.

É muito melhor quando eles expressam o desejo de ser mais criativos. Entre as grandes e as pequenas empresas, a diferença mais importante é aquela entre o tempo de administração e o de criação. O desejo de se dedicar mais à criação deve ser o motivo principal para que ele queira ingressar na sua empresa.

Integre agressivamente o novo executivo

Talvez a etapa mais crítica seja a integração. Dedique bastante tempo à integração do novo executivo. Alguns pontos que não devem ser esquecidos:

- **Obrigue-o a criar.** Estabeleça objetivos mensais, semanais e até diários para garantir que comece a produzir imediatamente. Todos os outros funcionários estarão de olho, e a produção criativa será essencial para a sua assimilação.

- **Obrigue-o a "entender do assunto".** Os executivos que não entendem do ramo não têm nenhum valor para as *startups*. Todo executivo deve conhecer o produto, a tecnologia, os clientes e o mercado. Obrigue o novato a aprender essas coisas. Você poderá agendar uma reunião diária com ele. Exija que apresente a você perguntas acerca de todas as coisas que ouviu, mas não compreendeu totalmente, no dia da reunião. Responda a todas elas. Comece dos primeiros princípios. Dê-lhe logo todas as informações necessárias. Se ele não tiver nenhuma pergunta, considere a hipótese de demiti-lo. Se perceber que depois de trinta dias ele ainda não assimilou o que era preciso, demita-o sem pensar duas vezes.

- **Enturme-o.** Obrigue o novo executivo a fazer contato e interagir com seus colegas e outras pessoas da organização. Diga a ele quais pessoas deve conhecer e com quem deve aprender. Depois, exija um relatório sobre o que aprendeu com cada uma.

Últimos pensamentos

Nada vai contribuir tanto para o desenvolvimento da sua empresa quanto a contratação de alguém que vivenciou a construção de uma empresa semelhante em escala maior. No entanto, esse processo é cheio de riscos. Não deixe de prestar atenção aos mais importantes indicadores de sucesso ou fracasso.

CONTRATAÇÃO DE EXECUTIVOS: SE VOCÊ NUNCA FEZ O QUE ELE FAZ, COMO VAI CONTRATAR UMA PESSOA COMPETENTE?

A maior diferença entre o excelente gerente funcional e o excelente gerente-geral – sobretudo o excelente diretor executivo – é que o gerente-geral deve contratar e administrar pessoas muito mais competentes na função delas do que ele seria se exercesse a mesma função. Na verdade, ele tem de contratar e liderar pessoas que cumprem funções que ele nunca cumpriu. Quantos diretores executivos já foram diretores de recursos humanos, engenharia, vendas, marketing, finanças e do departamento jurídico? Provavelmente nenhum.

Nesse caso, se você não tem experiência na função, como contratar uma pessoa competente?

Etapa 1: saiba o que você quer

A etapa 1 é, de longe, a mais importante do processo e também a mais negligenciada. Como diz Tony Robbins, guru da autoajuda: "Se você não sabe o que quer, a probabilidade de obter alguma coisa é muito pequena." Se você nunca cumpriu uma função, como vai saber o que quer?

Em primeiro lugar, você deve ter consciência do seu desconhecimento e resistir à tentação de simplesmente usar as entrevistas com os candidatos para suprir essa deficiência. O processo de entrevistas, sem dúvida, pode ser bastante instrutivo, mas é perigoso utilizá-lo como única fonte de informação. Se você fizer isso, correrá o risco de cair nas seguintes armadilhas:

- *Contratar com base na aparência da pessoa e nas suas impressões sobre ela.* A ideia de que alguém possa contratar um executivo com base na sua aparência e no seu jeito de falar durante a entrevista parece tola, mas a aparência do entrevistado e as impressões do entrevistador são os principais critérios empregados na maioria das contratações de executivos. Quando o diretor executivo não sabe o que quer e os membros do conselho não pensaram a fundo a respeito da contratação, qual será, em sua opinião, o critério?

- *Buscar contratar uma pessoa tendo em mente um estereótipo.* Se eu tivesse seguido esse caminho, nunca teria contratado Mark Cranney, e você provavelmente não estaria lendo este livro agora. Isso equivale a procurar o ideal platônico de um diretor de vendas. Você imagina como seria o executivo de vendas perfeito e procura candidatos que correspondam a esse modelo na vida real. Essa ideia não é boa por vários motivos. Em primeiro lugar, você não está contratando um executivo abstrato para trabalhar numa empresa qualquer. Precisa contratar a pessoa certa para a sua empresa neste momento específico. A pessoa que era diretor de vendas da Oracle, em 2010, provavelmente teria fracassado se tivesse exercido essa função em 1989. O vice-presidente de engenharia da Apple provavelmente seria o pior candidato a exercer a mesma função na Foursquare. Os detalhes e as especificidades são importantes. Em segundo lugar, é quase certo que o seu modelo imaginário é um equívoco. No que você se baseou para criá-lo? Por fim, será muito difícil explicar critérios tão abstratos para a contratação à equipe que fará as entrevistas. Cada entrevistador estará procurando algo diferente.

- *Valorizar mais a ausência de pontos fracos do que a presença de pontos fortes.* Com a experiência, vamos percebendo que todos os funcionários da empresa (incluindo nós mesmos) têm falhas graves. Ninguém é perfeito. Por isso, é indispensável que você contrate uma pessoa por causa dos seus pontos fortes, não da ausência de pontos fracos. Todos têm pontos fracos. A única diferença é que, em algumas pessoas, eles sobressaem. Se você se preocupar com a ausência de pontos fracos, estará dando preferência aos candidatos simpáticos. Mas não deve fazer isso. Ao contrário, deve estabelecer quais pontos fortes almeja e procurar um candidato em quem eles sobressaiam, mesmo que ele seja fraco em outros aspectos menos importantes.

A melhor maneira de você saber o que quer é exercer a função, não apenas nominalmente, mas na prática. Na minha carreira, já atuei como vice-presidente de recursos humanos, diretor financeiro e vice-presidente de vendas. Muitos diretores executivos não gostam de ocupar posições funcionais, pois acham que não possuem conhecimento suficiente. E é exatamente por isso que você deve ocupá-las: para obter o conhecimento em questão. Na verdade, o exercício da função é o único meio de reunir o conhecimento necessário para fazer a contratação, pois você não está em busca de um executivo genérico, mas sim do executivo correto para a sua empresa no momento atual dela.

Além de exercer a função, é muito útil pedir a ajuda de especialistas na área. Se você conhece um grande chefe de vendas, entreviste-o primeiro e peça-lhe que diga a você por que, na opinião dele próprio, ele é grande. Descubra quais pontos fortes apontados por ele correspondem mais de perto às necessidades da sua empresa. Se possível, inclua o especialista no processo de entrevistas. No entanto, saiba que ele só possui parte do conhecimento necessário para fazer a contratação. Não conhece quase nada sobre a sua empresa, como funciona e quais as necessidades dela. É por isso que você não pode delegar a ele a responsabilidade de tomar a decisão.

Por fim, tenha muita clareza acerca do que você espera do novo executivo quando ele ingressar na empresa. O que ele deverá fazer nos primeiros trinta dias? Qual deve ser, na sua opinião, a motivação dele para querer ingressar na empresa? Você quer que ele comece a fazer a empresa crescer de imediato ou que só contrate uma ou duas pessoas no decorrer do próximo ano?

Etapa 2: institua um processo para identificar o candidato mais adequado

Para encontrar o executivo que procura, você deve usar o conhecimento que acumulou e traduzi-lo num processo que permita identificá-lo. Apresento a seguir o processo que costumo usar.

Enumere por escrito os pontos fortes que você quer e os pontos fracos que está disposto a tolerar.

Para garantir uma lista completa, incluo critérios como:

- O executivo terá competência de primeira linha na gestão da sua função?
- O executivo terá grande competência do ponto de vista operacional?
- O executivo dará uma contribuição de destaque ao direcionamento estratégico da empresa? Por este critério, ele deve ser "inteligente o bastante".
- O executivo será um membro eficiente da equipe? A palavra-chave é *eficiente*. É possível que, apesar de todos gostarem de um executivo, ele seja totalmente ineficiente, em comparação com os outros membros da equipe. Um executivo também pode ser muito eficiente e influente, mas desprezado por todos. Este critério é bem melhor.

Esses critérios não têm todos o mesmo peso para as diferentes funções. Dê a cada um o peso apropriado. Em geral, a excelência operacional é muito mais importante para um vice-presidente de engenharia ou de vendas do que para um vice-presidente de marketing ou um diretor financeiro.

Elabore perguntas que permitam identificar os critérios (ver Apêndice).

É importante fazer isso, mesmo que nenhuma das perguntas pré-elaboradas seja proposta ao candidato. Ao formular perguntas que lhe possibilitam identificar as qualidades que quer, você alcançará um nível de especificidade que dificilmente obteria de outra maneira. (Ver, nas páginas 281-86, alguns exemplos de perguntas sobre a gestão e a excelência operacional na função de diretor de vendas.) Monte uma equipe e conduza as entrevistas.

Monte a equipe de entrevistas.

Ao montar a equipe, você deve ter em mente os dois fundamentos a seguir.

1. Quem mais poderá ajudar você a verificar se o candidato atende aos critérios pretendidos? Pode ser gente da empresa ou de fora dela: membros do conselho, outros executivos ou especialistas.

2. De quem você vai precisar de apoio quando o executivo já estiver na empresa? Isso é tão importante quanto identificar o candidato adequado. Por melhor que seja o executivo, ele não terá sucesso se as pessoas com quem trabalha sabotarem todas as suas iniciativas. Para evitar isso, o melhor é identificar todos os potenciais problemas antes da contratação.

Algumas pessoas farão parte dos dois grupos. As opiniões das pessoas dos dois grupos serão igualmente importantes. As do primeiro grupo o ajudarão a identificar o melhor candidato; e as do segundo, a avaliar a facilidade com que cada candidato poderá se integrar à empresa. Em geral, é melhor que as pessoas do segundo grupo só entrevistem os candidatos finalistas.

Em seguida, distribua as perguntas entre os entrevistadores de acordo com seus talentos. Cada um deles deverá ter uma ampla ideia das melhores respostas esperadas às perguntas que fizer.

Ao conduzir as entrevistas, discuta cada uma delas com o entrevistador. Aproveite para garantir o entendimento comum dos critérios, de modo que você obtenha as melhores informações possíveis.

Verifique referências oficiais e extraoficiais.

É importantíssimo que o próprio diretor executivo verifique as referências de cada candidato finalista, utilizando os mesmos critérios empregados no processo de entrevista. A verificação de referências extraoficiais (pessoas que conhecem o candidato, mas não foram indicadas por ele como referência) pode ser muito útil para que você tenha uma visão imparcial. No entanto, não despreze as referências oficiais. Embora todas elas, evidentemente, ressaltem o lado positivo do candidato (caso contrário, não seriam indicadas), ao falar com essas pessoas você não está preocupado com pontos de vista positivos ou negativos, mas quer verificar se o candidato é compatível com seus critérios. As referências oficiais são as que melhor conhecem o candidato e poderão ajudá-lo com relação a isso.

Etapa 3: tome uma decisão solitária

Apesar de muitas pessoas estarem envolvidas no processo, a decisão final deve ser solitária. Somente o diretor executivo possui o conhecimento pleno dos critérios, do raciocínio por trás deles, de todas as informações obtidas por meio das entrevistas, das referências e da importância relativa de todas as partes interessadas. As decisões consensuais a respeito da contratação de executivos quase sempre deixam de lado os pontos fortes dos candidatos e privilegiam a ausência de pontos fracos. É uma tarefa solitária, mas alguém tem de cumpri-la.

QUANDO OS FUNCIONÁRIOS INTERPRETAM MAL OS GERENTES

No começo da Loudcloud, muita gente cometia verdadeiras loucuras com a justificativa: "Ben disse." Muitas vezes, eu não havia dito nada do que falavam e, mesmo quando tinha dito algo parecido, fui mal interpretado. Os princípios de gestão que partilho a seguir estão ligados a essas experiências e a outras semelhantes.

Quando dirigi a Opsware, enfrentamos o problema do trimestre não linear, também conhecido como "taco de hóquei". Esse termo se refere ao formato do gráfico das receitas ao longo do trimestre. Nosso caso era tão grave que fechamos 90 por cento dos novos contratos no último dia de um trimestre. Esse tipo de padrão de vendas dificulta o planejamento e é especialmente aflitivo para as empresas de capital aberto, como a nossa.

Naturalmente, determinei-me a endireitar o gráfico e a assegurar algum grau de sanidade à nossa atividade. Para incentivar o fechamento de contratos nos primeiros dois meses do trimestre, ofereci bonificações para os contratos fechados nesse período. Graças a isso, o trimestre seguinte mostrou-se ligeiramente mais linear e a renda foi um pouco menor do que a prevista. Os vendedores simplesmente concluíram nos dois primeiros meses do trimestre seguinte as transações que teriam concluído no terceiro mês.

Quando dirigi um grande grupo de engenharia na Netscape, avaliei um dos nossos produtos por estes critérios: cronograma, qualidade e recursos. A equipe entregou um produto com todos os recursos requisitados, dentro do prazo e com pouquíssimos problemas. Infelizmente, era um produto medíocre, pois nenhum dos recursos era muito atraente.

Quando eu trabalhava na HP, administrávamos todo o negócio com base nos números e tínhamos de alcançar metas extremamente rigorosas de receita e lucro. Algumas divisões alcançavam essas metas, mas, para tanto, deixavam de investir em P&D. Enfraqueciam muito sua competitividade de longo prazo e cavavam o buraco onde haveriam de cair no futuro.

Nesses três casos, a direção obteve exatamente o que havia pedido, mas não o que queria. Como isso aconteceu? Vamos dar uma olhada.

Endireitar o taco de hóquei: a meta errada

Pensando bem, eu não deveria ter pedido à equipe que endireitasse os gráficos dos trimestres. Se era isso que eu queria, deveria estar disposto, ao menos temporariamente, a aceitar receitas trimestrais menores. Tínhamos um número fixo de vendedores que estavam maximizando a renda de cada trimestre. Para que os trimestres se tornassem mais lineares, eles precisaram modificar seu comportamento e ajustar suas prioridades. Infelizmente, eu apreciava mais a antiga prioridade de maximizar a receita.

Diante da situação, até que tive bastante sorte. Sun Tzu, no clássico *A arte da guerra*, alerta que dar à equipe uma tarefa que ela não pode de modo algum desempenhar é mutilar o exército. No meu caso, não cheguei a mutilar a equipe, mas inverti minhas prioridades. O correto seria ter tomado desde o começo a decisão mais difícil: se era mais importante maximizar cada trimestre ou aumentar a previsibilidade. Minha orientação só fazia sentido no último caso.

Dar excessiva atenção aos números

No segundo caso, dei instruções à equipe com base em um conjunto de números que não refletia plenamente o que almejava. Eu queria um grande produto que fosse atrativo para os consumidores, de alta qualidade e dentro do cronograma – nesta ordem.

Infelizmente, a métrica que estabeleci não refletia essas prioridades. Num nível básico, a métrica é um incentivo. Ao avaliar a qualidade, os recursos e o cronograma e discuti-los em todas as reuniões, meu pessoal voltou toda a sua atenção para esses aspectos e negligenciou todos os demais. Como minha métrica não refletia minhas verdadeiras metas, acabei desencaminhando a equipe.

O interessante é que identifico esse mesmo problema em muitas empresas de internet que estão começando. Muitas equipes estipulam métricas que giram obsessivamente em torno da conquista e retenção de usuários. Isso em geral funciona bem para a conquista, mas é menos eficaz para retê-los. Por quê?

No caso de diversos produtos, a métrica descreve o objetivo de conquistar usuários de modo detalhado, oferecendo orientações precisas à direção. Já a métrica aplicada à retenção de usuários não é detalhada o suficiente para servir de instrumento de gestão. Em decorrência, muitas novas empresas dão excessiva ênfase à métrica da retenção, mas não dedicam tempo suficiente a uma avaliação profunda da experiência efetiva do usuário. Isso costuma resultar numa corrida frenética atrás de números que não culmina num grande produto. É importante que a visão de um grande produto seja suplementada por uma forte disciplina métrica, mas se a visão for substituída pela métrica você jamais conseguirá o que quer.

Administrar com base em números é como pintar num livro para colorir

Certas coisas que o diretor quer incentivar são quantificáveis; outras, não. Se você pedir relatórios sobre as metas quantitativas e ignorar as qualitativas, estas, talvez as mais importantes, não serão atingidas. Administrar exclusivamente com base em números é como pintar um livro infantil para colorir, é algo que só os amadores fazem.

Na HP, a empresa queria uma receita alta no presente e no futuro. Por ter enfocado exclusivamente os números, ela obteve uma receita alta no presente, sacrificando a receita futura.

Além das metas qualitativas, havia muitos outros números que teriam nos ajudado a avaliar a situação:

- Nosso índice de vitória sobre a concorrência estava em ascensão ou em declínio?
- A satisfação dos clientes estava em ascensão ou em declínio?
- O que nossos engenheiros pensavam sobre os produtos?

Ao administrar a organização como se fosse uma caixa-preta, algumas divisões da HP otimizaram o presente à custa da competitividade futura. A empresa recompensava os gerentes por alcançarem objetivos de curto prazo e com isso prejudicava a si própria. Teria sido melhor levar em conta a caixa branca. A caixa branca vai além dos números, avalia o modo como a organização os produz, penaliza os gerentes que sacrificam o futuro pelo presente e recompensa aqueles que investem no futuro, mesmo que não seja simples mensurar esse investimento.

Último pensamento

É fácil perceber que os líderes podem ser mal interpretados. Para conseguir o que quer, você deve reconhecer que tudo aquilo que mede gera automaticamente uma série de comportamentos dos funcionários. Uma vez determinado o resultado pretendido, você precisa compatibilizar a descrição do resultado com os comportamentos que ela tende a gerar. Caso contrário, os efeitos colaterais da descrição poderão ser piores do que a situação que você tenta consertar.

DÍVIDAS DE GESTÃO

Graças a Ward Cunningham, o programador de computadores que projetou a primeira wiki, a metáfora "dívida técnica" é hoje um conceito corrente. Embora se possa ganhar tempo escrevendo um código rápido e malfeito, um dia você terá de pagar por isso, e com juros. Às vezes isso faz sentido, mas você enfrentará sérios problemas se não tiver sempre retida na memória a opção que fez. Existe um conceito análogo e menos bem compreendido, que vou chamar de *dívida de gestão*.

Como a dívida técnica, a dívida de gestão surge quando tomamos uma decisão administrativa que é eficaz no curto prazo, mas traz consequências dispendiosas no longo prazo. Como no caso da dívida técnica, optar pelo curto prazo às vezes faz sentido, mas, na maioria das vezes, não. O mais importante é que, se você não levar em conta a dívida de gestão, acabará indo à falência.

Como a dívida técnica, a dívida de gestão apresenta-se de muitas formas diferentes. Não é possível abordar todas elas, mas alguns exemplos ajudam a clarear o conceito. Os três tipos a seguir estão entre os mais comuns nas *startups*:

1. Pôr dois funcionários para desempenhar a mesma função.
2. Oferecer um salário abusivo a um funcionário importante quando ele recebe uma oferta de outra empresa.
3. Abrir mão da gestão de desempenho e do processo de feedback aos funcionários.

Pôr dois funcionários para desempenhar a mesma função

O que fazer quando temos dois funcionários excelentes que se encaixam no mesmo lugar no organograma da empresa? Pode ser que você tenha um arquiteto de primeira linha na chefia da engenharia, mas ele não possui a experiência necessária para fazer a empresa crescer, por exemplo. Você também pode ter um funcionário excelente no campo operacional que não é tão bom no aspecto técnico. Deseja manter os dois na empresa, mas só tem uma vaga, e vem à sua mente a brilhante ideia de pôr os dois para desempenhar a mesma função. Com isso, você assume uma dívida de gestão. Os benefícios de curto prazo são evidentes: você mantém os dois funcionários; não tem de preparar nenhum deles, pois, em tese, um ajudará o outro a se desenvolver; e a lacuna de habilidades instantaneamente se resolve. Infelizmente, você pagará por esses benefícios com juros e em menos tempo do que imagina.

Para começar, se você fizer isso, dificultará o trabalho de todos os engenheiros. Se um engenheiro precisar que o chefe tome uma decisão, qual dos dois chefes deverá procurar? A decisão de um poderá ser vetada pelo outro? Caso se trate de uma decisão complexa, que exija uma reunião, os dois chefes deverão estar presentes? Quem estabelece a direção-geral do setor? Será mesmo possível estabelecer uma direção por meio de uma série de reuniões?

Além disso, a questão da responsabilidade complica-se. Quem é responsável por um atraso no cronograma? Se a "produtividade criativa" (*throughput*) da engenharia perde competitividade, quem é o responsável? Se o chefe de operações é quem responde pelo atraso no cronograma e o chefe técnico pela produtividade criativa, o que acontece se o chefe de operações apressa os engenheiros para cumprir o cronograma, prejudicando a produtividade criativa? Como você pode saber que isso aconteceu? A pior parte dessas duas coisas é que elas tendem a se agravar com o tempo. Em curto prazo, você pode mitigar os efeitos do problema marcando mais reuniões ou tentando definir melhor as duas funções. Entretanto, quando o ritmo de trabalho acelerar, os limites que eram claros se tornarão indistintos e a organização degenerará. No fim, você terá de pagar o principal e os juros de uma só vez, tomando a decisão mais difícil e atribuindo a função a uma só pessoa. Caso contrário, seu departamento de engenharia ficará para sempre falho.

Oferecer um salário abusivo a um funcionário importante quando ele recebe uma oferta de outra empresa

Uma excelente engenheira decide deixar a empresa ao receber uma oferta melhor. Por várias razões, você não estava pagando a ela o salário que merecia. Mas a oferta da outra empresa é maior do que o salário de qualquer engenheiro na sua empresa, e a profissional em questão não é a sua melhor engenheira. Mesmo assim, ela está trabalhando em um projeto importantíssimo, você não pode se dar ao luxo de perdê-la e oferece o mesmo valor. Salva o projeto, mas cria uma dívida.

Essa dívida será paga da seguinte maneira. Você pensa que a sua contraoferta é confidencial, pois fez a funcionária jurar que guardaria segredo. Essa confidencialidade não existe, e vou explicar por quê. Sua engenheira tem amigos na empresa. Quando recebeu a oferta da outra empresa, pediu a opinião deles. Um dos melhores amigos dela aconselhou-a a aceitar a oferta. Ao decidir ficar, ela teve de explicar por que não seguiu o conselho dele; caso contrário, perderia credibilidade. Assim, contou-lhe tudo o que aconteceu e fez-lhe jurar segredo. Ele jurou, mas ficou incomodado por ela ter recebido aumento de salário por ter ameaçado ir embora. Além disso, ficou com inveja pelo fato de ela estar ganhando mais do que os outros engenheiros. Ele contou a história a alguns amigos, omitindo o nome da amiga para preservar o segredo. Agora, toda a equipe de engenharia sabe que o melhor jeito de conseguir aumento é receber uma oferta de outra empresa e ameaçar ir embora. Vai demorar um pouco para que você consiga pagar essa dívida.

Abrir mão da gestão de desempenho e do processo de feedback aos funcionários

Sua empresa já emprega 25 funcionários, e você sabe que deve pôr em ação um processo de gestão de desempenho, mas não quer pagar o preço. Pensa que instituir tal processo é coisa de "empresa grande". Além disso, não quer que os funcionários se sintam ofendidos com o feedback que recebem, pois não pode se dar ao luxo de perder nenhum deles neste momento, e todos estão contentes. Para que, então, bagunçar o coreto? Por que não assumir uma pequena dívida de gestão?

Os primeiros pagamentos dessa dívida virão quando o desempenho de alguém ficar abaixo da expectativa:

Diretor executivo: "Ele era bom quando o contratamos. O que aconteceu?"

Gerente: "Ele não está fazendo o que precisamos que faça."

Diretor executivo: "Nós lhe dissemos isso com clareza?"

Gerente: "Talvez não tenhamos dito com clareza..."

Entretanto, o preço maior será um tributo silencioso. As empresas têm bom desempenho quando todos falam a mesma língua e estão constantemente buscando aperfeiçoar-se. Sem feedback, é quase impossível que sua empresa tenha um ótimo desempenho em ambas as dimensões. Sem correções de curso, as orientações parecerão vagas e genéricas. As pessoas raramente corrigem deficiências das quais não têm consciência. O pior de todos os preços que você terá de pagar por não oferecer feedback aos funcionários será um desempenho sistematicamente ruim em toda a empresa.

Para concluir

Todos os diretores executivos bons e experientes que conheço partilham uma importante característica: tendem a optar pela solução mais severa e implacável para os problemas da organização. Entre dar a todos o mesmo bônus para facilitar as coisas ou oferecer uma compensação muito maior a quem tem melhor desempenho e desagradar a muitos, eles preferem desagradar a muitos. Entre interromper hoje um projeto de que todos gostam, mas não se encaixa nos planos de longo prazo, ou manter o projeto para não abalar o moral dos funcionários e demonstrar coerência, eles cortam o projeto. Por quê? Porque já pagaram o preço das dívidas de gestão e preferem não cometer de novo os mesmos erros.

GARANTIA DE QUALIDADE DA GESTÃO

No setor de tecnologia, todos concordam que as pessoas são o ativo mais importante, mas não há consenso acerca de como se deve estruturar a organização das pessoas, ou seja, o departamento de recursos humanos.

O problema é que, no que se refere a RH, a maioria dos diretores executivos não sabe o que quer. Em tese, querem uma empresa bem administrada e com uma boa cultura, mas sabem que uma organização de RH não pode garantir isso. Em consequência, costumam esquivar-se do problema e implementam um departamento de RH medíocre, quando não completamente inútil.

Paradoxalmente, uma das primeiras coisas que aprendemos quando administramos uma empresa de engenharia é que um bom serviço de garantia de qualidade não é capaz de construir um produto de alta qualidade, mas é capaz de dar o sinal de alerta quando a equipe de desenvolvimento cria um produto de baixa qualidade. Do mesmo modo, um bom serviço de recursos humanos não é capaz de construir uma empresa bem administrada e com uma boa cultura, mas é capaz de nos dizer quando o diretor e seus gerentes não estão cumprindo suas funções.

O ciclo de vida dos funcionários

A melhor maneira de abordar a garantia de qualidade da gestão é a partir do ciclo de vida dos funcionários. Da contratação à aposentadoria, que nota sua empresa merece? Sua equipe de gestão continua sendo de primeira linha em todas as fases? Como ter certeza?

Uma boa organização de RH apoia, avalia e ajuda a aperfeiçoar a equipe de gestão. Seguem algumas perguntas para as quais ela o ajudará a obter respostas.

Recrutamento e contratação

- Você tem uma compreensão clara das habilidades e dos talentos necessários para cada vaga em aberto?
- Seus entrevistadores estão bem preparados?
- Seus gerentes e funcionários fazem boa propaganda da empresa para os funcionários em potencial?
- Os entrevistadores são pontuais?
- Os gerentes e recrutadores dão retorno aos candidatos dentro de um prazo razoável?
- Sua empresa é capaz de competir com as melhores empresas na busca por talentos?

Remuneração e benefícios

- Seus benefícios são compatíveis com a demografia da empresa?
- Como os seus pacotes de salário e opções de ações se situam em relação às empresas que concorrem com você na contratação de talentos?
- Em que medida os seus *rankings* de desempenho correspondem às remunerações e aos benefícios?

Treinamento e integração

- Quando você contrata um funcionário, quanto tempo leva para que ele se torne produtivo do ponto de vista dele próprio, de seus colegas e de seu gerente?
- Logo depois da contratação, em que medida o funcionário compreende com exatidão o que se espera dele?

Gestão de desempenho

- Seus gerentes oferecem feedback aos funcionários de modo claro e regular?
- Qual é a qualidade dos relatórios oficiais de desempenho da empresa?
- Todos os seus funcionários receberam feedback dentro do prazo?
- Em que medida você é capaz de afastar da empresa os funcionários com mau desempenho?

Motivação

- Seus funcionários trabalham animados?
- Acreditam na missão da empresa?
- Gostam de ir para a empresa todos os dias?
- Você tem funcionários que mostram desinteresse pelas suas atividades?
- Seus funcionários compreendem claramente o que se espera deles?
- Permanecem bastante tempo na empresa ou a abandonam mais rápido do que o esperado?
- Por que pedem demissão?

Requisitos para um excelente diretor de RH

Que tipo de pessoa é capaz de compreender de modo abrangente a qualidade da sua equipe de gestão? Algumas exigências fundamentais:

- *Ter uma habilidade de primeira linha em design de processos.* Como o diretor de qualidade, o diretor de RH deve ser um excelente designer de processos. Uma das chaves para medir com precisão os processos críticos de gestão é o perfeito domínio do design e do controle de processos.

- *Ser um verdadeiro diplomata.* Ninguém gosta dos fofoqueiros, e nenhuma organização de RH será eficaz se a equipe de gestão não confiar nela. Os gerentes precisam acreditar que o RH existe para ajudá-los a melhorar, não para policiá-los. Os melhores diretores de RH realmente querem ajudar os gerentes e pouco se importam em receber o crédito por identificarem problemas. Trabalham diretamente com os gerentes para aperfeiçoar a qualidade e só recorrem ao diretor executivo em caso de absoluta necessidade. Se o diretor de RH guardar suas descobertas só para si, procurar acumular poder ou se dedicar à política empresarial, ele não será útil.

- *Conhecer o setor.* A remuneração, os benefícios, as práticas de recrutamento e outros aspectos mudam com muita rapidez. O diretor de RH deve ter muitos contatos dentro do setor e estar a par de todas as novidades.

- *Ter cacife intelectual para ser o conselheiro de confiança do diretor executivo.* Nenhuma das outras habilidades terá importância se o diretor executivo não der pleno respaldo ao diretor de RH em sua exigência de que os gerentes se pautem por um elevado padrão de qualidade. Para que isso seja possível, o diretor executivo precisa confiar nas ideias e no discernimento do diretor de RH.

- *Compreender aquilo que não é falado.* Quando a qualidade da gestão começa a cair dentro da empresa, ninguém fala nada, mas uma pessoa antenada é capaz de notar a derrocada. É de uma pessoa como essa que você precisa.

CAPÍTULO 6

PREOCUPAÇÕES QUE VÊM COM O CRESCIMENTO

"Isto não é para os manos de mentira
Se você for um mano de verdade, vem mexer comigo."*

TRINIDAD JAMES, "ALL GOLD ON EVERYTHING"

Um belo dia, numa reunião da equipe executiva da Loudcloud/Opsware, alguém tocou num assunto que o vinha aborrecendo havia algum tempo. "Aqui se fala muito palavrão. Alguns funcionários estão incomodados." Outros concordaram: "O ambiente perde profissionalismo. Precisamos parar com isso." Embora não tenha sido citado a quem eram dirigidas as queixas, estava claro que eram a mim, pois eu era a pessoa que mais falava palavrões na empresa e, talvez, em todo o setor de tecnologia. Naquela época, eu dirigia a equipe com tamanha urgência que raramente conseguia falar umas poucas frases sem inserir nelas algum impropério.

Em parte, isso era intencional. Eu tinha pouco tempo para falar com cada funcionário e era importantíssimo que, naqueles breves instantes, eu me comunicasse com a maior clareza possível. Nada deixa tão clara uma comunicação quanto algumas palavras de baixo calão escolhidas a dedo. "A prioridade não é essa" é uma frase com bem menos força do que: "A prioridade não é essa, porra." Quando o diretor executivo expressa-se assim, os funcionários costumam fazer a mesma coisa. E, quando queremos que nossa mensagem se espalhe por toda a empresa, isso é ótimo. (Por outro

---

* *This ain't for no fuck niggas / If you a real nigga then fuck with me.*

lado, é péssimo quando não queremos que nossos funcionários comecem a falar como bandidos.) Mas, em parte, eu não fazia isso de propósito. Na época, mal conseguia me controlar. Não era fácil administrar a empresa, e eu tinha sido vitimado pela síndrome de Tourette, que costuma acometer os diretores executivos, e os palavrões eram involuntários.

Como o descontentamento parecia amplo e profundo, eu tinha de levá-lo a sério. Pensei muito no assunto aquela noite, levando em consideração estes aspectos:

- No setor de tecnologia, alguns funcionários se sentem à vontade falando e ouvindo palavrões; outros, não.

- Se os palavrões fossem proibidos, alguns funcionários acostumados a falá-los não trabalhariam para nós ou abandonariam a empresa depois de contratados, pois pareceríamos antiquados e pudicos.

- Se continuássemos permitindo os palavrões, alguns funcionários poderiam deixar a empresa.

- Meu juízo não era imparcial, pois eu tinha a boca mais suja da empresa.

Depois de muito pensar, lembrei que as melhores empresas de tecnologia da época, a Intel e a Microsoft, tinham a fama de ser lugares onde se falava muito palavrão. Se proibíssemos o uso de palavrões, estaríamos em descompasso cultural com elas e com todas as outras empresas modernas. É claro que nem por isso devíamos encorajar o uso de palavrões, mas sua proibição parecia contraproducente, além de pouco realista. Os melhores engenheiros eram recrutados em ambientes onde a boca suja era a norma. Eu tinha, em suma, de escolher entre otimizar a atração de talentos ou garantir uma cultura imaculada. Foi fácil tomar essa decisão.

Decidi manter os palavrões, mas também precisava fazer uma declaração. As pessoas haviam levado a queixa contra os palavrões ao mais alto escalão da empresa. Mereciam, portanto, uma explicação, o que não seria simples, pois os palavrões não cabem em todos os contextos. Certamente, não poderíamos tolerar o uso de palavrões para intimidar ou assediar sexualmente os funcionários, e eu precisava deixar isso claro. Permitir os palavrões somente em algumas situações não era algo simples de explicar.

Naquela noite, assisti a um filme perturbador do final da década de 1970, chamado *Short eyes*. O filme contava, com detalhes, a história de um pedófilo que foi preso e teve de enfrentar a única norma ética acerca da qual havia consenso na cadeia: os pedófilos têm de morrer. Um dos personagens do filme era um jovem que os outros detentos chamavam de Docinho.

É difícil acreditar, mas foi assistindo a esse filme que encontrei a solução.

No dia seguinte, reuni toda a empresa e falei:

"Fiquei sabendo que muita gente se sente incomodada com o uso excessivo de palavrões na empresa. Como, entre todos, sou eu que tenho a boca mais suja, essas queixas me levaram a refletir não só sobre a empresa como um todo, mas também sobre o meu próprio comportamento. Penso que temos duas opções: podemos proibir os palavrões ou aceitá-los. Nenhuma solução de meio-termo funcionaria. Seria impossível fazer valer uma norma estabelecendo o 'uso mínimo' de palavrões.

"Eu já disse a vocês que não conseguiremos vencer se não atrairmos os melhores profissionais. No setor de tecnologia, quase todos vêm de uma cultura em que os palavrões são permitidos. Portanto, se os proibirmos, nosso banco de talentos ficará mais limitado do que se os aceitarmos. Em razão disso, vamos permitir o uso de palavrões. No entanto, isso não significa que podem ser usados para intimidar as pessoas, assediá-las sexualmente ou outras coisas inadequadas. Sob esse aspecto, os palavrões não são diferentes de outras categorias de palavras. Pensem, por exemplo, na palavra 'docinho'. Não tem problema eu dizer à Shannon: 'Esses docinhos que você fez estão deliciosos.' Porém, não posso de modo algum dizer ao Anthony: 'Ei, docinho, você está uma beleza com essas calças apertadas.'"

E isso foi tudo o que eu disse sobre o assunto.

Depois daquele dia, nunca mais ouvi nenhuma queixa sobre o uso excessivo de palavrões, e acho que também não perdemos ninguém por causa da nossa política. Às vezes, a organização não precisa de uma solução, apenas de clareza. Quando deixei claro que o uso de palavrões era permitido – desde que não fossem usados para intimidar ou assediar –, ninguém mais viu esse assunto como um problema (pelo menos que eu saiba). Em suma, essa política teve bons resultados: um ambiente de trabalho agradável, poucas demissões voluntárias e ausência de queixas. Às vezes, a política correta é aquela que o diretor executivo é capaz de seguir.

À medida que a empresa cresce, ela muda. Por mais que você estabeleça uma boa cultura, preserve o espírito dos primeiros tempos ou opte por um crescimento lento, a empresa com mil empregados não será a mesma de quando tinha dez. Mas isso não significa que ela não possa ser boa quando tiver mil, 10 mil ou mesmo 100 mil empregados; será apenas diferente. Para que seja boa quando for grande, você precisa admitir que será diferente e abraçar as mudanças necessárias para impedir que ela se desintegre. Neste capítulo são explicadas algumas dessas mudanças.

COMO MINIMIZAR A POLÍTICA EM SUA EMPRESA

Em anos e anos de trabalho, nunca ouvi ninguém dizer "Adoro a política da empresa". Por outro lado, a todo momento encontro pessoas que se queixam amargamente da política empresarial, até nas empresas que elas mesmas dirigem. Se ninguém gosta da política, por que ela existe?

O comportamento político quase sempre começa com o diretor executivo. Pode ser que você esteja pensando: "Detesto a política, não faço política, mas minha organização está infectada pela política. Não fui eu que causei isso." Infelizmente, você não precisa ser uma pessoa afeita à política para estimular o comportamento político na sua organização. Na verdade, em geral são os diretores executivos que menos gostam de política os que dirigem empresas nas quais ela é mais contundente. Os diretores executivos apolíticos muitas vezes encorajam, sem intenção, um comportamento intensamente político.

O que significa a palavra "política" neste contexto? Refiro-me ao fato de as pessoas procurarem progredir na carreira ou defender seus interesses por outros meios que não o mérito e a contribuição. Existem outros tipos de política, mas a forma de política a que me refiro parece ser aquela que realmente incomoda as pessoas.

Como a política acontece

O diretor executivo cria a política na medida em que estimula e até provoca o comportamento político, muitas vezes sem querer. Consideremos um exemplo simples: a remuneração dos executivos. Quando exercemos a função de diretor executivo, os funcionários mais graduados periodicamente nos procuram para pedir um aumento de remuneração. Dão a entender que pagamos a eles muito menos do que atualmente valem no mercado. Podem até ter nas mãos uma oferta da concorrência. Diante dessa confrontação, e desde que o pedido seja razoável, podemos investigar a situação e até dar um aumento ao funcionário. Esse parece um ato simples e sem consequências, mas, com ele, criamos um forte incentivo para o comportamento político. Estaremos recompensando comportamentos que não têm relação com o progresso da empresa. O funcionário ganhará um aumento porque pediu, e não como reconhecimento pelo seu excelente desempenho. Por que isso é ruim? Apresento a seguir alguns motivos.

1. Os outros membros da equipe percebem imediatamente o que aconteceu e também começam a se mobilizar para obter aumento. A notícia sempre circula. Veja que nem essa campanha nem a anterior têm necessariamente correlação com o bom desempenho. Nesse caso, você terá de perder tempo lidando com questões políticas, em vez de tratar das questões de desempenho. Além disso, se o conselho for competente, você não poderá dar um aumento a todos os executivos que pedirem; só receberão aumento os primeiros que o procurarem.

2. Os participantes menos agressivos da equipe (mas, talvez, mais competentes) não receberão aumento pelo simples fato de serem apolíticos.

3. A lição que a equipe e todo o resto da empresa vão aprender é que quem não chora não mama e quem não faz política não ganha aumento. Prepare-se para enfrentar um bando de funcionários chorões.

Passemos agora a um exemplo mais complicado. Seu diretor financeiro o procura para dizer que gostaria de se desenvolver como gerente. Declara que gostaria de se tornar diretor operacional e pergunta quais habilidades deve ter para conquistar essa posição na empresa. Por ser um líder positivo, você quer encorajá-lo a realizar seu sonho. Diz-lhe que ele pode ser um excelente diretor operacional e, para isso, deve desenvolver algumas habilidades. Além disso, fala para ele que precisará ser um líder forte, de modo que outros executivos da empresa queiram trabalhar com ele. Uma semana depois, uma executiva o procura em pânico, contando que o diretor financeiro acabou de perguntar se ela gostaria de trabalhar para ele e que, segundo esse diretor, você está preparando-o para tornar-se diretor operacional, sendo esse o último passo para que isso aconteça. Bem-vindo ao dia a dia de uma empresa grande.

Como minimizar a política

Muitas vezes, minimizar a política parece algo totalmente antinatural, contrário a excelentes práticas de gestão, tais como manter a mente aberta e incentivar o progresso dos funcionários.

A diferença entre administrar executivos e administrar funcionários menos graduados é semelhante à diferença entre brigar com uma pessoa que nunca treinou uma arte marcial e estar no ringue com um boxeador profissional. Ao brigar com uma pessoa comum, podemos agir naturalmente, sem nos meter em encrenca. Se quisermos dar um passo para trás, poderemos primeiro levantar o pé que está à frente. Se fizermos isso com um boxeador profissional, levaremos um soco na cara porque eles treinam durante anos para tirar vantagem de pequenos erros de técnica. Quem levanta primeiro o pé que está à frente, a fim de dar um passo para trás, perde o equilíbrio por uma fração de segundo. Isso é tudo de que o adversário precisa.

Do mesmo modo, se um funcionário menos graduado conversa com você sobre o progresso da carreira dele, você pode responder às suas perguntas com naturalidade, sem que isso vá lhe causar problemas. Mas, como vimos, a coisa muda de figura quando lidamos com profissionais experientes e muito ambiciosos. Para que a política empresarial não lhe dê um soco na cara, você precisa refinar sua técnica.

A técnica

À medida que fui me desenvolvendo como diretor executivo, descobri três técnicas fundamentais que podem ser úteis para minimizar a política.

1. Contrate funcionários que tenham uma ambição sadia. Os casos mencionados antes envolvem pessoas ambiciosas, mas não necessariamente políticas. Nem sempre é assim. O caminho mais curto para que a política na sua empresa se torne semelhante à do Senado norte-americano é contratar funcionários que não tenham uma ambição sadia. De acordo com Andy Grove, a ambição sadia é aquela que visa ao sucesso da empresa, sendo o sucesso do próprio executivo uma consequência do alcançado pela empresa. A ambição doentia é a ambição pelo sucesso pessoal independentemente do sucesso da empresa.

2. Crie processos rígidos para a gestão de questões potencialmente políticas e não se desvie deles. Certas atividades são um ímã para o comportamento político. São elas:

    ☐ avaliação de desempenho e remuneração;

    ☐ design da organização e esferas de influência;

    ☐ promoções.

Vamos examinar cada atividade e ver como criar e executar processos que livrem a empresa dos maus comportamentos e de resultados motivados pela política.
Avaliação de desempenho e remuneração. Muitas empresas demoram para instituir processos de avaliação de desempenho e remuneração. Isso não significa que elas não avaliem os funcionários nem lhes deem aumento; significa apenas que o fazem de maneira *ad hoc,* tornando-se altamente vulneráveis às maquinações políticas. Ao realizar revisões regulares e bem estruturadas do desempenho e da remuneração, você garante que os aumen-

tos de salário e as opções de ações sejam tão justos quanto possível. Isso é especialmente importante para a remuneração dos executivos, uma vez que, com esses processos, a política também será minimizada. No exemplo anterior, o diretor executivo deveria ter uma política rígida de desempenho e remuneração e deveria apenas ter dito ao executivo que sua remuneração seria avaliada junto com a de todos os outros. O ideal é que o processo de remuneração de executivos envolva o conselho diretor. Isso ajuda a garantir a boa governança corporativa e torna ainda mais difícil que se abram exceções.

Design da organização e esferas de influência. De tempos em tempos, os funcionários ambiciosos procuram ampliar a sua esfera de responsabilidade. No exemplo mencionado, o diretor financeiro queria se tornar diretor operacional. Em outras situações, pode acontecer de o diretor de marketing querer dirigir não apenas o marketing, mas também as vendas, ou o diretor de engenharia querer também assumir a direção de gestão de produto. Quando alguém levar para você esse tipo de questão, pondere cuidadosamente suas palavras, pois elas poderão ser transformadas em armas políticas. Em geral, o melhor é não dizer nada. No máximo, você pode perguntar "Por quê?", mas, caso o faça, não reaja às razões apresentadas. Se você der algum indício do que está pensando, a informação vazará, os rumores se alastrarão e, assim, estarão plantadas as sementes de inúmeras discussões improdutivas. Você deve avaliar com regularidade o design da organização e reunir as informações de que precisa para decidir, sem dar nenhuma dica às pessoas daquilo que planeja fazer. Quando tomar sua decisão, execute imediatamente a reorganização. Não dê tempo nem espaço para o vazamento de informações e as pressões políticas.

Promoções. Sempre que a empresa promove alguém, todos os funcionários que se encontram no mesmo escalão da pessoa promovida avaliam se ela foi determinada pelo mérito ou por algum favorecimento político. Na segunda hipótese, os outros funcionários têm, em geral, três reações possíveis:

1. Eles se aborrecem e se sentem subvalorizados.
2. Discordam abertamente, fazem campanha contra a pessoa e sabotam seu trabalho na nova função.
3. Procuram imitar o comportamento político que gerou a promoção não merecida.

Está claro que você não quer que nenhum de seus funcionários comporte-se dessa forma. Por isso, institua um processo formal, público e sensato para as promoções de funcionários. Em geral, esse processo será diferente para aqueles que integram a sua equipe. (O processo geral pode envolver vários gerentes que conhecem bem o trabalho dos funcionários; o processo executivo deve contar com a participação do conselho diretor.) O processo terá dois objetivos: em primeiro lugar, fazer que a organização tenha certeza de que pelo menos tentou realizar a promoção com base no mérito; em segundo lugar, o processo produzirá as informações necessárias para que sua equipe explique o porquê das promoções.

Tome cuidado com o "disse me disse". Quando a sua organização tornar-se grande, de tempos em tempos os membros da sua equipe vão se queixar uns dos outros. Às vezes, essas críticas são extremamente agressivas. Tome cuidado com o modo de ouvir e a mensagem que estará transmitindo. Se escutar as queixas e não rebatê-las, passará a mensagem de que concorda com elas. Se os funcionários entenderem que você concorda que um de seus executivos não é perfeito, isso se disseminará com rapidez, sem explicações nem ressalvas. As pessoas deixarão de ouvir o executivo em questão e ele logo se tornará ineficiente.

Você ouvirá queixas de dois tipos:

1. sobre o comportamento de um executivo;
2. sobre a competência ou o desempenho de um executivo.

Em geral, a melhor maneira de lidar com o primeiro tipo de queixa consiste em reunir os dois executivos na mesma sala e pedir que se expliquem. Na maioria das vezes, essa simples reunião será suficiente para resolver o conflito, corrigir o comportamento inadequado e melhorar o relacionamento (caso tenha efetivamente se deteriorado). Não procure resolver problemas de comportamento sem que ambos os executivos estejam presentes. Se fizer isso, estará estimulando a manipulação e a política.

O segundo tipo de queixa é mais raro e mais complexo. Se um executivo tiver coragem de se queixar da competência de um colega, é muito provável que um dos dois, o queixoso ou o objeto da queixa, tenha um problema grave. Quando você ouvir esse tipo de queixa, das duas, uma: ou o queixoso estará lhe dizendo algo que você já sabe ou lhe comunicando uma notícia que o aborrecerá.

Se ele estiver lhe dizendo algo que você já sabe, isso significa que você deixou a situação se arrastar por tempo demais. Quaisquer que tenham sido as suas razões para tentar reabilitar o executivo incompetente, você demorou muito, e agora a organização se voltou contra ele. Essa situação deve ser resolvida com rapidez, e isso quase sempre significa demitir o executivo. Já vi executivos melhorarem seu desempenho e desenvolverem suas habilidades, mas nunca vi um executivo recuperar o apoio da organização depois de tê-lo perdido.

Por outro lado, se a queixa for algo novo, você deve interromper a conversa imediatamente e deixar claro ao queixoso que não concorda, de maneira alguma, com a avaliação dele. Não enfraqueça o outro executivo antes de reavaliar o desempenho dele. Caso contrário, a queixa se tornará uma profecia que provocará a própria realização. Uma vez encerrada a conversa, reavalie rapidamente o funcionário em questão. Se você constatar que ele está trabalhando bem, terá de descobrir e resolver as motivações do executivo queixoso. Não deixe que uma acusação dessa magnitude se infeccione e apodreça. Se constatar que o executivo a quem se refere a queixa está trabalhando mal, haverá tempo para pedir a opinião do queixoso, mas a essa altura você já estará pensando em se livrar do executivo de deficiente desempenho.

Na qualidade de diretor executivo, você deve levar em conta os incentivos que resultam de suas palavras e ações. No calor do momento, é gostoso mostrar-se aberto, encorajador e receptivo, mas tome cuidado para não estimular as coisas erradas.

A AMBIÇÃO SADIA

Ao contratar a equipe de gestão, a maioria das *startups* privilegia o QI, mas uma equipe formada por pessoas de QI alto e ambição doentia não funciona. Já disse que você deve se esforçar para contratar pessoas que tenham uma ambição sadia. Em minhas conversas sobre essa ideia nos últimos anos, deparei com diferentes reações. Alguns gostam da ideia, outros a questionam.

Em nível macro, a empresa alcançará maior sucesso se seus principais gestores buscarem otimizar mais o sucesso da empresa em si (otimização global) do que o sucesso pessoal (otimização local). Por mais que os programas de incentivos pessoais criados pelo diretor executivo sejam bons, jamais serão perfeitos. Além disso, os incentivos ligados à carreira, como as promoções e as esferas de influência, escapam ao âmbito dos planos de bonificação e de outros instrumentos normais de gestão. Numa estrutura de remuneração baseada na participação acionária, a busca do sucesso da empresa também gera resultados melhores para os indivíduos. Mark Cranney, diretor de vendas da Opsware, costumava dizer: "Dois por cento de zero é zero."

É importante que os gerentes tenham uma ambição sadia; do contrário, poderão desmotivar os funcionários. Que funcionário estaria disposto a trabalhar horas e horas apenas para promover a carreira do seu gerente? Se este se preocupa mais com a sua carreira do que com a empresa, o funcionário faz a mesma coisa. Para motivar um bom funcionário, nada melhor do que uma missão tão importante que supere as ambições pessoais de todos. Por isso, os gerentes que possuem uma ambição sadia tendem a ser mais valiosos do que aqueles que têm uma ambição doentia. Para melhor entendimento dos riscos de uma gerência com ambição não sadia, recomendo o clássico de gestão *Yertle the Turtle*, do Dr. Seuss*.

---

* Livro infantil muito famoso nos Estados Unidos, que conta a história de uma tartaruga ambiciosa. (N. do T.)

Como identificar a ambição sadia

Como qualquer outro traço complexo de caráter, não é possível identificar perfeitamente a ambição sadia numa entrevista. No entanto, talvez os pensamentos apresentados a seguir ajudem. Num nível macro, cada ser humano vê o mundo a partir do seu ponto de vista pessoal. Ao entrevistar um candidato, vale a pena prestar atenção em indícios que revelam se ele vê o mundo do ponto de vista do "eu" ou daquele da "equipe".

As pessoas que veem o mundo através do prisma do "eu" descreveriam da seguinte maneira, numa entrevista, o fracasso de uma empresa para a qual trabalharam: "Meu último emprego foi minha experiência em comércio eletrônico. Foi importante para arredondar meu currículo." Repare no uso do pronome "meu" e do termo "minha experiência" para referir-se à empresa de um modo que talvez incomode outros funcionários, que poderiam até se sentir ofendidos. Quem tem uma ambição sadia dificilmente reduziria a uma simples "experiência" pessoal o esforço de toda uma equipe. Por fim, as pessoas que veem o mundo do ponto de vista do "eu" acham natural falar em "arredondar meu currículo", enquanto aquelas que usam o prisma da "equipe" se sentem incomodadas com expressões desse tipo, que separam claramente um objetivo pessoal do coletivo.

Por outro lado, as pessoas que veem o mundo pelo prisma da equipe quase nunca usam os pronomes "eu" ou "meu", ainda que respondam a perguntas sobre suas realizações. Mesmo numa entrevista, atribuem o crédito pelo sucesso a outros membros da equipe. Mostram-se muito mais interessadas em como a empresa vai crescer do que na sua remuneração ou no seu plano de carreira. Quando perguntadas sobre o fracasso de uma empresa em que trabalharam, assumem a responsabilidade e descrevem em detalhes seus erros de discernimento e suas decisões equivocadas.

Quando contratamos o diretor mundial de vendas da Opsware, o uso desses critérios mostrou-se compensador. Como a vaga em questão era da área de vendas, uma ambição que privilegie a empresa é particularmente importante para o diretor dessa área, por várias razões:

- Os incentivos são especialmente fortes na área de vendas e são difíceis de contrabalançar sem uma liderança correta.

- O departamento de vendas é a fisionomia da empresa, aquela parte dela que o mundo vê. Se a equipe de vendas buscar seus próprios interesses, a empresa terá problemas.

- Nas empresas de alta tecnologia, as fraudes em geral acontecem no departamento de vendas, quando os gerentes buscam aperfeiçoar ao máximo a otimização local.

Ao longo do processo de entrevistas, muitos candidatos declararam ser os únicos responsáveis por ter fechado contratos milionários, alcançado metas impressionantes e promovido o sucesso da empresa onde trabalhavam. Invariavelmente, aqueles que mais se arrogavam o crédito por contratos bem-sucedidos eram os que mais dificuldade tinham para descrever em detalhes como os contratos haviam sido orquestrados e, por fim, celebrados. Outras pessoas envolvidas nas negociações contavam uma história completamente diferente.

Na conversa com Mark Cranney, por outro lado, foi difícil fazê-lo falar de suas realizações pessoais. Outros entrevistadores acharam que ele era pouco comunicativo e até antipático, por se mostrar nervoso diante de determinadas perguntas. Um entrevistador chegou a se queixar: "Ben, eu sei que ele fez o contrato da Nike aumentar de 1 para 5 milhões, pois foi isso que nosso contato na empresa me disse, mas Mark não quis entrar em detalhes sobre esse assunto." Em minha entrevista com Mark, ele só queria falar sobre como a empresa em que trabalhou havia vencido. Descreveu em detalhes o modo como sua equipe havia diagnosticado as próprias fraquezas diante da concorrência e a maneira como trabalhara com outro executivo para promover o produto. Depois, falou sobre como ele e o diretor executivo reformularam o treinamento e a organização do departamento de vendas.

Quando a conversa se voltou para a Opsware, Mark revelou que já havia entrevistado representantes de vendas da nossa principal concorrente e sabia quais contas eles estavam procurando obter. Fez-me uma bateria de perguntas sobre como ganharíamos esses contratos e como planejávamos entrar em negociações das quais ainda não estávamos participando. Quis conhecer os pontos fortes e fracos de todos os outros membros da equipe e o nosso plano de jogo. A sua remuneração e o seu plano de carreira só foram mencionados no final do processo, e ele só quis uma garantia de que a remuneração seria baseada no desempenho, e não na política. Estava claro que, para Mark, tudo o que importava era a equipe e o sucesso dela.

Enquanto Mark esteve conosco, as vendas aumentaram mais de dez vezes e nossa capitalização de mercado aumentou vinte vezes. As demissões voluntárias se reduziram praticamente a zero na equipe de vendas. Lidávamos com os clientes de maneira justa e honesta, e nossas equipes jurídica e financeira com frequência comentavam que, antes de tudo, Mark fazia questão de proteger a empresa.

Último pensamento

A empresa pode até prosperar com um ou outro funcionário que priorize a própria carreira, mas é bastante arriscado esperar que os principais membros da equipe de gestão ajam corretamente quando a motivação básica é equivocada.

TÍTULOS E PROMOÇÕES

Nas *startups*, muitas vezes os funcionários não possuem títulos. Isso faz sentido, pois todos apenas trabalham para construir a empresa. Os papéis não precisam e, na verdade, nem podem ser claramente definidos, pois todos fazem um pouco de tudo. Num ambiente como esse, a política não existe e ninguém faz pressão para alcançar uma posição melhor ou ganhar mais autoridade. É gostoso. Nesse caso, por que todas as organizações acabam criando títulos para designar funções? E qual é o jeito certo de administrar esses títulos? (Obrigado a Mark Zuckerberg por ter contribuído para construir minhas ideias acerca desse assunto.)

Por que os títulos são importantes?

Dois importantes fatores levam todas as empresas a acabar criando títulos para designar os cargos:

1. *Os funcionários querem ter títulos.* Embora você talvez planeje trabalhar em sua empresa para sempre, pelo menos alguns funcionários precisam se preparar para o que virá depois. Quando Manuel, seu diretor de vendas, fizer uma entrevista para conseguir outro emprego, ele não vai querer dizer que, apesar de dirigir uma equipe internacional com centenas de empregados, seu título era "Mané".

2. *A certa altura, as pessoas precisam saber quem é quem.* Quando a empresa cresce, nem todos os funcionários conhecem uns aos outros. Mais importante ainda, não sabem o que cada pessoa faz e com quem devem trabalhar para cumprir suas tarefas. Os títulos dos cargos descrevem os papéis exercidos dentro da empresa. Além disso, os clientes e parceiros de negócios também podem fazer uso deles para saber qual é a melhor maneira de trabalhar com a sua empresa.

Além dessas razões, os funcionários usam os títulos para comparar o seu valor e a sua remuneração com os de seus colegas. Se um funcionário com o título de engenheiro júnior crê que é um programador muito melhor do que outro com o título de arquiteto sênior, ele concluirá que está sendo subvalorizado e recebendo menos do que merece. Uma vez que os títulos são usados como critérios de comparação de valor, devem ser administrados com cuidado.

Os perigos: o princípio de Peter e a lei do pior funcionário

Se os princípios básicos parecem óbvios, por que quase todas as empresas acabam cometendo erros sérios no que se refere aos títulos? Se você já trabalhou em uma empresa, é mais do que provável que tenha pensado sobre um executivo promovido muito além da sua capacidade: "Como ele chegou a vice-presidente? Eu não o deixaria administrar sequer um carrinho de cachorro-quente."

Um dos desafios é o princípio de Peter. Definido por Laurence J. Peter e Raymond Hull no livro de mesmo título, lançado em 1969, por esse princípio os membros de uma hierarquia são promovidos quando trabalham com competência. Mais cedo ou mais tarde, são promovidos a uma posição na qual já não são competentes (seu "nível de incompetência") e nela permanecem, incapazes de merecer novas promoções. Como destaca Andy Grove em seu clássico *High Output Management,* o princípio de Peter é inevitável, pois é impossível saber *a priori* em qual nível da hierarquia um gerente será incompetente.

Outro desafio é um princípio que chamo de *lei do pior funcionário*: *Para qualquer título numa grande organização, o nível de talento acabará convergindo para o do pior funcionário que tiver o título.*

A explicação dessa lei é que os outros funcionários da empresa, com títulos inferiores, comparam-se naturalmente com o pior funcionário no nível seguinte. Por exemplo: se Jasper é o pior vice-presidente da empresa, todos os diretores vão se comparar com ele e exigir promoções assim que atingirem seu nível de (in)competência.

O princípio de Peter e a lei do pior funcionário são incontornáveis. O máximo que você pode fazer é atenuá-los, o que é de essencial importância para a qualidade da sua empresa.

Processo de promoção

O melhor caminho para atenuar tanto o princípio de Peter quanto a lei do pior funcionário é um processo de promoção adequadamente elaborado e bastante disciplinado. O ideal é que gere resultados semelhantes aos obtidos nos melhores dojos de caratê. Nos dojos de primeira linha, para passar ao nível seguinte (da faixa marrom à faixa preta, por exemplo), o lutador deve derrotar em combate um adversário que já esteja nesse nível. Isso garante que nenhum faixa preta novo seja pior lutador do que o pior faixa preta já existente.

Infelizmente, nos negócios, não há nada que seja rigorosamente análogo a uma briga de murros. Sem um combate de fato, como preservar a qualidade?

Para começar, determine de forma exata e concisa não só as responsabilidades atinentes a cada nível, mas também as habilidades necessárias para o exercício da função. Ao definir as habilidades, evite classificações genéricas como "competência na elaboração de demonstrações do resultado do exercício" ou "excelência em gestão de pessoas". Na verdade, os melhores instrumentos de nivelamento são bastante específicos e chegam a dar nome aos bois: "Deve ser um recrutador de primeira linha – tão bom quanto Jenny Rogers."

Em seguida, defina um processo formal para todas as promoções. Uma das exigências fundamentais do processo é que elas sejam distribuídas igualmente por todos os grupos. Se você deixar que cada gerente ou cadeia de comando determine de modo unilateral as promoções, é possível que haja cinco vice-presidentes de RH e apenas um de engenharia. Para distribuir de modo equitativo as promoções entre os grupos, você pode convocar regularmente um conselho que avalie todas as promoções significativas dentro da empresa. Se um gerente desejar promover um funcionário, deverá apresentá-lo para avaliação e explicar por que, em sua opinião, ele atende aos requisitos de habilidades do próximo nível. O comitê deverá, em seguida, comparar as habilidades do funcionário com aquelas necessárias e aquelas que efetivamente possuem os outros funcionários que já estão no nível superior e decidir se aprova ou não a promoção. Além de garantir a justiça e a qualidade dos níveis hierárquicos, esse processo serve para instruir toda a equipe de gerência quanto às habilidades e realizações dos funcionários apresentados para promoção.

Andreessen *versus* Zuckerberg: que tamanho devem ter os títulos?

Será que, na sua empresa, o título mais alto deve ser o de vice-presidente? Ou será que você deve ter diretores de marketing, diretores de rendimento, diretores de pessoas e diretores de lanche? Existem duas escolas de pensamento sobre o assunto, representadas por Marc Andreessen e Mark Zuckerberg.

Segundo Andreessen, os funcionários esperam muitas coisas da empresa: salário, bonificações, opções de ações, uma esfera de responsabilidade e títulos. De todas, os títulos são de longe a mais barata. Por isso, convém que sejam o mais altos possível. A hierarquia deve englobar presidentes, diretores e vice-presidentes executivos sêniores. Se as pessoas se sentem bem assim, tanto melhor: os títulos são de graça. Mais ainda, ao competir com outras empresas para contratar funcionários, as empresas que aplicam o método de Andreessen sempre conseguem superar a concorrência pelo menos em uma dimensão.

No Facebook, por outro lado, Mark Zuckerberg faz questão de usar títulos bem diferentes do padrão do setor. Os vice-presidentes sêniores de outras empresas são nominados como diretores ou gerentes no Facebook. Por que ele faz isso? Em primeiro lugar, isso garante que todos os novos funcionários sejam renivelados ao entrar em sua empresa. Dessa maneira, evita que, por acaso, um novo funcionário receba um título e ocupe uma posição mais elevada do que os de funcionários já contratados e de melhor performance. Isso eleva o moral e promove a justiça. Em segundo lugar, todos os gerentes do Facebook são obrigados a compreender e interiorizar um sistema de nivelamento que atenda muito bem às necessidades da empresa nos processos de promoção e remuneração.

Zuckerberg também visa a que os títulos sejam significativos e reflitam a estrutura de influência da organização. Quando uma empresa cresce rápido, é importante que seu organograma seja o mais claro possível, o que fica mais difícil quando se tem cinquenta vice-presidentes e dez diretores.

Além disso, ele constatou que os títulos do pessoal de administração são com frequência exagerados, em comparação com os do pessoal de engenharia. Embora reconheça que os títulos indicativos de maior hierarquia os ajudam a marcar reuniões fora da empresa, quer ter uma organização cujo núcleo cultural seja formado pelas equipes de engenharia e produto. Esse é outro motivo pelo qual os títulos são controlados.

Será que, de vez em quando, o Facebook deixa de contratar alguém em virtude de seus títulos indicativos de baixa hierarquia? Com certeza, mas podemos dizer que essas pessoas que deixam de ser contratadas são exatamente aquelas que o Facebook não quer. Com efeito, no Facebook, tanto o processo de contratação quanto o de integração foram elaborados com todo o cuidado para encorajar e atrair determinado tipo de funcionário e repelir outro.

Qual método, portanto, é o melhor? O de Andreessen ou o de Zuckerberg? A resposta é: depende. O Facebook oferece tantas vantagens para recrutar funcionários que sua disciplina rígida de níveis absolutos de titulação não prejudica de modo sensível a sua capacidade de atrair os melhores talentos. É possível que, numa empresa que não tenha essas vantagens, os títulos indicativos da mais alta hierarquia representem uma boa tática. Tanto num caso como no outro, você não deve deixar de instituir um processo interno altamente disciplinado de nivelamento e promoção.

Último pensamento

Talvez você pense que dedicar tanto tempo às promoções e títulos é atribuir demasiado valor a formalismos sem importância. O contrário é que é verdadeiro. Sem um processo ponderado e disciplinado que regule os títulos e as promoções, as desigualdades resultantes deixarão os funcionários obcecados. Por outro lado, se você estruturar as coisas de modo adequado, as únicas pessoas que passarão bastante tempo pensando nos títulos serão você e o funcionário do mês.

PESSOAS INTELIGENTES, PÉSSIMOS FUNCIONÁRIOS

Nos negócios, a inteligência do funcionário é sempre um fator crítico, pois nossa atividade é complexa e os concorrentes contam com colaboradores bastante sagazes. A inteligência, contudo, não é a única qualidade importante. Um funcionário eficiente também trabalha duro, é confiável e um excelente integrante da equipe.

Quando eu era diretor executivo, essa foi uma das lições mais difíceis de aprender. Achava que minha tarefa consistia em criar um ambiente propício ao desenvolvimento de profissionais brilhantes, quaisquer que fossem sua origem, sua personalidade e seu estilo de trabalho. E essa era realmente a minha tarefa. As empresas nas quais pessoas das mais diversas origens e estilos de trabalho fazem sucesso gozam de vantagens para recrutar e reter os melhores talentos. No entanto, essa ideia não pode ser levada longe demais, e foi isso que fiz.

Falo a seguir de três tipos de pessoas muito inteligentes que podem se tornar os piores funcionários da empresa.

Tipo 1: o herege

Toda empresa relativamente grande tem estratégias, projetos, processos, realiza promoções e outras atividades que não têm sentido. Nenhuma organização grande alcança a perfeição. Por isso, precisa de muitos funcionários inteligentes e engajados, capazes de identificar os seus pontos fracos e ajudá-la a superá-los.

Às vezes, no entanto, um funcionário muito inteligente atua sem visar à melhoria da empresa. Em vez de identificar pontos fracos para solucioná-los, ele procura defeitos para fazer acusações. Defende a tese de que a empresa, dirigida por um bando de idiotas, é um caso perdido. Quanto mais inteligente é o funcionário, mais destrutivo é esse tipo de comportamento. E só uma pessoa muito inteligente pode ser tão destrutiva, uma vez que, se não fosse inteligente, ninguém lhe daria ouvidos.

Por que uma pessoa inteligente tenta destruir a empresa para a qual trabalha? As razões podem ser muitas. Eis algumas:

1. *Ela não tem poder.* Percebe que não tem acesso aos chefes e, por isso, as reclamações são o único meio de que dispõe para divulgar a verdade.
2. *Ela é, essencialmente, uma rebelde.* Não se sente contente a não ser quando se rebela. Este traço de personalidade pode ser muito contundente. Às vezes, essas pessoas saem-se melhor na chefia geral da empresa do que como funcionárias.
3. *Ela é imatura e ingênua.* É incapaz de compreender que as pessoas que dirigem a empresa não conhecem os mínimos detalhes das operações e, portanto, não são cúmplices de todos os erros e desmandos.

Em geral, é muito difícil reverter esses casos. Quando o funcionário assume uma posição publicamente, é grande a pressão social para que ele se mostre coerente. Se ele diz a cinquenta amigos que o diretor executivo é a pessoa mais imbecil do planeta, não poderá mudar de opinião sem perder credibilidade na próxima vez em que se queixar, e a maioria das pessoas não está disposta a sofrer perda de credibilidade.

Tipo 2: o irresponsável

Algumas pessoas brilhantes são totalmente indignas de confiança. Na Opsware, certa vez, contratamos um verdadeiro gênio, Roger (nome fictício). Ele era engenheiro numa área do produto em que os recém-contratados costumavam levar três meses para se tornar completamente produtivos. Roger atingiu a plena produtividade em dois dias. No terceiro dia, demos-lhe um projeto com o prazo de um mês. Completou-o em três dias, e com qualidade quase impecável. Aliás, completou o projeto em 72 horas ininterruptas, sem pausas, sem descanso, sem nada a não ser programação. No primeiro trimestre de trabalho na empresa, foi nosso melhor funcionário, e promovemo-lo imediatamente.

Então, Roger mudou. No começo, faltava ao trabalho sem avisar; depois, começou a ficar semanas sem comparecer. Quando finalmente aparecia, pedia milhões de desculpas, mas seu comportamento não mudava. Sua produção também ficou comprometida: ele se tornou disperso e descuidado. Eu não entendia tal comportamento por parte de um funcionário tão bom. Seu gerente queria demiti-lo, pois a equipe já não podia contar com Roger para nada. Resisti. Sabia que o gênio ainda estava nele e queria despertá-lo novamente. Isso nunca aconteceu. Descobrimos, no fim, que Roger era bipolar e tinha dois problemas graves: não gostava de tomar o medicamento para mitigar os efeitos da bipolaridade e era viciado em cocaína. Acabamos tendo de demiti-lo, mas até agora me dói pensar no que ele poderia ter sido.

Não é preciso ser bipolar para ser irresponsável, mas o comportamento irresponsável em geral tem uma causa grave: uma tendência autodestrutiva, como narcodependência, prestar serviço a outras empresas à noite e assim por diante. Toda empresa depende do esforço de uma equipe e, por mais alto que seja o potencial de uma pessoa, isso de nada vale se ela não cumprir suas tarefas de modo confiável.

Tipo 3: o insolente

Esse tipo específico de funcionário ruim e inteligente pode atuar em qualquer nível da organização, mas é mais destrutivo no nível executivo. Os executivos, em sua maioria, mostram-se, de vez em quando, cretinos, idiotas, arrogantes e mais um sem-número de outras qualidades negativas. A falta de educação pode ser usada para deixar bem clara uma mensagem ou enfatizar uma lição importante. Não é desse tipo de comportamento que estou falando.

O comportamento grosseiro e insolente, quando se repete, pode ser altamente prejudicial. À medida que a empresa cresce, seu maior desafio passa a ser a comunicação. Nunca é fácil manter muitas pessoas falando a mesma língua e trabalhando pelas mesmas metas. Algumas têm um estilo de comunicação tão rude que, quando entram na sala, os outros simplesmente param de falar. Se o vice-presidente de marketing voa na garganta de todos os que apontam algum problema da área de marketing, o assunto jamais será mencionado. Em decorrência, a comunicação entre a equipe executiva se deteriora e a empresa inteira começa pouco a pouco a degenerar. Isso só acontece se o grosseirão em questão for inequivocamente brilhante. Caso contrário, ninguém vai dar bola para os seus ataques. A mordida só dói quando é dada por um cachorro grande. Se um dos seus cachorros grandes começar a destruir a comunicação entre os membros da sua equipe, mande-o para o canil.

Quando fazer o ônibus esperar?

Certa vez, perguntaram a John Madden, grande técnico de futebol americano, se ele toleraria um jogador como Terrell Owens em seu time. Owens era um dos maiores talentos do esporte e também um dos maiores cretinos. Madden respondeu: "Quando vamos a um jogo, o ônibus tem de sair na hora. Isso significa que todos os jogadores devem comparecer na hora marcada. Não podemos pedir que o ônibus espere os atrasados. Caso contrário, perderemos o jogo. Entretanto, às vezes temos um jogador tão bom que para ele – e só para ele – abrimos uma exceção e pedimos que o ônibus o espere."

Phil Jackson, o técnico que mais ganhou campeonatos da NBA, certa vez foi perguntado sobre Dennis Rodman, astro do basquete famoso por sua irresponsabilidade: "Uma vez que Dennis Rodman pode perder treinos, isso significa que outros astros, como Michael Jordan e Scottie Pippen, também podem perdê-los?" Jackson respondeu: "É claro que não. Neste time, só há lugar para um Dennis Rodman. Na verdade, mesmo na sociedade como um todo, só há lugar para pouquíssimos Dennis Rodman. Caso contrário, cairíamos na anarquia."

Pode acontecer de um funcionário seu se encaixar em uma dessas categorias e, mesmo assim, dar contribuições importantíssimas à empresa. Talvez você decida fazer um esforço pessoal extra para contrabalançar os atributos negativos do funcionário e impedi-lo de contaminar toda a cultura da empresa. Não há problema, mas lembre-se: ele é o único para quem você vai fazer o ônibus esperar.

PESSOAS MAIS VELHAS

Sua *startup* está indo bem e, quando os negócios começam a se expandir, um membro do conselho lhe dirige estas temíveis palavras: "Você precisa contratar algumas pessoas mais velhas, alguns executivos com muita experiência para ajudar a levar a empresa ao próximo patamar." Será mesmo? Chegou a hora? Por onde começar? Quando essas pessoas já estiverem na empresa, o que fazer com elas? E como vou saber se elas estão tendo bom desempenho?

A primeira pergunta que você talvez faça é: "Por que preciso de pessoas mais velhas? Será que, com seus ternos de alfaiate, suas ambições políticas e sua constante necessidade de voltar para casa, junto à família, elas não vão simplesmente arruinar a cultura da empresa?" Em certa medida, a resposta a todas essas perguntas pode ser "sim", e é por isso que essa indagação deve ser levada a sério. No entanto, contar com a experiência necessária na hora certa pode significar a diferença entre a derrocada e a glória.

Voltemos à primeira parte da questão. Por que contratar uma pessoa mais velha? A resposta é *tempo*. As *startups* de tecnologia correm desesperadamente contra o tempo desde o primeiro dia até seu último suspiro. Nenhuma *startup* de tecnologia tem prazo de validade prolongado. Mesmo as melhores ideias se tornam péssimas depois de um tempo. O que seria do Facebook se Zuckerberg o tivesse fundado há uma semana? Na Netscape, abrimos o capital com quinze meses de existência. Se tivéssemos começado seis meses depois, teríamos chegado atrasados a um mercado onde outras 37 empresas já desenvolviam navegadores. Mesmo que você seja o primeiro a ter a ideia, a maioria dos funcionários perderá a fé no seu sonho, por mais bonito que ele seja, caso demore muito para se realizar. A contratação de alguém que já fez o que você está tentando fazer pode acelerar o caminho rumo ao sucesso.

Mas, cuidado: uma *startup* contratar pessoas mais velhas é como um atleta consumir drogas que melhoram seu desempenho.

Se tudo der certo, você alcançará incríveis alturas. Se der errado, começará a degenerar de dentro para fora.

Para tudo dar certo, não contrate uma pessoa mais velha dando justificativas como "contar com a supervisão de um adulto" ou "se tornar uma empresa de verdade". Se você não tiver clareza do que está procurando, o resultado será ruim. A razão correta para contratar uma pessoa mais velha é *adquirir conhecimento e experiência numa área específica*.

Se você for o fundador, especializado na área técnica, por exemplo, provavelmente não terá muito conhecimento sobre como construir canais de vendas para o mundo, sobre como criar uma marca invencível ou identificar e negociar transações que alterem o ecossistema do seu setor. A contratação de uma pessoa mais velha e extremamente competente pode contribuir muito para a sua empresa obter sucesso.

Um bom critério para determinar se o melhor é contar com a experiência de uma pessoa de fora ou promover alguém de dentro da empresa consiste em descobrir o que, na sua opinião, será mais valioso no cargo em questão: conhecimento interno ou externo. Para os gerentes de engenharia, por exemplo, um amplo conhecimento da base de programação e da equipe de engenheiros é, em geral, mais importante e mais difícil de obter do que o conhecimento sobre como administrar um departamento de engenharia em fase de crescimento. Por isso, é possível que você valorize mais um conhecimento da sua própria organização do que um do mundo exterior.

O oposto é verdadeiro na contratação de alguém que saiba vender seu produto a grandes empresas. O conhecimento sobre como os seus potenciais clientes pensam e agem, sobre suas tendências culturais, sobre como recrutar e avaliar as pessoas certas nas regiões corretas do mundo para maximizar suas vendas – tudo isso é muito mais valioso do que o conhecimento sobre o seu produto e a sua cultura. É por isso que, quando o chefe de engenharia é promovido dentre os próprios funcionários, ele costuma se dar bem, mas quando o chefe de vendas é que é promovido ele quase sempre se dá mal. Para saber se deve apostar na experiência ou na juventude, pergunte a si mesmo que tipo de conhecimento, interno ou externo, você valoriza mais para o cargo em questão.

Depois da contratação

A contratação de pessoas mais velhas pode ser muito arriscada, como expliquei amplamente nas seções "Por que é difícil trazer executivos de empresas grandes para empresas pequenas" e "Contratação de executivos: se você nunca fez o que ele faz, como vai contratar uma pessoa competente?" (ver páginas 126 e 131).

Também é difícil administrá-las de modo eficaz depois da contratação. As pessoas mais velhas propõem vários desafios:

- **Elas chegam com sua cultura formada.** Trazem consigo os hábitos, o estilo de comunicação e os valores da empresa na qual trabalharam, e é muito improvável que sejam totalmente compatíveis com o ambiente da sua empresa.

- **Elas sabem navegar no sistema.** As pessoas mais velhas em geral já desenvolveram a habilidade de navegar nos ambientes dos quais vieram e conseguir o que querem. No seu ambiente, essas habilidades poderão dar a impressão de ser estranhas e demasiado voltadas para a política.

- **Você não conhece tão bem quanto elas aquilo que devem fazer.** Na verdade, é exatamente por isso que você as contratou. Nesse caso, como responsabilizá-las por cumprir bem o seu papel?

A fim de prevenir a degeneração interna já mencionada, é importante ter consciência dos desafios citados e empregar as contramedidas apropriadas.

Em primeiro lugar, você deve exigir conformidade com a cultura da empresa. É normal que essas pessoas venham de culturas diferentes e é verdade que algumas características dessas culturas serão superiores às da sua empresa, mas essa é a sua empresa, a sua cultura, o seu jeito de fazer negócios. Nesse aspecto, não deixe que a experiência o intimide; mantenha as suas opiniões e a sua cultura. Se quiser incorporar à sua cultura algum elemento, tudo bem, mas faça-o explicitamente, não divague. Em segundo lugar, fique de olho em táticas motivadas pela política e não as tolere jamais.

O mais importante talvez seja estabelecer um padrão de desempenho claro e exigente. Se você quer ter uma empresa de primeira linha, precisa garantir que os membros da sua equipe, jovens ou velhos, sejam de primeira linha. Não basta que um membro da equipe cumpra a sua função melhor do que você, pois você é incompetente nessa área e exatamente por isso o contratou.

Se você não sabe ao certo o que é um bom padrão de desempenho, tome cuidado para não estabelecer um padrão muito baixo. Já vi muitos diretores executivos jovens se entusiasmarem com a competência de seus departamentos de marketing e RP pelo simples fato de terem conseguido reportagens positivas quando a empresa iniciou. Isso não significa que o trabalho de relações públicas tenha sido de alto padrão. Qualquer pessoa pode fazer que os repórteres escrevam coisas simpáticas sobre uma empresa bonitinha e recém-nascida, mas somente profissionais de RP de primeira linha sabem lidar com empresas que já chegaram à adolescência, estão cheias de espinhas e falam palavrão. Para tanto, esses profissionais lançam mão de relacionamentos antigos, de um *know-how* profundo e da confiança para usar as duas coisas do jeito certo. Os novatos em RP não dispõem de nenhum desses recursos.

Para ter ideia clara de um padrão elevado, uma das melhores maneiras é entrevistar pessoas que trabalham bem na área. Descubra qual é o padrão delas e integre-o ao seu. Uma vez determinado um padrão alto, mas factível, submeta o seu executivo a esse padrão, mesmo que não tenha ideia de como ele poderá alcançá-lo. Não é tarefa sua criar uma marca inesquecível, modificar o mercado por meio de uma fusão transformadora ou alcançar uma meta de vendas que ninguém considerava possível – é para isso que você os paga, é para isso que os contratou.

Por fim, não basta que o seu novo executivo alcance metas. Ele precisa se integrar bem na equipe. Bill Campbell desenvolveu uma excelente metodologia para avaliar os executivos de maneira equilibrada. Ele divide o desempenho em quatro áreas distintas:

1. **Objetivos e resultados.** Uma vez estabelecido um padrão elevado, não será difícil fazer a comparação entre a atuação do executivo e esse padrão.

2. **Gestão.** Mesmo que o executivo consiga atingir com folga as suas metas, isso não significa que esteja criando uma equipe forte e leal. É importante compreender como ele está se saindo em matéria de gestão, mesmo que esteja atingindo metas.

3. **Inovação.** Às vezes, o executivo resolve ignorar o futuro para poder atingir a meta para o trimestre. Um gerente de engenharia, por exemplo, pode cumprir o cronograma e entregar todos os recursos pedidos construindo uma arquitetura inadequada, que não dará suporte nem mesmo à próxima versão do produto. É por isso que você não deve se limitar aos resultados da caixa-preta. Deve conhecer a fábrica de salsichas para ver o que eles estão pondo lá dentro.

4. **Trabalhar com os colegas.** Talvez este quesito não seja intuitivo à primeira vista, mas os executivos precisam saber se comunicar, dar apoio e obter aquilo de que precisam dos outros membros da equipe. Avalie-os nesse aspecto.

Você vendeu a sua alma!

Quando você contrata pessoas mais velhas para a sua empresa, é possível que sinta que está vendendo a sua alma. De fato, se não tomar cuidado, você pode acabar vendendo a alma da empresa. Porém, para criar algo a partir do nada, é preciso correr riscos e ganhar a corrida contra o tempo. Isso significa contar com o melhor talento, conhecimento e experiência, mesmo que para tanto tenha de lidar com uma grande diferença de idade.

REUNIÕES INDIVIDUAIS

Depois que escrevi pela primeira vez sobre reuniões individuais, foram inúmeros os comentários sobre o assunto. Cerca de metade das pessoas me criticou, dizendo que essas reuniões são inúteis e que eu não deveria dar tanta ênfase a elas. A outra metade queria saber como realizar essas reuniões de modo mais eficaz. Parece-me que os dois grupos estão falando sobre os dois lados de uma mesma moeda.

Talvez a responsabilidade operacional mais importante do diretor executivo seja projetar e implementar a arquitetura de comunicação em sua empresa. Essa arquitetura pode incluir o design da organização, reuniões, processos, e-mail, Yammer e até reuniões individuais com gerentes e funcionários. Na ausência de uma arquitetura bem estruturada, as informações e ideias estagnarão e sua empresa se transformará num lugar ruim para trabalhar. É perfeitamente possível criar uma excelente arquitetura de comunicação sem realizar reuniões individuais. No entanto, na maioria dos casos, essas reuniões constituem excelente mecanismo para que as informações e ideias cheguem aos escalões mais altos da organização. Por isso, devem fazer parte do seu projeto.

Em geral, as pessoas que não gostam de reuniões individuais foram vítimas de reuniões mal estruturadas. O segredo para uma boa reunião individual é a compreensão de que ela está voltada para o *funcionário*, não para o gerente. Trata-se de um espaço aberto para todas as questões urgentes, ideias brilhantes e frustrações crônicas que não se encaixam em relatórios, e-mails e outros mecanismos menos íntimos e pessoais.

Como o funcionário, sem parecer um imbecil, vai pedir a opinião do gerente acerca de uma ideia incrível, mas ainda incipiente, que ele não sabe se é possível ou não? Se um colega com quem ele não sabe como trabalhar está lhe impedindo o progresso, como vai fazer essa observação sem queimar o colega? Como vai obter ajuda se adora o trabalho, mas enfrenta problemas graves na vida pessoal? Por meio de um relatório ou de um e-mail? No Yammer, no Asana? Será mesmo? Para essas e outras discussões importantes, as reuniões individuais podem ser essenciais.

Se você gosta de pautas estruturadas, deixe o funcionário determinar a pauta. Ele pode, por exemplo, mandá-la para você com antecedência. Com isso, terá a oportunidade de cancelar a reunião se não tiver nenhum assunto urgente a tratar. Essa prática também deixa claro que é ele quem manda na reunião e que ela vai demorar o tempo necessário. Uma vez que a reunião é voltada para o funcionário, o gerente deve passar 10 por cento do tempo falando e 90 por cento do tempo ouvindo. Mas não é isso o que acontece na maioria das reuniões individuais.

Embora não caiba ao gerente estabelecer a pauta ou conduzir a conversa, ele deve fazer que o funcionário aborde as questões fundamentais. Quanto mais introvertido ele for, mais isso é importante. Se você é o chefe de uma equipe de engenheiros, deve desenvolver a habilidade de fazer que apontem as questões que os preocupam.

Seguem algumas perguntas que a experiência me mostrou serem muito eficazes nas reuniões individuais:

- Se pudéssemos nos aperfeiçoar de algum modo, como poderíamos fazê-lo?
- Qual é o principal problema da nossa empresa? Por quê?
- Do que você não gosta no seu trabalho aqui?
- Quem está fazendo um ótimo serviço na empresa? Quem você mais admira?
- No meu lugar, que mudanças você implementaria na organização?
- Do que você não gosta no nosso produto?
- Que grande oportunidade estamos perdendo?
- O que deveríamos estar fazendo e não estamos?
- Você gosta de trabalhar aqui?

O fator mais importante é que as melhores ideias, os maiores problemas e as questões mais preocupantes na vida dos funcionários chegam às pessoas que podem lidar com isso. O tempo e a experiência já demonstraram que as reuniões individuais são excelentes para esse fim. No entanto, se você tem uma ideia melhor, vá em frente. O problema é seu.

COMO PROGRAMAR A SUA CULTURA

Se você perguntar a dez fundadores de empresas sobre a cultura delas e sobre o seu significado, obterá dez respostas diferentes. É o design dos escritórios, é estabelecer um processo de contratação que exclua os funcionários que não se encaixem, são os valores, é a diversão, é todos falarem a mesma língua, é encontrar funcionários que tenham a mesma mentalidade, é assemelhar-se a uma seita...

Nesse caso, o que é a cultura? Ela é importante? Quanto tempo você deve dedicar a construí-la?

Vamos começar com a segunda pergunta. A coisa mais importante que qualquer *startup* de tecnologia deve fazer é construir um produto que seja pelo menos dez vezes melhor em certa tarefa do que o principal produto que as pessoas no momento usam para cumprir a mesma tarefa. Ser duas ou três vezes melhor não basta para que as pessoas adotem o novo produto com rapidez suficiente ou em volume suficiente. A segunda coisa que toda *startup* de tecnologia deve fazer é *dominar o mercado*. Se é possível cumprir uma tarefa dez vezes melhor, também é possível que a sua empresa não seja a única a tentar fazer isso. Portanto, você deve dominar o mercado antes que alguma outra empresa o faça. Pouquíssimos produtos são dez vezes melhores do que os da concorrência. Por isso, derrubar o *novo* líder é muito mais difícil do que derrubar o velho.

Se você não conseguir fazer essas duas coisas, a cultura não terá nenhuma importância. O mundo está cheio de empresas falidas com culturas de primeira linha. A cultura não faz a empresa.

Nesse caso, por que se importar com a cultura? Três razões:

1. A cultura é importante, na medida em que pode ajudá-lo a alcançar as metas mencionadas.

2. À medida que a empresa cresce, a cultura pode ajudar você a preservar os seus valores fundamentais, fazer da

sua empresa um lugar melhor para trabalhar e ter melhor desempenho no futuro.

3. O mais importante talvez seja que, depois de você e o seu pessoal cumprirem a tarefa cruciante e desumana de construir uma empresa de sucesso, seria uma grande tragédia se a cultura da sua empresa fosse tão ruim que nem você quisesse trabalhar nela.

Para criar uma cultura empresarial

Ao falar em cultura da empresa, não me refiro a atividades importantes, como os valores da empresa e a satisfação dos funcionários, mas sim a construir um modo de trabalhar que

- distinga a sua empresa da concorrência;
- garanta a permanência de valores operacionais críticos, como *encantar o cliente* ou *criar belos produtos*;
- ajude você a identificar funcionários que estejam em sintonia com a sua missão.

A cultura significa muitas outras coisas em outros contextos, mas os itens negativos mencionados já constituem material de sobra para discutir aqui.

Quando você começar a implementar a cultura da sua empresa, lembre que, no futuro, a maior parte daquilo que a história entenderá como a "cultura da sua empresa" não terá sido propositalmente inserido no sistema, mas evoluído de modo natural ao longo do tempo, a partir do seu comportamento e do comportamento dos seus primeiros funcionários. Por isso, o melhor é você enfocar um pequeno número de elementos de design cultural capazes de influenciar grande número de comportamentos no decorrer de um longo período de tempo.

Em seu best-seller *Built to Last,* Jim Collins escreveu que uma das coisas que as empresas longevas por ele estudadas têm em comum é "uma cultura semelhante à de uma seita". Essa comparação me pareceu confusa, pois dá a entender que se a sua cultura fugir do padrão e você defendê-la com fanatismo sua empresa será bem-sucedida no que se refere à cultura empresarial.

Isso tem relação com a verdade, mas não é literalmente verdadeiro. Na realidade, Collins tinha razão ao dizer que uma cultura bem projetada com frequência acaba assemelhando-se a uma cultura de seita, mas não é esse o princípio inicial. Você não precisa queimar fosfato para encontrar uma maneira de a sua empresa parecer muito estranha para quem não faz parte dela. Mas precisa, sim, pensar como ser provocante o suficiente para mudar as atividades cotidianas das pessoas.

O ideal é que cada elemento de design cultural seja bem fácil de implementar, mas tenha amplas consequências comportamentais. Um dos fatores fundamentais desse tipo de mecanismo é o valor de choque. Se você inserir na sua cultura algo tão perturbador que sempre gere uma conversa, esse elemento mudará o comportamento. Como mostrado no filme *O poderoso chefão*, quando simplesmente pedimos a um grande produtor de Hollywood que arrume emprego para uma pessoa, ele talvez não tome nenhuma atitude; se pusermos a cabeça de um cavalo em sua cama, a taxa de desemprego diminuirá instantaneamente. O choque é um grande mecanismo de mudança cultural.

Três exemplos:

Escrivaninhas feitas com portas. Desde o início, Jeff Bezos, fundador e diretor executivo da Amazon.com, vislumbrou uma empresa que ganhasse dinheiro *fornecendo* valor aos consumidores, em vez de simplesmente *extrair* valor deles. Para tanto, ele queria ser, no longo prazo, tanto o líder em preços quanto em serviços ao consumidor. É impossível fazer isso quando se desperdiça muito dinheiro. Jeff poderia ter passado anos realizando a auditoria de todos os gastos e caindo em cima de todos que gastassem demais, mas decidiu fazer da frugalidade um elemento inalienável da sua cultura. E isso por meio de um mecanismo muito simples: todas as escrivaninhas da Amazon.com seriam construídas usando como material portas baratas compradas na Home Depot e guarnecidas com pernas. A ergonomia dessas escrivaninhas feitas com portas não é grande coisa e elas não combinam com a capitalização de mercado da Amazon.com, que chega a mais de 100 bilhões de dólares. Porém, quando um funcionário novo, surpreso, pergunta por que tem de trabalhar numa escrivaninha improvisada, feita com objetos avulsos adquiridos na Home Depot, a resposta que recebe é sempre a mesma: "Buscamos todas as oportunidades de economizar dinheiro, a fim de podermos entregar os melhores produtos com o menor custo." Se você não gosta de trabalhar em cima de uma porta, não poderá trabalhar por muito tempo na Amazon.

Dez dólares por minuto. Quando fundamos a Andreessen Horowitz, Marc e eu queríamos que a firma tratasse os empreendedores com todo o respeito. Lembramos o quanto o processo de construir uma empresa é psicologicamente brutal. Queríamos que a organização respeitasse o fato de que, no café da manhã com ovos e bacon da *startup*, éramos a galinha, e o empreendedor, o porco: estávamos envolvidos, mas quem dava o sangue era ele. Concluímos que uma das maneiras de deixar isso claro era sempre sermos pontuais nas reuniões marcadas com empreendedores. Em vez de deixá-los esperar meia hora no saguão enquanto cuidávamos de negócios mais importantes, como fazem tantos outros investidores de risco que visitamos, queríamos que nosso pessoal fosse pontual e estivesse sempre preparado e concentrado. Infelizmente, qualquer pessoa que já tenha trabalhado em qualquer lugar sabe que é mais fácil dizer isso do que fazer. Para dar um choque no pessoal da empresa e fazê-los adotar o comportamento esperado, instituímos uma multa inegociável e impiedosamente aplicada de 10 dólares por minuto de atraso em qualquer reunião com um empreendedor. Por exemplo: você está numa ligação importantíssima e vai atrasar dez minutos? Não tem problema. Traga 100 dólares para a reunião e pague sua multa. Os novos funcionários, quando ingressam na empresa, consideram essa prática inaceitável, o que nos dá uma excelente oportunidade para explicar em detalhes por que respeitamos os empreendedores.

Se você não acha que eles são mais importantes do que os investidores de risco, não há lugar para você na Andreessen Horowitz. *Corra e quebre alguma coisa*. Mark Zuckerberg acredita na inovação, crê que não há inovação sem grande risco. Assim, nos primeiros dias do Facebook, ele adotou o lema: *Corra e quebre alguma coisa* (*Move fast and break things*). Será que o diretor executivo realmente queria que quebrássemos alguma coisa? É isso que ele está dizendo, ora! Um lema como esse obriga todos a parar para pensar. Quando pensam, percebem que, quando corremos para inovar, é natural quebrarmos alguma coisa ao longo do caminho. Se o funcionário se pergunta: "Devo adotar essa inovação? Será incrível, mas causará problemas no curto prazo", o lema já lhe dá a resposta. Se você prefere a perfeição à inovação, não há lugar para você no Facebook.

Antes de definir a forma exata da terapia de choque da sua empresa, garanta que o mecanismo esteja em concordância com seus valores. Jack Dorsey, por exemplo, nunca vai usar portas para fazer as escrivaninhas da Square, pois, nessa empresa, a beleza do design de interiores é mais importante do que a frugalidade. Quando entramos na Square, percebemos na hora o quanto eles levam o design a sério.

Por que ioga e cachorros no ambiente de trabalho não fazem uma cultura

Hoje em dia, as *startups* fazem de tudo para se destacar. Muitas das ideias adotadas são boas, originais e bizarras, mas a maioria delas não colabora para definir a cultura da empresa. É fato que a ioga pode tornar a empresa um lugar melhor para trabalhar, para quem gosta de praticá-la. Também pode ser um excelente exercício de formação de equipes para os apreciadores de ioga. Mas não é cultura. Não estabelece um valor fundamental que impulsione o negócio e ajude a perpetuá-lo. Não tem nenhuma relação específica com aquilo que o seu negócio busca realizar. A ioga é uma regalia.

Se um funcionário tem um *pit-bull* em seu cubículo, isto é chocante. A lição que se aprende – que a empresa acolhe pessoas que gostam de animais, ou que os funcionários podem viver como bem entendem – tem até algum valor social, mas não tem relação com o seu negócio de modo claro e distinto. Toda empresa inteligente valoriza seus funcionários. As regalias são boas, porém não fazem uma cultura.

O objetivo de tudo isso

Na seção "Como avaliar os diretores executivos" (ver na página 239), defino a tarefa desses profissionais como a de saber o que fazer e levar a empresa a fazer o que querem. Uma cultura empresarial adequada o ajudará a levar sua empresa a fazer o que você quer em certas áreas importantes por muito tempo.

COMO AUMENTAR A ESCALA DA EMPRESA
SEM MISTÉRIOS

Se você quer construir uma empresa importante, a certa altura terá de aumentar a escala. Os novos empreendedores sempre conversam sobre o modo mágico como pouquíssimas pessoas construíram o primeiro Google e o primeiro Facebook, mas o Google hoje emprega mais de 20 mil pessoas, e o Facebook, mais de 1.500. Por isso, se você quiser entrar para a história, terá de aprender a magia de aumentar a escala de uma organização humana.

Quando o assunto é escala, os membros do conselho costumam dar duas recomendações aos empreendedores:

1. Arranje um mentor.
2. Procure executivos experientes, que saibam como aumentar a escala de uma empresa.

Essas recomendações têm até a sua razão de ser, mas também possuem algumas limitações importantes. Em primeiro lugar, se você não tem a menor ideia de como aumentar a escala de uma organização, será muito difícil avaliar candidatos para a vaga. Imagine como seria tentar encontrar um engenheiro de ponta se você nunca escreveu um programa. Em segundo lugar, muitos investidores membros do conselho também não sabem absolutamente nada sobre como aumentar a escala, de modo que se tornam presas fáceis de pessoas que, embora tenham experiência, não possuem habilidade. Se você já trabalhou numa organização grande, sabe que ela estava cheia de pessoas com experiência em administração, mas sem as habilidades necessárias para administrá-la bem.

O conselho é bom, mas, para escolher os melhores mentores e funcionários, você deve antes de tudo aprender o básico. Então poderá, de acordo com o contexto, aplicar as dezenas de milhares de técnicas de crescimento mencionadas na literatura de administração.

A ideia básica: ceda terreno a contragosto

Quando uma organização cresce, coisas que eram simples tornam-se complicadas, como estas, que não causam problemas para os pequenos mas tornam-se grandes desafios para os grandes:

- comunicação;
- conhecimentos comuns;
- tomada de decisões.

Para ter uma compreensão clara do problema, vamos partir de uma condição limítrofe. Imagine uma empresa composta por um único funcionário. Ele escreve e testa todos os códigos de programação, cuida do marketing e das vendas e faz ele próprio a administração. Tem um conhecimento completo de tudo o que diz respeito à empresa, toma todas as decisões, não precisa se comunicar com ninguém e está em perfeita concordância consigo mesmo. À medida que a empresa crescer, as coisas vão piorar em cada uma dessas dimensões. Por outro lado, se a empresa não crescer, ela nunca se destacará no mercado. Assim, o desafio está em crescer de um modo tal que a degradação ocorra o mais lentamente possível.

Pode-se fazer uma analogia desse conceito com o futebol americano. A função do *offensive lineman* é oferecer proteção ao *quarterback* contra os *defensive linemen* que avançam em sua direção. Se o *offensive lineman* tentar fazer isso sem ceder terreno, os *defensive linemen* o contornarão e pegarão o *quarterback*. Por isso, os *offensive linemen* aprendem a perder a batalha devagar, ou *ceder terreno a contragosto*. Aprendem a recuar e a deixar que os *defensive linemen* avancem, mas um pouco de cada vez.

Para fazer a organização crescer, você também terá de ceder terreno a contragosto. A especialização, a estrutura organizacional e os processos deixam tudo mais complicado. Ao implementá-los, você terá a impressão de estar se afastando do conhecimento comum e da comunicação de qualidade. É algo muito parecido com o *offensive lineman* que dá um passo para trás: você perde terreno, mas impede que a sua empresa mergulhe no caos.

Como fazê-lo

No momento em que você tiver a impressão de que agregar novos funcionários à empresa está dando mais trabalho do que as tarefas que esses funcionários poderão realizar, os *defensive linemen* já contornaram a situação e você provavelmente já precisa começar a ceder terreno a contragosto.

Especialização

A primeira técnica de crescimento a ser implementada é a especialização. Nas *startups*, todos fazem de tudo. Os engenheiros, por exemplo, escrevem códigos de programação, administram o ambiente de desenvolvimento, testam o produto e têm de dedicar-se à sua implementação e operação. Isso dá certo no começo porque todos sabem tudo e a necessidade de comunicação é mínima. Não é complicado delegar serviço, pois não há ninguém a quem possa ser delegado. À medida que a empresa cresce, torna-se cada vez mais difícil agregar engenheiros à equipe, pois a curva de aprendizado torna-se cada vez mais íngreme. Passar todas as informações a um novo engenheiro fica mais difícil do que você mesmo fazer o trabalho. É nesse momento que a especialização se torna necessária.

Ao encarregar pessoas e equipes de cuidar de tarefas como o ambiente de desenvolvimento, o ambiente de teste e as operações, você cria certa complexidade – entrega de relatórios de um grupo a outro, pautas potencialmente conflitantes, conhecimentos especializados, em vez de um conhecimento comum. Para atenuar esses problemas, precisa pôr em prática outras técnicas de crescimento, como o *design da organização* e os *processos*.

Design da organização

A primeira regra do design da organização é que nenhum deles é bom. Todo design otimiza a comunicação entre certas divisões da organização à custa de outras divisões. Se você inserir a gestão de produto no departamento de engenharia, por exemplo, vai otimizar a comunicação entre a gestão de produto e a engenharia à custa da comunicação entre a gestão de produto e o marketing. E, assim que você implementar a nova organização, as pessoas encontrarão defeitos nela, e com razão.

Mesmo assim, chega um dia em que o design monolítico de uma única organização gigantesca se esgota e você precisa separar as coisas em subgrupos menores. No nível mais básico, você deve considerar a hipótese de instituir gerentes para os subgrupos, à medida que crescem. Pode criar uma gerência de garantia de qualidade, por exemplo. Depois, as coisas se tornam ainda mais complicadas. Será que a engenharia de clientes e a engenharia de servidores devem ter seus próprios grupos? Ou será que você deve organizar tudo de acordo com os usos e incluir num só grupo todo o pessoal técnico? Quando já tiver crescido bastante, você terá de escolher se organiza toda a empresa em torno de funções (por exemplo: vendas, marketing, gestão de produto, engenharia) ou em torno de missões – unidades autônomas que contêm, cada uma, múltiplas funções.

Seu objetivo é escolher o mal menor. Conceba o design da organização como a arquitetura de comunicação para sua empresa. Se você quer que certas pessoas se comuniquem entre si, o melhor jeito é fazê-las se reportarem ao mesmo gerente. Inversamente, quanto mais distantes estiverem duas pessoas no organograma da empresa, menos elas vão se comunicar. O design da organização também proporciona a arquitetura para a comunicação da empresa com o resto do mundo. Por exemplo: talvez você prefira organizar sua equipe de vendas de acordo com os produtos, a fim de maximizar a comunicação com os diversos grupos de produto e a competência dos vendedores em matéria de produto. Se for essa a sua opção, o custo será a perda da simplicidade para os clientes que compram muitos produtos e agora precisarão lidar com muitos vendedores.

Tendo isso em mente, estas são as etapas básicas do design da organização:

1. **Descubra o que precisa ser comunicado.** Comece fazendo uma lista dos conhecimentos mais importantes e de quem precisa tê-los. O conhecimento da arquitetura do produto, por exemplo, deve ser dominado pela engenharia, pelo controle de qualidade, pela gestão de produto, pelo marketing e pelas vendas.
2. **Descubra o que precisa ser decidido.** Reflita sobre os tipos de decisões que devem ser tomadas com mais frequência: seleção de recursos, decisões arquitetônicas, problemas de suporte etc. Como você pode estruturar a organização para deixar o maior número possível de decisões a cargo de um gerente escolhido?
3. **Priorize os fluxos mais importantes de comunicação e de decisão.** É mais importante que os gerentes de produto compreendam o produto ou o mercado? É mais importante que os engenheiros compreendam o cliente ou a arquitetura? Lembre que essas prioridades serão baseadas na situação atual. Se ela mudar, você poderá reorganizar a empresa.
4. **Escolha quem vai comandar cada grupo.** Repare que esta é a quarta etapa, não a primeira. Você quer otimizar a organização para as pessoas – para aquelas que efetivamente trabalham –, e não para os gerentes. A maioria dos grandes erros de design da organização surge quando as ambições individuais dos que a comandam têm prioridade sobre os caminhos de comunicação das pessoas que estão em uma posição inferior. O fato de esta ser apenas a quarta etapa aborrecerá os seus gerentes, mas eles aguentam o tranco.
5. **Identifique os caminhos que você não otimizou.** Identificar os caminhos de comunicação que você não vai otimizar é tão importante quanto escolher os caminhos a serem otimizados. O fato de você não lhes dar prioridade

não significa que não sejam importantes. Se você ignorá-los por completo, eles voltarão para assombrá-lo.

6. **Monte um plano para atenuar os problemas identificados na etapa 5.** Uma vez identificados os problemas, você saberá quais processos instituir para remediar os iminentes estorvos organizacionais.

Essas seis etapas poderão levá-lo bem longe. Num nível avançado de design organizacional, também precisamos levar em conta prioridades mutuamente excludentes, como velocidade *versus* custo, como implementar mudanças organizacionais e com que frequência fazer a reorganização.

Processo

O objetivo do processo é a comunicação. Se a empresa tem cinco funcionários, o processo é desnecessário; basta que eles conversem entre si. Podem delegar tarefas tendo ampla compreensão do resultado esperado, transmitir informações importantes de uma pessoa a outra e efetuar transações de alta qualidade sem nenhum custo burocrático. Com 4 mil pessoas, a comunicação se torna mais difícil. As comunicações *ad hoc*, ponto a ponto, já não funcionam. É necessário algo mais robusto, um veículo de comunicação ou um processo, termo comumente usado para designar esses veículos quando a comunicação se dá entre pessoas.

O processo é um veículo de comunicação formal e bem estruturado. Pode ser do tipo Seis Sigma, processo altamente complexo, ou uma reunião bem estruturada e realizada regularmente. O tamanho do processo varia de maneira a atender às necessidades do desafio de comunicação que ele facilita.

Quando a comunicação transpõe fronteiras dentro da organização, os processos ajudam a garantir que ela aconteça e, mais ainda, que aconteça com qualidade. Se você está em busca de um primeiro processo a implementar em sua empresa, considere o processo de entrevistas. Em geral, ele transpõe fronteiras dentro da organização (o grupo encarregado das contratações, os recursos humanos – ou seja, o departamento ao qual pertence o recrutador – e os grupos de apoio), envolve pessoas de fora da empresa (o candidato) e tem importância crítica para o sucesso dela.

Quem deve elaborar o processo? As pessoas que já fazem o trabalho de maneira *ad hoc*. Elas sabem o que precisa ser comunicado e a quem. Constituem um grupo capaz de formalizar o processo já existente e incrementá-lo.

Quando você deve começar a implementar processos? Embora isso varie de acordo com a situação, lembre sempre que é mais fácil inserir gente nova em processos antigos do que processos novos em gente antiga. Formalize o que está fazendo para facilitar o ingresso de gente nova.

Muita coisa já foi escrita sobre o design de processos, e não vou repetir tudo aqui. Na minha opinião, o primeiro capítulo do livro *High Output Management*, de Andy Grove, intitulado "O básico da produção", é particularmente útil. As empresas novas devem ter em mente algumas coisas:

- **Antes de mais nada, enfoque o resultado.** O que o processo deve produzir? No caso do processo de entrevistas, um funcionário excelente. Se é esse o objetivo, qual processo permite alcançar isso?

- **Verifique se você está obtendo o resultado pretendido a cada etapa.** Você obtete um número suficiente de candidatos? Eram candidatos com as características que desejava? O processo de entrevistas permitirá encontrar a pessoa certa para o cargo? Uma vez selecionada a pessoa, ela vai aceitar o cargo? Uma vez aceito, ela será produtiva? Uma vez produtiva, ela permanecerá na empresa? Como você vai avaliar cada etapa?

- **Insira a responsabilidade no sistema.** Qual setor e qual indivíduo são responsáveis pelas diferentes etapas? O que você pode fazer para aumentar a visibilidade do desempenho deles?

Último pensamento

O processo de fazer uma empresa crescer é semelhante ao de aumentar a escala de um produto. As diferenças de tamanho impõem diferentes exigências à arquitetura da empresa. Se você atender a essas exigências cedo demais, sua empresa se tornará lenta e pesada. Se atender tarde demais, é possível que a empresa não resista à pressão. Esteja atento para a verdadeira taxa de crescimento da sua empresa, para verificar quando acrescentar novos elementos arquitetônicos. É bom se antecipar ao crescimento, mas não demais.

A FALÁCIA DA ANTECIPAÇÃO DE ESCALA

Outro dia, eu estava conversando com dois amigos, um vice-presidente e um diretor executivo. Durante a conversa, falamos sobre um dos executivos que trabalhavam na empresa do diretor. Ele tem um desempenho excepcional, mas não possui experiência em gestão em escala. O vice-presidente deu ao diretor executivo a inocente sugestão de avaliar com muito cuidado se seu executivo seria capaz de atender às necessidades da empresa no futuro, quando ela crescesse. Imediatamente, de modo agressivo e em voz alta, eu disse: "Essa ideia é horrível e não tem sentido nenhum!" Meus dois amigos se assustaram com minha reação. Normalmente, sou disciplinado o bastante para não deixar que meus sentimentos saiam direto pela minha boca sem fazer uma escala no cérebro para serem avaliados. Por que essa explosão? Esta é a minha resposta.

O diretor executivo deve avaliar constantemente todos os membros de sua equipe. Entretanto, avaliar as pessoas com base nas necessidades futuras da empresa e numa conjectura teórica acerca do desempenho que elas terão é contraproducente pelas seguintes razões:

- **Administrar em escala é uma habilidade que se aprende, não uma capacidade natural.** Ninguém nasce sabendo administrar mil pessoas. Todo mundo tem de aprender em algum momento.
- **É quase impossível fazer essa avaliação de antemão.** Como saber de antemão se um executivo é capaz de se dar bem em uma escala maior? Quando Bill Gates abandonou Harvard, estava evidente que ele saberia administrar uma empresa enorme? Como você tomaria essa decisão?
- **Se as pessoas forem avaliadas de antemão, seu desenvolvimento será retardado.** Se você concluir que fulano é incapaz de administrar uma organização maior, para que

lhe ensinar as habilidades necessárias ou mesmo apontar suas possíveis deficiências? Você já decidiu que ele não é capaz.

- **Apressar a contratação de executivos especializados em escala é um erro grave.** Não existe o "grande executivo". O que existe é um grande executivo para uma empresa específica em um momento específico. Mark Zuckerberg é fenomenal como diretor executivo do Facebook, mas não seria um bom diretor executivo da Oracle. Do mesmo modo, Larry Ellison faz um trabalho excelente na Oracle, mas não seria a melhor pessoa para administrar o Facebook. Se você avaliar a sua equipe cedo demais e com urgência demais, vai contratar executivos capazes de administrar em escala antes de precisar deles. Infelizmente, você estará ignorando a capacidade deles de cumprir sua função nos doze meses seguintes, que constituem o único padrão de medida cabível. Assim, trocará executivos bons por executivos ruins.

- **Você ainda terá de fazer a avaliação quando efetivamente atingir a nova escala.** Mesmo que você não caia na armadilha de contratar muito cedo um executivo especializado em escala ou de retardar o desenvolvimento do executivo que já trabalha para você, a avaliação antecipada de nada adiantará, pois, qualquer que tenha sido a decisão tomada em certo momento, você terá de reavaliar a situação, com dados muito melhores, em outro momento.

- **Não é assim que se vive e não é assim que se administra uma organização.** Se você concluir (a partir de dados bastante incompletos) que uma pessoa que dá o sangue pela empresa, tem excelente desempenho e contribui lealmente para a sua missão não estará com você daqui a três anos, estará trilhando um caminho muito perigoso, que o conduzirá à ocultação de informações, à desonestidade e à falta de sinceridade na comunicação. Esse caminho o conduzirá a um lugar onde o discernimento dá lugar ao preconceito; o ensino, ao julgamento, e o trabalho em equipe se torna uma guerra civil. Não vá para lá.

Nesse caso, como fazer para avaliar seus funcionários sem prejulgá-los? Você deve avaliar sua equipe pelo menos uma vez por trimestre, em todos os aspectos. Duas atitudes podem ajudá-lo a evitar a armadilha da antecipação de escala:

- **Não separe a escala do resto da avaliação.** A questão não é saber se o executivo é capaz de administrar numa escala maior, mas sim se ele consegue desempenhar sua tarefa na escala atual. Uma avaliação holística o impedirá de isolar a questão da escala. Tal isolamento muitas vezes produz previsões insensatas acerca do desempenho futuro.

- **Para fazer a avaliação, não use uma escala absoluta, mas uma escala relativa.** É muito difícil saber se uma pessoa é um "grande executivo". A pergunta que você deve se fazer é a seguinte: para a empresa, neste momento, existe algum executivo que eu possa contratar e será melhor do que aquele que já trabalha comigo? Se meu maior concorrente contratar essa pessoa, qual será o impacto dessa contratação sobre a nossa capacidade de vencer?

A tentativa de prever se um executivo saberá administrar em escala é algo injusto, que não funciona e corromperá a sua capacidade de administrar.

CAPÍTULO 7

COMO LIDERAR QUANDO VOCÊ MESMO NÃO SABE PARA ONDE VAI

"Isto, para todos os guetos do bairro, compreendeu Dom Nas, o Super Gato Dom Dadá."*

NAS, "THE DON"

Depois de vender os serviços da Loudcloud à EDS, mergulhamos imediatamente numa nova crise. Nossos investidores não conseguiam entender como a venda de toda a nossa renda e de todos os nossos clientes poderia nos deixar algo em que valesse a pena investir. Por causa disso, os investidores institucionais venderam todas as suas ações da Opsware, e o preço delas caiu para 35 centavos de dólar. Um preço digno de nota, pois significava que nossa capitalização de mercado equivalia à metade do dinheiro que tínhamos no banco. Esse era um sinal de que os investidores acreditavam que a Opsware não valia nada. Além disso, esperavam que queimássemos metade do nosso dinheiro antes de recobrarmos os sentidos e devolvermos aos investidores o que restara. Para piorar as coisas, recebi uma notificação da Nasdaq avisando que, se eu não fizesse o preço das ações subir para mais de um dólar nos próximos noventa dias, seríamos excluídos da Bolsa e passaríamos a ser negociados junto com as *penny stocks*, as ações cotadas em menos de um dólar.

Quando comuniquei ao conselho essas notícias, apresentei-lhe três opções:

---

* *This for every ghetto in the hood / Nas the Don, Super Cat the Don Dada, understood.*

1. *Fundir ações.* Podíamos fundir dez ações em uma. Com isso, teríamos dez vezes menos ações, com o preço dez vezes maior.
2. *Capitular.* Poderíamos nos tornar uma *penny stock*.
3. *Cair na estrada.* Eu poderia sair viajando e tentar convencer pessoas a comprar as ações, para que o preço triplicasse.

O conselho foi extremamente simpático e mostrou-se receptivo a todas as opções. Andy Rachleff assinalou que os investidores já não tinham uma visão tão negativa da fusão de ações, prática comum. Marc conjecturou que, numa economia pós-jornal diário, sermos excluídos da Bolsa talvez já não fosse tão prejudicial.

Mesmo assim, eu não queria fundir as ações. Mais que qualquer coisa, essa manobra representaria uma capitulação e seria um sinal de fraqueza. Comunicaria ao mercado a mensagem de que eu realmente acreditava que valíamos metade do dinheiro que tínhamos no banco. Eu tampouco queria que a empresa fosse excluída da Bolsa principal. Sabia que Marc teria razão um dia, mas também sabia que, naquela época, muitos investidores institucionais eram proibidos de comprar *penny stocks*. Decidi cair na estrada.

A primeira grande questão era: "Cair na estrada e falar com quem?" Naquela época, a maioria dos investidores institucionais não investia em ações com preço inferior a 10 dólares, quanto mais com preço inferior a um dólar. Marc e eu ligamos para o nosso guru do networking, o anjo dos negócios Ron Conway, para pedir-lhe conselho. Contamos-lhe a história, explicamos que só o contrato de 20 milhões de dólares por ano com a EDS já assegurava algum valor à Opsware. Além disso, tínhamos uma excelente equipe e uma quantidade imensa de propriedade intelectual, de modo que não havia motivo para que a nossa capitalização de mercado equivalesse à metade do dinheiro que possuíamos no banco. Ron ouviu com atenção e disse: "Acho que vocês devem conversar com Herb Allen."

Eu já ouvira falar do banco de investimento de Herb, o Allen & Company, mas não o conhecia bem. O banco era famoso por promover a melhor conferência de negócios do mundo. Só participa dela quem é convidado, e alguns convidados não comparecem a nenhum outro evento desse tipo. Pessoas como Bill Gates, Warren Buffett e Rupert Murdoch estão sempre lá. A conferência do Allen & Company às vezes atrai mais convidados bilionários do que todas as outras conferências de negócios juntas.

Marc e eu chegamos ao escritório da Allen & Company em Manhattan, situado no edifício da Coca-Cola, empresa de cujo conselho diretor o pai de Herb, chamado Herbert, participara durante muitos anos. Se eu tivesse de usar uma única palavra para descrever o escritório da Allen & Company, diria que é *clássico*. Com uma bela decoração, sem apelar para exageros, o lugar era elegante e confortável.

O próprio Herb, como seu escritório, era discreto e cheio de classe. Começou a reunião falando bem de Ron e dizendo que todos aqueles que chegavam a seu escritório recomendados por Ron eram pessoalmente importantes para ele. Marc e eu lhe contamos em detalhes toda a história da Loudcloud: como havíamos vendido nosso departamento de serviços à EDS, conservado o software e os principais funcionários e assegurado um contrato de 20 milhões de dólares por ano de cessão da licença do software. Além disso, nosso balancete estava completamente limpo e não havia dúvida de que valíamos mais do que 0,35 dólar por ação. Herb ouviu com atenção e no final disse: "Gostaria de ajudar. Vou ver o que posso fazer." Eu não tinha a menor ideia do que aquilo queria dizer. Não sabia se, como muitos no Vale do Silício, ele estava nos mandando embora e dizendo que jamais compraria ações que valessem menos de um dólar ou se suas palavras eram sinceras. Mas logo descobri.

Durante os dois meses seguintes, a Allen & Company comprou ações da Opsware, assim como o próprio Herb Allen, e vários clientes da Allen & Company se tornaram grandes investidores nossos. Com isso, o preço das ações decolou de 0,35 dólar para 3 dólares em poucos meses. Evitamos a desclassificação acionária, reconstituímos a base de investidores acionários e demos esperança aos funcionários – tudo isso graças, em grande medida, a uma única reunião com Herb Allen.

Anos depois, perguntei a Herb por que ele acreditou em nossa empresa quando ninguém mais acreditava. Ressaltei que, naquela época, a Allen & Company não estava muito envolvida com o setor de tecnologia, menos ainda com a área de automação de bancos de dados. Herb respondeu: "Eu não entendi nada sobre a sua empresa e não entendia quase nada sobre o seu setor. Vocês dois vieram me visitar numa época em que todos os outros diretores e presidentes de empresas de capital aberto estavam escondidos debaixo de suas escrivaninhas. Além disso, vocês se mostraram mais determinados e convictos de seu sucesso do que outros que dirigiam empresas enormes. Foi fácil para mim tomar a decisão de investir na coragem e na determinação."

É assim que Herb Allen faz negócios. E é por isso que, dada a oportunidade, você seria tolo se não fizesse negócios com Herb.

Talvez a coisa mais importante que eu tenha aprendido como empreendedor tenha sido me concentrar naquilo que preciso acertar e parar de me preocupar com todos os erros que cometi ou poderia cometer. Esta seção apresenta os vários elementos dessa lição e oferece orientações que ajudam a acertar as coisas importantes.

A HABILIDADE MAIS DIFÍCIL PARA UM DIRETOR EXECUTIVO

De longe, a habilidade mais difícil que aprendi como diretor executivo foi administrar meus próprios sentimentos e minha mente. O design organizacional, o design de processo, a métrica, as contratações e as demissões foram relativamente fáceis e simples de dominar em comparação com o controle da minha mente. No começo eu achava que era durão, mas não; era mole.

Ao longo dos anos, conversei com centenas de diretores executivos e todos eles tiveram a mesma experiência. Não obstante, poucos falam sobre ela e nunca li nada a respeito do assunto. É como o "clube da luta" da administração: a primeira regra da desagregação psicológica dos diretores executivos é nunca falar sobre ela.

Correndo o risco de violar a regra sagrada, vou tentar abordar o problema e apresentar algumas técnicas que me ajudaram. No fim, esta é a batalha mais pessoal e mais importante que qualquer diretor executivo enfrentará.

Se estou trabalhando bem, por que me sinto tão mal?

Em geral, ninguém se torna diretor executivo se não for bastante determinado e não se dedicar profundamente ao trabalho. Além disso, o diretor executivo precisa ter feito coisas importantes ou ser inteligente o bastante para que os outros queiram trabalhar para ele. Ninguém quer ser um diretor executivo ruim, presidir uma organização problemática ou criar uma burocracia pesada que emperra todos os movimentos da empresa. Mesmo assim, nenhum diretor executivo trilhou um caminho fácil para conduzir sua empresa à grandeza. Ao longo desse caminho, muitas coisas dão errado, e todas poderiam e deveriam ter sido evitadas.

O primeiro problema é que, para aprender a ser diretor executivo, é preciso ser diretor executivo. Nenhuma experiência como gerente, gerente-geral ou qualquer outra função nos prepara para administrar uma empresa inteira. A única coisa que nos prepara para isso é administrá-la de fato. Isso significa que você terá de enfrentar muitas coisas que não sabe fazer, que exigem habilidades que você não tem. Não obstante, todos esperam que você saiba se desincumbir dessas tarefas, pois, afinal, você é o diretor executivo. Lembro que, quando comecei a exercer essa função, um investidor me pediu que lhe enviasse a "tabela de participação no capital". Eu tinha uma vaga ideia do que ele queria dizer, mas não sabia que formato deveria ter essa tabela nem o que ela deveria incluir ou excluir. Era uma bobagem, e eu tinha coisas muito mais importantes com que me preocupar, mas tudo é difícil para quem não sabe o que está fazendo. Perdi um tempão suando por causa daquela tabela imbecil.

As coisas dão errado mesmo para quem sabe o que está fazendo. Elas dão errado porque é dificílimo construir uma organização humana multifacetada para competir e vencer num mercado dinâmico e altamente concorrido. Se puséssemos num gráfico o desempenho dos diretores executivos em geral, a mediana do gráfico seria 22, num total de 100. Essa mediana representa um desafio psicológico para qualquer aluno acostumado a só tirar notas boas. O desafio é ainda maior porque ninguém nos diz que a mediana é 22.

É perfeitamente possível administrar uma equipe de dez pessoas cometendo poucos erros e desvios de comportamento. Já no caso de uma organização de mil pessoas é completamente impossível. Quando atingir determinado tamanho, sua empresa vai fazer coisas tão ruins que você nunca imaginou, nem que tivesse algo a ver com tamanha incompetência. Quando vemos pessoas esbanjando dinheiro, desperdiçando o tempo umas das outras e trabalhando com desleixo, podemos nos sentir mal. Quando somos nós o diretor executivo, podemos até ficar doentes.

Para esfregar sal na ferida e piorar as coisas, tudo isso é culpa nossa.

A culpa não é de mais ninguém

"Você não pode pôr a culpa nos músicos de jazz
ou em David Stern e seus problemas com as roupas na NBA."*

NAS, "HIP HOP IS DEAD"

Quando meu pessoal reclamava de algum problema na empresa, como o processo de comunicação de gastos, eu brincava e dizia que era tudo minha culpa. Isso não era engraçado, pois não era uma piada. Eu era realmente culpado por todos os problemas da empresa. Como fundador e diretor executivo, todas as contratações e todas as decisões tinham ocorrido sob a minha direção. Ao contrário de um diretor que entra no meio da história da empresa e joga a culpa de todos os problemas no anterior, eu não tinha ninguém a quem culpar.

Se alguém era promovido pelo motivo errado, a culpa era minha. Se não alcançássemos a meta de receita para o trimestre, a culpa era minha. Se um bom engenheiro deixava a empresa, a culpa era minha. Se a equipe de vendas fazia exigências demasiadas ao pessoal da gestão de produto, a culpa era minha. Se o produto tinha muitos problemas, a culpa era minha. Era difícil estar na minha pele.

Quando somos responsáveis por tudo e ainda tiramos nota 22 num exame que vale cem, essas coisas começam a pesar na nossa consciência.

Problemas demais

Sob tamanho grau de tensão, os diretores executivos com frequência cometem um destes erros:

1. Levam tudo para o lado pessoal.
2. Não levam os problemas suficientemente para o lado pessoal.

---

* *You can't blame Jazz musicians / or David Stern with his NBA fashion issues.*

Na primeira hipótese, o diretor executivo leva todos os problemas demasiadamente a sério, como se fossem problemas seus, e toma medidas urgentes para solucioná-los. Dado o volume de problemas, esse movimento em geral resulta em um destes cenários: se o diretor executivo é extrovertido, acaba assustando a equipe a tal ponto que ninguém quer mais trabalhar para a empresa; se é introvertido, acaba se sentindo tão mal por causa dos problemas que quase não consegue ir trabalhar.

No segundo cenário, a fim de atenuar a dor do desastre contínuo em que sua empresa vive, o diretor executivo pensa como Poliana: as coisas não estão tão ruins assim. Sob esse ponto de vista, nenhum dos problemas é tão grave quanto parece nem precisa ser resolvido com urgência. Ao encontrar uma explicação para tudo, o diretor executivo se sente melhor consigo mesmo. No entanto, não resolve nenhum dos problemas e, com o tempo, os funcionários ficam frustrados pelo fato de ele ignorar as questões e conflitos mais básicos. No fim de tudo, a empresa degringola.

O ideal é que o diretor executivo tenha senso de urgência, mas não perca a razão. Deve agir de modo agressivo e decisivo, porém sem se sentir emocionalmente culpado. Se for capaz de separar a importância dos problemas da maneira como os vê, conseguirá não demonizar nem os funcionários nem a si mesmo.

Uma tarefa solitária

Nas fases mais difíceis da vida do diretor executivo, ele não pode discutir questões fundamentais acerca da viabilidade da empresa com seus funcionários, pois isso teria evidentes consequências negativas. Ao mesmo tempo, conversar com o conselho e com conselheiros terceirizados é inútil. A diferença entre o que você sabe e o que eles sabem é tão grande que é impossível dizer-lhes tudo o que precisariam para tomar uma decisão acertada. Você está completamente só.

Na Loudcloud, quando estourou a bolha das empresas pontocom e a maioria dos nossos clientes foi à falência, nossa empresa sofreu um golpe e nosso balancete foi para o espaço. Ou melhor, essa era uma interpretação possível dos acontecimentos. A outra interpretação, a versão oficial comunicada à empresa, era que ainda tínhamos muito dinheiro no banco e estávamos fechando contratos com empresas tradicionais num ritmo impressionante. Qual interpretação estava mais próxima da verdade? Na ausência de outra pessoa com quem conversar, fiz essa pergunta a mim mesmo umas 3 mil vezes. (Diga-se de passagem que, em qualquer assunto, fazer-se a mesma pergunta 3 mil vezes não é uma boa ideia.) Nesse caso, eu tinha duas dúvidas específicas e bem difíceis:

1. E se a interpretação oficial estivesse errada? E se eu estivesse enganando a todos, desde os investidores até os funcionários? Nesse caso, deveria ser destituído do meu cargo.
2. E se a interpretação oficial estivesse correta? E se eu estivesse queimando meu cérebro sem motivos? E se, questionando minha própria direção, eu estivesse desencaminhando a empresa? Nesse caso, deveria ser destituído do meu cargo imediatamente.

Como é comum acontecer, só muito mais tarde foi possível saber qual interpretação estava correta. No fim, nenhuma das duas estava nem totalmente certa nem totalmente errada. Os novos clientes não nos salvaram, mas descobrimos outro meio de sobreviver e acabamos vencendo. O segredo de termos alcançado um bom resultado foi que não nos deixamos dominar nem pela interpretação positiva nem pela negativa.

Há três anos, meu amigo Jason Rosenthal assumiu a diretoria executiva da Ning. Assim que se tornou diretor executivo, enfrentou uma crise de liquidez e teve de escolher entre três opções difíceis: diminuir radicalmente o tamanho da empresa, vendê-la ou levantar dinheiro e diluir o capital.

Pense nestas opções:

1. Demitir grande número de funcionários talentosos que ele havia se esforçado para recrutar e, assim, provavelmente abalar a moral dos que ficassem.
2. Trair todos os funcionários, mesmo os que trabalhavam com eles fazia anos (Jason conquistou o cargo por promoção), vendendo a empresa sem lhes dar a oportunidade de ter bom desempenho ou cumprir sua missão.
3. Reduzir drasticamente a participação acionária dos funcionários e fazer que todo o esforço deles perdesse sentido do ponto de vista econômico.

São escolhas como essas que distinguem as pessoas adultas das crianças. Uma dica aos aspirantes a empreendedores: se você não quer escolher entre o horrível e o cataclísmico, não se torne diretor executivo.

Jason buscou o conselho de vários dos melhores cérebros do setor, mas, no fim, ao tomar a decisão final, estava completamente sozinho. Ninguém sabia a resposta. De qualquer modo, fosse qual fosse, era Jason quem teria de arcar com as consequências. Até agora, sua decisão de reduzir o número de funcionários, demitindo primeiro os últimos que foram contratados, tem dado certo. A receita da Ning decolou e o moral da equipe está alto. Se tudo tivesse dado errado (ou se ainda der), a culpa seria de Jason e caberia a ele encontrar outra solução. Sempre que o vejo, gosto de dizer: "Bem-vindo ao show." Ele acabou vendendo a Ning à Glam.

É importante compreender que quase todas as empresas enfrentam momentos em que sofrem ameaças à sua própria existência. Isso é tão comum que Scott Weiss, meu sócio na Andreessen Horowitz, criou um acrônimo para designá-la: WFIO, que significa "We're fucked, it's over" (Foje – "Fodeu, já era"). Segundo ele, toda empresa passa por situações como essa no mínimo duas e no máximo cinco vezes (embora eu tenha certeza de que enfrentamos pelo menos uma dúzia de vezes na Opsware). Seja como for, todo episódio de Foje parece bem pior do que realmente é, em especial para o diretor executivo.

Técnicas para acalmar os nervos

O problema é que cada um tem a sua maneira de pensar, de sentir e de enfrentar as situações. Acabei desenvolvendo, ao longo dos anos, algumas técnicas para lidar comigo mesmo, e espero que elas também sejam úteis para você.

Cultive as amizades. Embora seja quase impossível receber bons conselhos sobre as difíceis decisões que você deve tomar, é extremamente útil, do ponto de vista psicológico, trocar ideias com pessoas que tenham vivenciado a mesma situação.

Tire tudo da cabeça e ponha no papel. Quando tive de explicar ao conselho diretor que, por sermos uma empresa de capital aberto, achava melhor vendermos todos os nossos clientes e toda a nossa renda e mudarmos de ramo, a minha mente estava uma bagunça. Para tomar a decisão, registrei por escrito uma explicação detalhada da minha lógica. Fazer isso permitiu-me distanciar-me dos meus sentimentos e pensamentos e tomar a decisão rapidamente.

Olhe para a pista, não para o muro. Quando aprendemos a dirigir um carro de corrida, uma das primeiras lições é que, ao fazer uma curva a 320 quilômetros por hora, não devemos olhar para o muro, mas para a pista. Se olharmos para o muro, colidiremos com ele. Se olharmos para a pista, seguiremos por ela. Administrar uma empresa também funciona assim. Sempre existem mil coisas que podem dar errado e fazer afundar o navio. Se você olhar demais para elas, vai enlouquecer e, provavelmente, afundar a empresa. Olhe para onde está indo, não para aquilo que quer evitar.

Não desista e não abandone o barco

Como diretor executivo, em muitas ocasiões você terá vontade de desistir. Já vi diretores executivos que, para lidar com a tensão, bebiam, tiravam folgas do trabalho e até abandonavam tudo. Todos eles têm explicações para a sua desistência ou por terem abandonado o barco, mas nenhum deles jamais chegará a ser um grande diretor executivo.

Os grandes diretores executivos enfrentam a dor. Convivem com noites sem sono, com o suor frio e com aquilo que meu amigo, o grande Alfred Chuang (o legendário cofundador e diretor executivo da BEA Systems), chama de "a tortura". Sempre que encontro um diretor executivo de sucesso, pergunto-lhe como ele conseguiu. Os diretores executivos medíocres falam das suas brilhantes manobras estratégicas, da sua compreensão intuitiva dos negócios e de várias situações em que eles são os heróis. Os grandes diretores executivos tendem a dar sempre a mesma resposta: "Eu não desisti."

A SUTIL DISTINÇÃO ENTRE O MEDO E A CORAGEM

> Às vezes pergunto aos meus filhos: qual é a diferença entre amarelar e ter coragem? Qual é a diferença entre ser um herói e ser um covarde? Não há diferença, exceto o que fazem. Os dois sentem a mesma coisa. Os dois têm medo de morrer e se machucar. O covarde se recusa a enfrentar o que precisa enfrentar. O herói é mais disciplinado, afugenta esses sentimentos e faz o que tem de fazer. Mas os dois, o herói e o covarde, sentem a mesma coisa. As pessoas que nos veem nos julgam pelo que fazemos, não pelo que sentimos.
>
> CUS D'AMATO, LEGENDÁRIO TREINADOR DE BOXE

Quando eu e meus sócios nos reunimos com empreendedores, as duas principais características que procuramos são inteligência e coragem. Na minha experiência como diretor executivo, constatei que as decisões mais importantes puseram muito mais à prova minha coragem do que minha inteligência.

A decisão correta muitas vezes é evidente, mas a pressão para tomarmos a decisão errada pode ser avassaladora. Tudo começa com coisas pequenas.

Quando os fundadores tentam nos convencer a investir em sua empresa – em geral, um é o diretor executivo e o outro é o presidente –, a conversa costuma ser mais ou menos assim:

"Quem dirige a empresa?"

"Nós dois", dizem ambos.

"Quem toma a decisão final?"

"Nós tomamos."

"Por quanto tempo vocês pretendem trabalhar assim?"

"Para sempre."

"Então, vocês decidiram dificultar o trabalho de todos os funcionários só para não ter de decidir quem manda. É isso?"

Essa fala em geral é seguida por um silêncio.

É evidente que é mais fácil para os funcionários obedecerem a um único chefe do que a dois, e não há nenhuma complicação nisso. Infelizmente, a pressão social muitas vezes é mais forte do que os benefícios de longo prazo que advêm da correta organização da empresa. Se os fundadores não têm coragem de decidir quem manda, todos os funcionários enfrentam a inconveniência de precisar obter duas aprovações para suas ações.

As decisões se tornam cada vez mais complicadas à medida que a empresa cresce. Quando decidimos abrir o capital da Loudcloud com meros 2 milhões de dólares de receita, a decisão não foi difícil: a outra alternativa era a falência. Mesmo assim, foi assustador fazer algo que a maioria dos funcionários, toda a imprensa e muitos investidores consideravam loucura.

Quando é preciso inteligência e coragem para tomar a decisão correta

Às vezes, a decisão é complicada em si, o que dificulta ainda mais as coisas. As informações, o conhecimento abrangente e o ponto de vista dos diretores executivos não são partilhados por mais ninguém na empresa. Não é incomum que alguns funcionários e membros do conselho sejam mais experientes e mais inteligentes do que o diretor. O diretor executivo pode tomar uma decisão melhor apenas graças à maior abrangência do seu conhecimento.

Para piorar as coisas, quando um diretor executivo se vê diante de uma decisão particularmente difícil, pode ser que ele depare com uma destas escolhas: descontinuar um produto (a que prefere) ou mantê-lo. Se os membros mais inteligentes do conselho e de sua equipe optarem pela primeira alternativa, ele sofrerá uma dura prova. Como poderá interromper a oferta de um produto quando não está seguro de que essa é a decisão correta e todos os outros estão contra ele? Se ele errar, terá errado contra a opinião de seus mais importantes conselheiros. Se acertar, quem vai saber o que ele fez?

Há pouco tempo, uma grande organização fez uma oferta de compra a uma das empresas que integram o nosso portfólio. Diante do progresso e do nível de receita da empresa, o negócio era lucrativo e atraente. O fundador/diretor executivo (vou chamá-lo de Hamlet, embora não seja esse seu nome verdadeiro) pensava que, diante da grande oportunidade de mercado que se apresentava, a venda não fazia sentido, mas queria ter certeza de que faria a melhor escolha para os investidores e os funcionários. Hamlet queria rejeitar a oferta, mas esta era uma opção que pouco o atraía. Para complicar, a maioria dos membros do conselho e da equipe de gestão, todos muito mais experientes que Hamlet, pensava o contrário. Ele passou noites em claro pensando se estava certo ou errado. Concluiu que era impossível saber, mas isso não o ajudou a dormir. No fim, Hamlet tomou a decisão melhor e mais corajosa: não vendeu a empresa. Na minha opinião, o futuro vai mostrar que esse foi o momento que definiu a carreira dele.

O interessante é que, assim que Hamlet tomou a sua decisão, todo o conselho e a equipe executiva abraçaram imediatamente sua escolha. Por quê? Se eles queriam tanto vender a empresa, a ponto de terem aconselhado o diretor executivo a desistir de seu sonho, como puderam mudar de opinião tão rápido? Soube-se depois que o que determinou sua preferência pela venda da empresa foi a ambivalência inicial de Hamlet, e a equipe havia apoiado a decisão que *pensava* ser a preferência do diretor. Hamlet não percebeu isso e interpretou o desejo do conselho de vender a empresa como resultado de uma análise profunda. Para sorte de todos os envolvidos, ele teve coragem de tomar a decisão correta.

O problema geral está resumido na tabela de crédito social apresentada a seguir. As recompensas sociais esperadas por quem toma uma decisão influenciado pela maioria parecem melhores do que aquelas esperadas por quem toma a decisão que pensa ser correta.

	Você está certo	Você está errado
Você decide contra a maioria	Poucos se lembram de que você tomou a decisão, mas a empresa prospera.	Todos se lembram da decisão e você é rebaixado, isolado ou demitido.
Você decide a favor da maioria	Todos que o aconselharam se lembram da decisão e a empresa prospera.	Você é minimamente culpado por ter errado, mas a empresa se dá mal.

Pode parecer que, quando a decisão é difícil, é muito mais seguro seguir a maioria. Na realidade, se você cair nessa armadilha, a maioria vai influenciar o seu pensamento de tal modo que uma decisão 70/30 vai assumir o aspecto de uma decisão 51/49. É por isso que a coragem tem grande importância.

A coragem, como o caráter, pode ser desenvolvida

Em todas as decisões difíceis que tomei quando dirigi a Loudcloud e a Opsware, nunca me senti corajoso. Na verdade, quase sempre estava morrendo de medo. Esse sentimento nunca desapareceu, mas, depois, aprendi a ignorá-lo. Esse processo de aprendizado também pode ser chamado de *processo de desenvolvimento da coragem*.

Na vida, vez ou outra, todos são obrigados a escolher entre fazer aquilo que é consenso, fácil e errado e aquilo que não é consenso, difícil e correto. Quando administramos uma empresa, essas decisões se intensificam, pois o impacto das consequências se multiplica por mil. Como na vida, o diretor executivo tem sempre inúmeras desculpas para tomar a decisão errada.

Desculpas da vida	Desculpas do diretor executivo
Outras pessoas inteligentes cometeram o mesmo erro.	Era muito difícil saber qual decisão tomar.
Todos os meus amigos queriam fazer isso.	A equipe estava contra mim e eu não podia ir contra ela.
Todo o pessoal está fazendo isso.	Era prática comum no setor, eu não sabia que era ilegal.
Não estava perfeito, por isso decidi não competir.	Nunca alcançamos uma compatibilidade total entre o produto e o mercado, por isso nunca tentamos vender o nosso produto.

Toda vez que você toma a decisão difícil e correta, torna-se um pouco mais corajoso; toda vez que toma a decisão fácil e errada, torna-se um pouco mais covarde. Quando você é diretor executivo, essas decisões fazem que toda a sua empresa se torne corajosa ou covarde.

Último pensamento

Nos últimos dez anos, o progresso tecnológico fez diminuir drasticamente o patamar financeiro necessário para abrir uma nova empresa, mas o patamar de coragem para construir uma grande empresa permanece tão alto quanto sempre foi.

TIPO UM E TIPO DOIS

Em seu best-seller *Good to Great*, Jim Collins demonstra, por meio de extensas pesquisas e análises, que quando um novo diretor executivo precisa assumir o cargo os candidatos saídos da equipe da empresa têm desempenho muito melhor do que os candidatos de fora. A razão fundamental disso é o conhecimento. Conhecer a tecnologia, as decisões anteriores, a cultura, o pessoal etc. costuma ser muito mais difícil do que ter as habilidades necessárias para administrar uma organização maior. No entanto, Collins não oferece uma explicação satisfatória sobre os motivos por que os candidatos provindos da equipe da empresa fracassam. É isso que vou tentar fazer aqui. Vou centrar a discussão em duas habilidades fundamentais para a gestão de uma organização: primeiro, saber o que fazer; segundo, levar a empresa a fazer o que você sabe que deve ser feito. Para ser um grande diretor executivo, é preciso ter ambas as habilidades. No entanto, a maioria dos diretores executivos tende a se sentir mais à vontade num dos campos do que no outro. Aos gerentes que preferem determinar a direção da empresa, chamo de *tipo um*; àqueles que preferem elevar o desempenho da empresa ao nível máximo, chamo de *tipo dois*.

Do que o tipo um gosta e do que não gosta

O tipo um passa a maior parte do tempo reunindo informações das mais diversas fontes, desde os funcionários até os clientes, passando pela concorrência. Ele adora tomar decisões. Embora prefira ter todos os dados possíveis antes de tomar uma decisão, sente-se à vontade para, quando necessário, tomar decisões sem dispor de muita informação. Possui excelente pensamento estratégico. O que mais gosta de fazer é disputar uma boa partida de xadrez octadimensional contra os seus melhores adversários.

Às vezes, o tipo um se aborrece com os importantes detalhes necessários para administrar uma empresa, tais como o design de processos, o estabelecimento de metas, um sistema estruturado de responsabilização, treinamento e gestão de desempenho.

A maioria dos diretores executivos fundadores tende a ser do tipo um. Quando um diretor executivo fundador fracassa, um dos principais motivos é ele não ter investido o tempo necessário na aquisição de competência suficiente nas tarefas de tipo dois para dirigi-las com eficiência. As empresas por eles administradas se tornam caóticas demais para alcançar seu pleno potencial, e o diretor executivo acaba sendo substituído.

Do que o tipo dois gosta e do que não gosta

O tipo dois, por outro lado, adora o processo de fazer a empresa funcionar bem. Exige que as metas estejam perfeitamente claras e prefere não mudar nem as metas nem a direção, a menos que seja absolutamente necessário.

Gosta de participar de discussões estratégicas, mas costuma ter certa dificuldade com o processo de pensamento estratégico em si. Enquanto o tipo um se sente perfeitamente à vontade reservando um dia da semana para ler, estudar e pensar, isso deixa o tipo dois nervoso, pois para ele isso não é trabalho. Ficaria inquieto ao pensar em todos os processos que poderiam ser melhorados, em todas as pessoas de quem se poderia cobrar que alcançassem os padrões esperados, em todos os telefonemas de vendas que poderiam ser feitos enquanto ele perde tempo pensando em estratégia.

As grandes decisões preocupam muito mais o tipo dois do que o tipo um. As circunstâncias muitas vezes obrigam tanto um como outro a tomar decisões difíceis sem ter dados suficientes, mas o tipo um em geral se sente tranquilo nessa situação e não se mostra ansioso diante das consequências. O tipo dois, por sua vez, pode se tornar extremamente agitado numa situação desse tipo e, às vezes, complica desnecessariamente o processo de tomada de decisões, a fim de ter o falso sentimento de que pensou em todas as alternativas possíveis.

Apesar de o tipo dois ser afeito à ação, às vezes, no papel de diretor executivo, ele pode desacelerar ou mesmo deter o processo de tomada de decisões na empresa.

As duas características são necessárias para o bom diretor executivo

Todas as pessoas tendem a ser do tipo um ou do tipo dois, mas, com disciplina e esforço, aqueles que pertencem naturalmente ao tipo dois podem ser competentes em tarefas do tipo um, e os que pertencem ao tipo um podem ser competentes em tarefas do tipo dois. Se o diretor executivo ignorar a dimensão de gestão de que não gosta, em geral fracassará. O tipo um acaba mergulhado no caos, e o tipo dois não consegue mudar de rota quando necessário.

O tipo um funcional

Muitos executivos do tipo dois têm atuação do tipo um em suas funções, mas agem como tipo dois na qualidade de membros da equipe executiva. O diretor de vendas, por exemplo, pode ter facilidade para tomar todas as decisões específicas da área de vendas, mas prefere aguardar orientações no que diz respeito aos planos gerais da empresa. Esse é o melhor tipo possível de liderança, pois as orientações são claras e as decisões são tomadas com rapidez e precisão.

Como as organizações costumam ser estruturadas

O objetivo primário da hierarquia organizacional na empresa é a eficiência na tomada de decisões. Segue-se daí que a maioria dos diretores executivos tende a ser do tipo um. Se aquele que está no topo da hierarquia não gosta de tomar decisões complexas, os processos da empresa se tornam lentos e pesados.

Para o diretor executivo do tipo um, pode ser contraproducente ter outro tipo um na equipe, pois ele procurará estabelecer a própria direção, em vez de seguir a do chefe. Esse tipo de conflito estratégico pode confundir a organização e encaminhar os funcionários a direções opostas. Por isso, muitos excelentes diretores executivos do tipo um têm pessoas do tipo dois e do tipo um funcional em suas equipes.

O que acontece na sucessão?

Isso nos leva à questão da sucessão. Uma vez que as organizações, em sua maioria, são dirigidas por pessoas de tipo um, liderando uma equipe de pessoas de tipo dois (ou de tipo um funcional), a substituição do diretor executivo pode ser bastante complexa. Deve-se promover um membro da equipe executiva, muito embora ele provavelmente seja de tipo dois? A Microsoft fez isso no ano 2000, quando substituiu Bill Gates, protótipo do tipo um, por Steve Ballmer, literalmente seu número dois. Ou deve-se buscar um tipo um num escalão inferior da organização, onde é provável que ele exista? A General Electric fez isso com Jack Welch, em 1981, em uma manobra extremamente corajosa. Além de ter promovido um executivo que até então estava dois níveis abaixo no organograma, tornando-o chefe de seus antigos chefes, ela nomeou o diretor executivo mais jovem de toda a história da empresa. Para a maioria dos membros do conselho, é difícil até pensar na ideia de que, lá no fundo da organização, exista um tipo um mais qualificado para dirigir a empresa do que qualquer membro da equipe executiva.

Ambas as escolhas podem ser problemáticas. Na primeira, a empresa fica sob o comando de um tipo dois. À medida que ela vai encontrando encruzilhadas no caminho, a tomada de decisões pode se tornar mais lenta, e a empresa pode acabar perdendo seu aspecto inovador. Além disso, as pessoas que pertencem ao tipo um (no caso da Microsoft, executivos de primeira linha, como Paul Maritz e Brad Silverberg) acabarão deixando a empresa.

Na segunda hipótese, a promoção de um antigo subordinado da equipe executiva para a posição de diretor executivo (como fez a GE) provavelmente provocará a saída em massa dos membros dessa equipe. Com efeito, pouco tempo depois da promoção de Welch, já quase não havia membros da equipe executiva original da GE trabalhando sob as suas ordens. Num conglomerado diversificado como a GE, esse tipo de transição turbulenta é possível. Para as empresas do setor de tecnologia, altamente dinâmico, a perspectiva de substituição de quase toda a equipe executiva é mais arriscada.

A grande conclusão

A grande conclusão é uma grande decepção para os que esperam uma resposta, e a resposta é que não existe resposta fácil. A substituição de um diretor executivo é um processo difícil. Quando se escolhe alguém de fora, as chances de sucesso diminuem. Quando se promove alguém de dentro, é preciso lidar com o fenômeno do tipo um/tipo dois. O ideal é promover um tipo um, e o resto da equipe executiva ficará contente com essa solução. Infelizmente, é raro as coisas acontecerem assim.

SIGA O CHEFE

Não existe um protótipo do diretor executivo perfeito. Estilos radicalmente diferentes – como Steve Jobs, Bill Campbell e Andy Grove – podem levar a resultados satisfatórios. Talvez o atributo mais importante do diretor executivo bem-sucedido seja a liderança. Se assim for, o que é a liderança e como devemos concebê-la no contexto da função de diretor executivo? Os grandes líderes já nascem assim ou tornam-se assim com a experiência?

A maioria das pessoas define a liderança como Potter Stewart, juiz da Suprema Corte dos Estados Unidos, definiu a pornografia: "Quando a vejo, reconheço." Para nossos fins, podemos generalizar da seguinte maneira a medida da qualidade de um líder: a quantidade, a qualidade e a diversidade de pessoas que querem segui-lo.

O que faz que as pessoas queiram seguir um líder? Estamos em busca de três características básicas:

- a capacidade de formular e comunicar a sua visão;
- uma ambição sadia;
- a capacidade de realizar a visão.

Vamos analisá-las a seguir.

A capacidade de formular e comunicar a sua visão: o atributo de Steve Jobs

O líder é capaz de formular e expressar uma visão interessante, dinâmica e instigante? Mais importante ainda: é capaz de fazer isso quando tudo dá errado? Quando a empresa chega a um ponto em que nenhum funcionário ainda tem interesse financeiro em continuar trabalhando ali, o líder é capaz de formular e comunicar uma visão que convença os funcionários a permanecer?

Creio que as maiores realizações de Jobs, como líder visionário, foram convencer muita gente supertalentosa a continuar seguindo-o na NeXT, um bom tempo depois de a empresa ter perdido o brilho, e convencer os funcionários da Apple a abraçar sua visão quando a empresa estava a poucas semanas da falência. É difícil imaginar outro líder tão convincente a ponto de conseguir alcançar esses dois objetivos sucessivamente, e é por isso que damos a esse atributo o nome de Steve Jobs.

Uma ambição sadia: o atributo de Bill Campbell

Uma das ideias mais errôneas que ainda persistem entre a nossa sociedade é a de que, para se tornar diretor executivo, a pessoa precisa ser egoísta, impiedosa e insensível. A verdade é o contrário, por motivos óbvios. A primeira coisa que qualquer diretor executivo de sucesso deve fazer é reunir pessoas talentosas que queiram trabalhar para ele. Essas pessoas em geral não querem trabalhar para quem não pensa em seus interesses nem os defende.

Muitos de nós já vimos isso acontecer: um executivo brilhante, ambicioso e esforçado, para quem nenhuma pessoa talentosa quer trabalhar e que, por isso, tem desempenho bem pior do que se poderia imaginar.

O líder verdadeiro cria um ambiente no qual os funcionários percebem que o diretor executivo se preocupa mais com eles do que consigo mesmo. Nesse ambiente, algo maravilhoso acontece: grande número de funcionários passa a acreditar que a empresa é *deles* e a se comportar como se fosse assim. À medida que a empresa cresce, esses funcionários começam a exercer o controle de qualidade para toda a organização. Estabelecem o padrão de trabalho que todos os funcionários futuros deverão procurar alcançar. Dizem coisas como: "Você precisa trabalhar melhor nessa planilha de dados, senão vai acabar arruinando a minha empresa."

Dou a essa característica o nome de atributo de Bill Campbell porque é Bill, entre as pessoas que conheço, quem melhor a exemplifica. Quando conversamos com pessoas que trabalharam nas muitas organizações que Bill dirigiu, todas se referem a elas como "minha empresa". Uma das principais razões da incrível força de Bill nesse aspecto é que ele é muito autêntico. Está sempre disposto a sacrificar seu dinheiro, sua fama, sua glória e suas recompensas por seus funcionários. Quando conversamos com Bill, temos a impressão de que ele se preocupa profundamente conosco e com o que estamos dizendo, e ele se preocupa de fato. E tudo isso reflete em suas ações e naquilo que ele faz depois da conversa.

A capacidade de realizar a visão: o atributo de Andy Grove

A última perna da banqueta da liderança é a competência pura e simples. Se acredito na visão e percebo que o líder se preocupa comigo, também acaso creio que ele é realmente capaz de realizar a visão? Estou disposto a segui-lo dentro da selva sem um mapa e acreditar que ele será capaz de me tirar de lá?

Gosto de chamar essa característica de atributo de Andy Grove. Ele sempre será meu modelo de competência para os diretores executivos. É doutor em engenharia elétrica, escreveu o melhor livro de gestão que já li (*High Output Management*) e refinou incansavelmente sua arte. Além de ter escrito livros excepcionais sobre gestão, deu aulas de gestão na Intel durante todo o seu mandato.

Em seu clássico *Only the Paranoid Survive* [Somente os paranoicos sobrevivem], Grove conta como conduziu a Intel ao longo da dramática transição do setor de memórias para o de microprocessadores. Ao fazer essa mudança, ele obrigou a empresa a renunciar a quase toda a sua receita. Humildemente, atribui a outros funcionários o crédito por ter chegado à conclusão estratégica correta antes dele, mas o crédito por ter liderado a empresa numa transição rápida e bem-sucedida cabe ao dr. Grove. Quem muda o setor primário de atuação de uma grande empresa de capital aberto de dezesseis anos de existência enfrenta muitos questionamentos.

Andy conta um incidente com um de seus funcionários: "Um deles me atacou agressivamente, perguntando: 'Isso significa que você consegue conceber a Intel sem que ela esteja no setor de memórias?' Engoli em seco e disse: 'Sim, acho que consigo.' Foi então que a confusão começou."

Apesar de ele ter chocado muitos de seus funcionários com essa estratégia radical, a empresa acabou confiando em Andy. Acreditou que ele seria capaz de reconstruí-la em torno de um setor inteiramente novo. No fim, demonstrou-se que essa confiança valeu a pena.

Afinal, os grandes líderes já nascem assim ou tornam-se assim com a experiência?

Vamos examinar um atributo de cada vez.

- *Formular e comunicar a visão.* Não há dúvida de que certas pessoas sabem contar histórias muito melhor do que outras. No entanto, também é verdade que qualquer pessoa pode se aperfeiçoar nessa área por meio da concentração e do esforço. Todos os diretores executivos devem procurar desenvolver o elemento de visão da liderança.

- *Alinhar interesses.* Não sei ao certo se o atributo de Bill Campbell pode ser aprendido, mas tenho certeza de que não é possível ensiná-lo. Dos três talentos, este é o que mais se encaixa na categoria dos talentos inatos.

- *Realizar a visão.* Este atributo pode, sem dúvida, ser aprendido. Talvez seja por isso que a tolerância de Andy Grove para com a incompetência fosse legendariamente pequena. O maior inimigo da competência é, às vezes, a autoconfiança. O diretor executivo nunca deve ser autoconfiante a ponto de não se preocupar com suas habilidades.

No fim das contas, alguns atributos da liderança são mais aperfeiçoáveis, outros, menos, mas todos os diretores executivos devem buscar aprimorar-se. Além disso, cada um dos atributos fortalece os outros dois. Quando as pessoas confiam em você, abraçam a sua visão, mesmo que ela não seja muito clara. Se você for muito competente, elas confiarão em você e o ouvirão. Se for capaz de pintar uma visão brilhante, serão pacientes com você enquanto aprende as habilidades da direção e lhe darão certa margem de tolerância no que diz respeito aos interesses delas.

DIRETOR DE PAZ/DIRETOR DE GUERRA

Bill Campbell sempre costumava me dizer: "Ben, você é o melhor diretor executivo com quem trabalho." Isso me parecia insensato, pois, numa época em que minha empresa estava rumando para a catástrofe, Bill trabalhava com Steve Jobs, Jeff Bezos e Eric Schmidt. Um dia, eu quis saber por que ele dizia isso: "Bill, por que você diz isso? Os resultados não contam?" Ele respondeu: "Há muitos diretores executivos bons tanto em tempos de paz como em tempos de guerra, mas quase não há diretores executivos capazes de operar tanto na paz quanto na guerra. Você é um diretor de paz/diretor de guerra."

Pelos meus cálculos, fui diretor de paz durante três dias e diretor de guerra durante oito anos. Ainda sou assombrado pelas visões da época da guerra, e não sou o único que vive essa situação. Dennis Crowley, fundador da Foursquare, disse que pensa nessa tensão entre a guerra e a paz todos os dias. Isso também vale para muitas outras empresas de tecnologia.

Quando Eric Schmidt deixou o posto de diretor executivo da Google e o fundador Larry Page assumiu a função, boa parte da cobertura de imprensa questionou a capacidade de Page de ser o "rosto do Google", uma vez que ele é muito mais tímido e introvertido do que o sociável e falador Schmidt. Embora se trate de uma questão interessante, essa análise não enfoca o ponto principal. Schmidt não era apenas a face do Google. Como diretor executivo do Google *em tempo de paz*, ele comandou a maior expansão de uma empresa de tecnologia nos últimos dez anos. Larry Page, por outro lado, parece ter concluído que o Google está entrando em guerra, e está claro que pretende ser um diretor *de guerra*. Isso representará uma mudança profunda para o Google e para todo o setor de alta tecnologia.

Definições e exemplos

Nos negócios, o tempo de paz é aquele em que uma empresa tem larga vantagem sobre a concorrência em seu núcleo de mercado e em que o mercado está crescendo. Em tempos de paz, a empresa pode procurar expandir o mercado e robustecer seus pontos fortes. Em tempos de guerra, defende-se de uma ameaça iminente à sua própria existência. Essa ameaça pode provir de diversos lados: a concorrência, uma mudança macroeconômica drástica, mudanças no mercado, na cadeia de fornecimento e por aí afora. O grande diretor de guerra Andy Grove, em seu livro *Only the Paranoid Survive,* descreve com amplitude as forças que podem arrastar a empresa da paz para a guerra.

O esforço do Google para tornar a internet mais rápida é uma clássica missão de tempos de paz. A posição da empresa no mercado de busca é tão dominante que ela concluiu que qualquer coisa que torne a internet mais rápida a beneficiará, pois habilitará os usuários a fazer mais buscas. Isolado na liderança do mercado, o Google se concentra mais em expandir esse mercado do que em lutar contra a concorrência do setor de busca. Em contraposição, o esforço de Andy Grove para sair do setor de memórias em meados da década de 1980, em razão da ameaça irreprimível das empresas japonesas de semicondutores, foi uma clássica missão de tempos de guerra. Nessa missão, a ameaça da concorrência – que poderia ter levado a empresa à falência – era tão grande que a Intel teve de abandonar o principal setor em que atuava e que empregava 80 por cento do seu pessoal.

Em matéria de gestão, minha maior descoberta durante a transição foi que a paz e a guerra exigem estilos de administração radicalmente diferentes. É curioso que a maioria dos livros de administração descreva técnicas para tempos de paz e quase não fale dos tempos de guerra. Por exemplo: a maioria deles estipula, como princípio básico, que o gestor não deve jamais envergonhar um funcionário em público. Por outro lado, numa sala cheia de gente, Andy Grove disse certa vez a um funcionário que chegou atrasado à reunião: "O tempo é tudo o que tenho neste mundo, e você está desperdiçando meu tempo." Por que essas abordagens tão diferentes?

Em tempos de paz, os líderes devem ampliar e maximizar a oportunidade de que dispõem. Por isso, empregam técnicas para encorajar amplamente a criatividade e as contribuições num leque bastante diversificado de objetivos possíveis. Em tempos de guerra, por outro lado, a empresa em geral dispõe de uma única bala na agulha e precisa atingir o alvo de qualquer jeito. A sobrevivência dela, em tempos de guerra, depende de uma conformidade rigorosa com sua missão.

Quando Steve Jobs voltou à Apple, a empresa estava a poucas semanas da falência – uma situação clássica de guerra. Ele precisava que todos manobrassem de forma precisa e seguissem seu plano com exatidão. Não havia a mínima margem para a criatividade individual fora da missão fundamental. Em gritante contraste, quando o Google atingiu a supremacia no mercado de busca, a direção da empresa estimulou a inovação em tempos de paz, permitindo e até exigindo que cada funcionário dedicasse 20 por cento do seu tempo a novos projetos, de sua própria autoria.

As técnicas de gestão de paz e de guerra podem ser altamente eficazes quando empregadas nas situações corretas, mas são muito diferentes. O diretor de paz não se parece em nada com o diretor de guerra.

Diretor de paz/Diretor de guerra

O diretor de paz sabe que o protocolo correto leva à vitória. O diretor de guerra viola o protocolo para vencer.

O diretor de paz enfoca o quadro geral e dá autonomia ao seu pessoal para tomar decisões referentes aos detalhes. O diretor de guerra se preocupa com um mínimo grão de poeira, caso ele esteja prejudicando a diretriz primária.

O diretor de paz emprega mecanismos de recrutamento de alto nível e passíveis de crescer em escala. O diretor de guerra faz isso, mas também monta um setor de RH capaz de executar demissões em massa.

O diretor de paz se dedica a definir a cultura. O diretor de guerra deixa que a guerra defina a cultura.

O diretor de paz sempre tem um plano B. O diretor de guerra sabe que, às vezes, você tem de jogar o dado e tirar seis.

O diretor de paz sabe o que fazer com uma grande vantagem. O diretor de guerra é paranoico.

O diretor de paz procura evitar os palavrões. O diretor de guerra às vezes fala palavrões de propósito.

O diretor de paz vê os concorrentes como outros navios num grande oceano, navios com os quais ele talvez nunca tenha de lutar. O diretor de guerra entende que os concorrentes estão arrombando sua casa e tentando sequestrar seus filhos.

O diretor de paz procura expandir o mercado. O diretor de guerra procura ganhar o mercado.

O diretor de paz se esforça para tolerar desvios em relação ao plano quando aliados ao esforço e à criatividade. O diretor de guerra é totalmente intolerante.

O diretor de paz não levanta a voz. O diretor de guerra quase nunca fala num tom regular.

O diretor de paz trabalha para minimizar os conflitos. O diretor de guerra intensifica as contradições.

O diretor de paz busca um consenso amplo dentro da empresa. O diretor de guerra não se dá ao luxo de construir um consenso nem tolera as discordâncias.

O diretor de paz estabelece metas grandiosas, complexas e audaciosas. O diretor de guerra está tão ocupado lutando contra o inimigo que não tem tempo para ler livros de gestão escritos por consultores que nunca administraram sequer um carrinho de pipoca.

O diretor de paz treina seus funcionários para garantir a satisfação e o desenvolvimento da carreira deles. O diretor de guerra treina seus funcionários para que não tomem um tiro na testa no meio da batalha.

O diretor de paz estabelece regras como: "Vamos sair de todos os setores onde não somos o número um ou o número dois." O diretor de guerra, em geral, não tem nenhum setor onde seja o número um ou o número dois e, por isso, não pode se dar ao luxo de seguir essa regra.

O diretor executivo pode ser as duas coisas?

O diretor executivo pode adquirir as habilidades necessárias para liderar tanto na paz quanto na guerra?

É fácil defender a tese de que falhei como diretor de paz, mas me dei bem como diretor de guerra. John Chambers teve uma grande carreira como diretor de paz da Cisco, mas tem enfrentado dificuldades agora que a Cisco entrou em guerra com a Juniper, a HP e várias outras novas concorrentes. Steve Jobs, que empregava um estilo clássico de gestão de guerra, renunciou ao posto de diretor executivo da Apple na década de 1980, quando a empresa teve o seu mais longo período de paz. Mais de dez anos depois, durante o período de guerra mais intensa, ele voltou à Apple para outra rodada espetacular de administração.

Acredito que a resposta é "sim", mas não é fácil. Para dominar as habilidades necessárias tanto em tempo de paz quanto de guerra, é preciso compreender as muitas regras da administração e saber quando segui-las e quando desrespeitá-las.

Esteja ciente de que os livros de administração costumam ser escritos por consultores que estudam empresas de sucesso durante seus períodos de paz. Por isso, os livros que escrevem abordam os métodos de diretores de paz. Na verdade, afora os livros escritos por Andy Grove, não conheço nenhuma outra obra de administração que ensine a administrar em tempo de guerra, como faziam Grove e Steve Jobs.

De volta ao começo

No fim, um pouco de vivência de guerra era exatamente aquilo de que o Google precisava. A liderança minuciosa e exigente de Page permitiu, de modo brilhante, a integração da identidade das diversas linhas de produtos do Google, desde a ascensão do Android até espetaculares novos produtos, como o Google Glass. Às vezes, precisamos ir à guerra.

COMO SE TORNAR UM DIRETOR EXECUTIVO

Outro dia, um amigo me perguntou se os diretores executivos já nascem capacitados ou tornam-se capacitados com a experiência. Respondi: "Isso é como perguntar se as balas Jolly Ranchers nascem em árvores ou são fabricadas. A profissão de diretor executivo é artificial." A expressão de surpresa em seu rosto me fez perceber que isso talvez não fosse tão evidente quanto eu pensava.

Muitas pessoas partem do pressuposto de que os diretores executivos já nascem capacitados. Diversas vezes ouvi outros investidores de risco e membros do conselho avaliarem rapidamente o fundador de uma empresa e concluírem que ele "não tem estofo para ser diretor executivo". Não sei como eles conseguem chegar tão rápido a essa conclusão. Em geral, leva anos para que um fundador desenvolva as habilidades que definem o diretor executivo e, normalmente, tenho muita dificuldade para prever se ele vai conseguir fazer isso ou não.

No esporte, há certas coisas, como a corrida de curta distância, que podem ser aprendidas com relativa rapidez, pois envolvem um movimento natural que é refinado. Outras, como o boxe, levam bem mais tempo para ser dominadas, pois incorporam muitos movimentos antinaturais e técnicas específicas. Como eu já disse, no boxe, para recuar, é essencial movimentar primeiro o pé que está atrás, pois se o lutador leva um soco quando está recuando de maneira natural – levantando primeiro o pé da frente – é bastante provável que ele seja nocauteado. É preciso muita prática para que esse movimento antinatural seja feito com naturalidade. Assim acontece com o diretor executivo: se ele faz aquilo que lhe parece mais natural, pode acabar no chão.

Para ser diretor executivo, é preciso fazer muitos movimentos antinaturais. Do ponto de vista evolutivo, costumamos fazer aquilo que leve os outros a gostar de nós. Isso aumenta a nossa chance de sobrevivência. No entanto, para sermos bons diretores executivos e para que os outros gostem de nós no longo prazo, temos de fazer muitas coisas que irritam as pessoas no curto prazo – coisas antinaturais.

Até os elementos mais básicos da atividade do diretor executivo parecem antinaturais a princípio. Se um amigo lhe conta um caso engraçado, é estranho que você avalie o desempenho dele. Seria totalmente antinatural dizer, por exemplo: "Essa história foi péssima. Tinha potencial, mas você não conseguiu criar suspense, e o clímax foi decepcionante. Sugiro que você a reformule e a apresente novamente a mim amanhã."

Isso seria bizarro, mas são coisas desse tipo – avaliar e comentar constantemente o desempenho das pessoas – que o diretor executivo deve fazer. Se não as fizer, os movimentos mais complexos, como escrever relatórios de desempenho, reduzir esferas de influência, lidar com a política, estabelecer a remuneração e demitir funcionários, serão impossíveis ou malfeitos.

Dar feedback aos funcionários é, na verdade, o elemento básico e o alicerce sobre o qual se constroem todas as habilidades antinaturais que caracterizam a gestão. Mas como dominar aquilo que é antinatural?

O "sanduíche de merda"

Para os iniciantes em matéria de feedback, existe uma técnica popular e, às vezes, eficaz que os gestores experientes chamam de *sanduíche de merda*. Essa técnica é descrita de modo maravilhoso no clássico texto de administração *The One Minute Manager* [*O gerente-minuto*]. A ideia básica é que as pessoas aceitam melhor um feedback quando primeiro as elogiamos (fatia de pão número um), depois lhes comunicamos a mensagem difícil (a merda) e por fim lembramos a elas o quanto apreciamos seus pontos fortes (fatia de pão número dois). O sanduíche de merda também tem o efeito colateral positivo de dirigir o feedback ao comportamento, e não à pessoa, pois já fica claro desde o início que a valorizamos. Esse conceito é fundamental para dar feedback.

O sanduíche de merda pode dar certo com funcionários novatos, mas tem os seguintes problemas:

- Tende a ser excessivamente formal. Uma vez que o sanduíche precisa ser pré-planejado e roteirizado para ser corretamente administrado, o processo todo pode dar ao funcionário a impressão de formalismo e crítica.
- Depois de administrado umas duas vezes, o sanduíche perde a autenticidade. O funcionário vai pensar: "Que droga, ele está me elogiando de novo! Lá vem merda!"
- Os executivos mais experientes vão reconhecer o sanduíche de imediato e seu efeito será instantaneamente negativo.

No começo da minha carreira, procurei administrar a uma funcionária experiente um sanduíche de merda cuidadosamente preparado. Ela me encarou como se eu fosse uma criança e disse: "Pode pular a parte do elogio, Ben, e simplesmente me diga o que eu fiz de errado." Naquele momento, senti que, em definitivo, não tinha nascido para ser diretor executivo.

Os fundamentos

Para se tornar um mestre do feedback, você precisa de técnicas mais adequadas do que o sanduíche de merda. Precisa desenvolver um estilo que combine com a sua personalidade e os seus valores. Estes são os fundamentos da eficácia:

- *Seja autêntico.* É muito importante que você acredite no feedback que está dando e não tente manipular os sentimentos de quem o recebe. Existem coisas que é impossível fingir.
- *Tenha a intenção correta.* É essencial que você dê feedback às pessoas porque quer que elas tenham sucesso, não por-

que quer vê-las fracassar. Se você realmente deseja que a pessoa tenha sucesso, faça-a perceber isso. Transmita-lhe seus sentimentos. Se fizer isso e estiver do lado dela, ela o ouvirá.

- *Não se envolva pessoalmente.* Se você decidir demitir alguém, faça-o você mesmo. Não prepare a pessoa para ser demitida, mas para ter sucesso. Se ela não aceitar o seu feedback, isso é outro problema.

- *Não deixe as pessoas embaraçadas na frente dos colegas.* Embora não haja problema em dar certos tipos de feedback num contexto de grupo, procure não embaraçar ninguém na frente dos colegas. Se você fizer isso, o único efeito do seu feedback será deixar o funcionário envergonhado e levá-lo a odiar você.

- *O feedback deve ser feito sob medida.* Cada pessoa é única, é diferente das outras. Certos funcionários são muito sensíveis ao feedback, enquanto outros têm a casca grossa (e, não raro, a cabeça dura). Seu tom deve adequar-se à personalidade do funcionário, não ao seu estado de espírito.

- *Seja direto, mas não insensível.* Não seja impreciso. Se você achar que uma apresentação foi muito ruim, não diga: "Está ótima, mas poderia ter sido revista mais uma vez para amarrar melhor a conclusão." Seria melhor dizer, por mais que pareça indelicado: "Não consegui acompanhar a apresentação e não entendi o que você quis dizer, por tais e tais razões." Dar um feedback aguado pode ser pior do que não dar feedback algum, pois engana e confunde quem o recebe. Por outro lado, não massacre a pessoa nem tente demonstrar sua superioridade. Essas coisas são contraproducentes, pois o feedback corretamente administrado não é um monólogo, mas um diálogo.

O feedback não é um monólogo, mas um diálogo

Mesmo que você seja o diretor executivo e esteja conversando com alguém sobre algo de que não gostou ou com que não concordou, isso não significa que você tenha razão. O normal é que o funcionário saiba mais do que você sobre a função dele. Ele tem mais dados do que você. Pode ser que você esteja errado.

Por isso, seu objetivo não é que o feedback feche a discussão, mas a abra. Encoraje as pessoas a contestar suas conclusões e a apresentar argumentos sólidos. Em termos de cultura, o que você quer são padrões elevados e cabalmente discutidos. Deve exercer pressão para obter as melhores ideias, mas ser aberto o suficiente para reconhecer quando está errado.

Feedback de alta frequência

Uma vez dominados os fundamentos, você deve praticá-los o tempo todo. Como diretor executivo, deve ter uma opinião sobre absolutamente tudo: cada previsão, cada plano de produto, cada apresentação e até cada comentário. Comunique às pessoas o que pensa. Se gostar do comentário de alguém, diga-lhe isso. Se não gostar, faça a mesma coisa, expresse o que você pensa.

Isso terá dois efeitos positivos criticamente importantes:

- *Na sua empresa, o feedback não terá caráter pessoal.* Se o diretor executivo der feedback constantemente, todas as pessoas com quem ele interage se acostumarão com isso. Ninguém vai pensar: "O que ele quis dizer com esse comentário? Será que não gosta de mim?" Naturalmente, todos prestarão mais atenção às questões substantivas e não perderão tempo pensando que foram sujeitos a uma avaliação de desempenho aleatória e implícita.

- *As pessoas se acostumarão a discutir informações desagradáveis.* Se as pessoas se acostumarem a conversar sobre o que *elas e seus colegas* estão fazendo de errado, será muito fácil conversar sobre o que *a empresa* está fazendo de errado. Uma cultura empresarial de alta qualidade se baseia num princípio de protocolo de roteamento de dados em rede: as más notícias correm e as boas andam devagar. Uma cultura empresarial de baixa qualidade se espelha na personalidade da Bruxa Malvada do Leste de *O mágico de Oz*: "Que ninguém me traga más notícias."

O diretor executivo formado pela experiência

O diretor executivo também precisa de um conjunto amplo de habilidades mais avançadas, mas a chave para chegar ao nível avançado e sentir que você nasceu para ser diretor executivo é dominar os movimentos antinaturais.

Se você é um diretor executivo fundador e se sente sem jeito ou incompetente ao fazer uma dessas coisas, e acredita que não será capaz de maneira alguma de realizá-las quando a sua empresa tiver cem ou mil funcionários, bem-vindo ao clube. Era exatamente assim que eu me sentia, assim como todos os outros diretores executivos que já conheci. Esse é o processo. É assim que somos formados pela experiência.

COMO AVALIAR OS DIRETORES EXECUTIVOS

Nenhuma posição na empresa é tão importante quanto a de diretor executivo e, em razão disso, nenhuma posição é avaliada com tanta minúcia. A tarefa do diretor executivo é tão mal definida que ele pode acabar cometendo verdadeiras loucuras (sobretudo se der ouvidos a certas pessoas que dizem coisas como "O diretor executivo deve ser o melhor vendedor da empresa").

Infelizmente, as minuciosas análises feitas pouco beneficiam os diretores executivos, uma vez que eles não participam da maioria dessas discussões. Aqui, quero dar um passo na direção oposta. Falando sobre como avalio os diretores executivos, descrevo ao mesmo tempo o que penso ser a sua tarefa. Estas são as principais perguntas que fazemos:

1. O diretor executivo sabe o que fazer?
2. O diretor executivo é capaz de levar a empresa a fazer o que ele sabe que deve ser feito?
3. O diretor executivo alcançou os resultados desejados e definidos por um conjunto adequado de objetivos?

O diretor executivo sabe o que fazer?

Essa pergunta deve ser interpretada do modo mais amplo possível. O diretor executivo sabe o que fazer em relação a todos os assuntos sempre? Isso inclui os setores de pessoal, finanças, estratégia de produto, determinação de objetivos e marketing. Num nível mais abrangente, ele estabelece a estratégia correta para a empresa e conhece as implicações dessa estratégia em todos os detalhes da organização?

Ressalto duas facetas distintas desse "saber o que fazer":

- **Estratégia.** Nas boas empresas, a *história* e a *estratégia* são a mesma coisa. Ou seja, o resultado esperado de todo o trabalho estratégico é a *história*.

- **Tomada de decisões.** No nível dos detalhes, o resultado do *saber o que fazer* é *a velocidade e a qualidade das decisões do diretor executivo.*

A estratégia e a história

O diretor executivo deve estabelecer o contexto no qual todos os funcionários trabalham. O contexto dá sentido ao trabalho das pessoas, harmoniza os interesses, possibilita a tomada de decisões e proporciona motivação. Metas e objetivos bem estruturados contribuem para o contexto, mas não constituem a totalidade da história, não são *a história* propriamente dita. A história da empresa vai além das metas trimestrais ou anuais e alcança a questão sólida do *porquê*. *Por que* entrei nesta empresa? *Por que* devo querer trabalhar aqui? *Por que* devo comprar seu produto? *Por que* devo investir na empresa? *Por que* o mundo se torna um lugar melhor graças à existência dessa empresa?

Quando uma empresa formula e comunica sua história com clareza, o contexto é compreendido por todos – funcionários, parceiros, clientes, investidores e imprensa. Quando ela não consegue contar sua história, começamos a ouvir frases como as seguintes:

- Esses jornalistas não entendem nada.
- Quem é responsável pela estratégia nessa empresa?
- Nossa tecnologia é de primeira, mas precisamos de ajuda em matéria de marketing.

O diretor executivo não precisa ser o criador da visão nem da história, mas deve ser o guardião tanto de uma quanto de outra. Como tal, deve garantir que a história da empresa seja clara e convincente.

A história não é a declaração de missão e não precisa ser sucinta; ela é a história. A empresa pode demorar o tempo que for necessário para contá-la, mas precisa contá-la e ser convincente. Uma empresa sem história é, em geral, sem estratégia.

Um grande exemplo de história empresarial é a carta de três páginas que Jeff Bezos escreveu para os acionistas em 1997. Contando a história da Amazon por extenso – não na forma de uma declaração de missão nem de um lema –, Jeff fez que todas as pessoas interessadas no assunto passassem a ter o mesmo pensamento acerca da Amazon.

Tomada de decisões

Alguns funcionários criam produtos, outros criam vendas, e o diretor executivo cria decisões. Portanto, a avaliação desse profissional se baseia sobretudo na velocidade e na qualidade dessas decisões. As grandes decisões são tomadas por diretores executivos que possuem uma combinação especial de inteligência, lógica e coragem.

Como já observei, a coragem é particularmente importante, pois todas as decisões que o diretor executivo toma se baseiam em informações incompletas. Na época em que uma decisão é tomada, ele terá, em geral, o mínimo de informações que costumam ser apresentadas nos relatórios de caso *post hoc* estudados na Harvard Business School. Por isso, deve ter coragem para apostar numa direção para a empresa, embora não saiba se ela está correta. As decisões mais difíceis (e, com frequência, as mais importantes) são difíceis exatamente por desagradarem em demasia os grupos de cujo apoio o diretor mais depende (funcionários, investidores e clientes).

A melhor decisão que tomei na minha carreira – vender o negócio da Loudcloud à EDS e abrir a Opsware – não teria acontecido caso tivesse sido submetida a votação a meus funcionários, investidores e clientes.

O diretor executivo nunca tem tempo suficiente para reunir todas as informações necessárias para tomar uma decisão. No decurso de uma semana, temos de tomar inúmeras grandes e pequenas decisões. Não podemos simplesmente interromper todas as outras atividades a fim de reunir dados e fazer uma análise exaustiva para tomar uma única decisão. Sabendo disso, você deve, de modo contínuo e sistemático, acumular conhecimento na realização das atividades cotidianas da empresa, de forma que tenha o máximo possível de informações quando chegar o momento de tomar uma decisão.

A fim de se preparar, você deve adquirir sistematicamente o conhecimento sobre todas as coisas que possam impactar qualquer decisão que venha a tomar. Refiro-me a questões como:

- O que a concorrência provavelmente fará?
- O que é possível do ponto de vista técnico? Em qual período?
- Quais são as verdadeiras capacidades da organização? Como pode maximizá-las?
- Que risco financeiro isso implica?
- Dada a atual arquitetura do produto, quais problemas ele enfrentará?
- Essa promoção vai entusiasmar os funcionários ou não?

Os grandes diretores executivos criam estratégias para reunir informações continuamente. Incorporam a busca de dados em todas as suas atividades cotidianas, desde as reuniões com a equipe executiva e com cada funcionário até os encontros com clientes. As melhores estratégias são aquelas alicerçadas em conhecimentos abrangentes reunidos em todas as interações que o diretor executivo tem com os funcionários, os clientes, os parceiros, os investidores e outras pessoas.

O diretor executivo é capaz de levar a empresa a fazer o que ele sabe que deve ser feito?

Se o diretor executivo comunica uma visão convincente e toma decisões rápidas e de alta qualidade, será capaz de levar a empresa a fazer que sua visão seja executada? O primeiro atributo dessa capacidade é a liderança, como descrito na seção "Siga o chefe". Além disso, a boa execução pressupõe um amplo conjunto de habilidades operacionais. Quanto maior é a organização, mais elaborado é esse conjunto.

Para que a empresa execute uma ampla gama de decisões e iniciativas, ela precisa:

- **Ter a capacidade de fazê-lo.** A empresa deve contar com os talentos necessários, nas posições certas, para isso.

- **Ser um lugar onde cada funcionário possa realizar sua tarefa.** Os funcionários devem estar motivados, a comunicação deve ser eficiente, a quantidade de conhecimentos comuns deve ser ampla e o contexto, claro.

O diretor executivo está formando uma equipe de primeira linha?

O diretor executivo é responsável pela equipe executiva e pelos processos de entrevista e contratação de todos os funcionários. Deve garantir que a empresa busque os melhores candidatos e que os processos de seleção identifiquem aqueles dotados de talento e habilidade. Garantir a qualidade da equipe é essencial para a administração da empresa. Os melhores diretores executivos avaliam-se constantemente para apurar se estão formando a melhor equipe.

O resultado disso é a qualidade da equipe. É importante observar que essa qualidade deve ser avaliada com base nas necessidades da empresa e nos desafios que ela enfrenta em determinado momento. Por isso, é possível que a equipe executiva mude muitas vezes, mas deve ser sempre de boa qualidade, e os executivos não devem abandoná-la pela sua própria iniciativa.

É fácil para os funcionários contribuir para com a missão da empresa?

A segunda parte da avaliação busca verificar se o diretor executivo é efetivamente capaz de administrar a empresa. Para pôr isso à prova, gosto de fazer esta pergunta: "Em que medida cada pessoa cumpre a sua função com facilidade?"

Nas organizações bem administradas, as pessoas podem se concentrar em seu trabalho (e não na política e em procedimentos burocráticos) com a certeza de que, se cumprirem bem a sua função, tanto a empresa quanto elas próprias colherão bons frutos. Por outro lado, numa organização mal administrada, elas passam boa parte do tempo enfrentando os limites internos da organização e processos inoperantes.

Embora seja fácil descrevê-lo, o processo de construir uma organização bem administrada exige habilidades que vão desde o design organizacional até a gestão de desempenho. Envolvem uma política de incentivos e uma arquitetura de comunicação que motivem e possibilitem a atuação de cada funcionário. Quando um diretor executivo "não consegue fazer a empresa crescer", a falha em geral ocorre nessa dimensão. Na prática, poucos diretores executivos tiram a nota mais alta nessa prova.

Reed Hastings, diretor executivo da Netflix, empenhou grande esforço para criar um sistema que leve os funcionários a trabalhar com a máxima eficiência. Esse sistema está exposto no *Reference Guide on Our Freedom and Responsibility Culture*. O texto detalha aquilo que a Netflix valoriza em seus funcionários, como identifica esses valores durante o processo de entrevistas, como os reforça e faz o sistema crescer à medida que o número de funcionários cresce.

O diretor executivo alcançou os resultados desejados e definidos por um conjunto adequado de objetivos?

Ao comparar os resultados com os objetivos, você deve, antes de tudo, verificar se os objetivos estão adequados. Os diretores executivos que se destacam junto ao conselho diretor podem "obter sucesso" ao estabelecer objetivos artificialmente baixos. Excelentes diretores executivos que não prestam atenção ao seu relacionamento com o conselho diretor podem "fracassar" por estabelecerem objetivos excessivamente elevados. Quando a empresa está iniciando suas atividades, é mais difícil definir os objetivos, uma vez que ninguém tem ideia do tamanho real da oportunidade. Portanto, a primeira tarefa para medir com precisão os resultados é estabelecer corretamente os objetivos.

O tamanho e a natureza da oportunidade variam muito de uma empresa para outra. Esperar que uma empresa de hardware possa operar com tão pouco capital quanto uma empresa de serviços pela internet ou tentar fazer o Yelp crescer tão rápido quanto o Twitter são coisas que não fazem sentido e podem ser destrutivas. Os diretores executivos devem ser avaliados à luz das oportunidades de suas empresas, não das empresas de outras pessoas. Quero compartilhar uma história engraçada para dar o exemplo de um diretor executivo que realmente assumiu a responsabilidade de alcançar os resultados desejados. O protagonista da história é Robin Li, diretor executivo do Baidu, o maior site de busca da China. Numa palestra proferida na Universidade Stanford, Robin disse que, no dia da oferta pública inicial do Baidu – em geral, um dos dias mais empolgantes na vida de qualquer empreendedor –, ele permaneceu sentado à sua escrivaninha, aterrorizado. Por quê? Veja como Robin assumiu a responsabilidade pela concretização de resultados:

> *Em 2004, completamos nossa última rodada de capitalização junto a investidores de risco sob o comando da Draper Fisher Jurvetson [...] e do Google, um dos nossos grandes associados. Um ano depois, em 2005, abrimos o capital da empresa. O preço ideal era 27 dólares [preço inicial da ação], mas as ações fecharam o dia a 122 dólares. Muitos funcionários e todos os investidores do Baidu ficaram muito contentes, mas eu fiquei morrendo de medo. Quando decidi abrir o capital da empresa, estava preparado apenas para obter resultados financeiros compatíveis com um preço de 27 dólares ou talvez um pouco mais, 30, 40 dólares. Fiquei*

realmente admirado pelo fato de o preço, no primeiro dia, ter alcançado 122 dólares. Isso significava que eu tinha de produzir resultados reais que fossem compatíveis com uma expectativa muito, muito mais alta do que aquela para a qual havia me preparado. De qualquer modo, não tinha escolha. Arregacei as mangas e me concentrei nas operações, na tecnologia, na experiência do usuário, e cumpri as expectativas.

Quando levamos tudo isso em conta, vemos que os resultados avaliados à luz dos objetivos, ou resultados de "caixa-preta", são indicadores *post hoc*. E, como se afirma nos prospectos dos fundos de investimentos, "o desempenho passado não é garantia de resultados futuros". Os critérios "caixa branca" de avaliação de diretores executivos – O diretor executivo sabe o que fazer? O diretor executivo é capaz de levar a empresa a fazer o que ele sabe que deve ser feito? – são muito melhores para prever o futuro.

Último pensamento

A avaliação de diretores executivos não é necessariamente uma arte esotérica e impossível de ser formulada e descrita. Todas as pessoas, incluindo os diretores executivos, obtêm resultados melhores numa prova quando conhecem as perguntas de antemão.

CAPÍTULO 8

A PRIMEIRA REGRA DO EMPREENDEDORISMO: NÃO EXISTEM REGRAS

> "Aquilo que aquilo que aquilo que não me mata
> Só pode me deixar mais forte
> Preciso que você se apresse agora
> Pois não posso esperar muito mais
> Sei que agora devo estar certo
> Pois não há muito mais erros que eu possa cometer
> Cara, estou esperando a noite inteira
> Faz todo esse tempo que te espero."*
>
> KANYE WEST, "STRONGER"

No processo de venda da Opsware, a oferta inicial da HP foi de 14 dólares por ação. A BMC, em seguida, ofereceu 14,05. A HP respondeu com 14,25. John O'Farrell e eu planejamos nossa estratégia para fechar o processo de ofertas. Achamos que se a executássemos de modo correto a oferta vencedora chegaria a 15 dólares ou mais por ação. Todos estavam bastante entusiasmados.

Foi então que aconteceu uma calamidade. Nossa auditora, a Ernst & Young, quase destruiu a venda.

A BMC descobriu que nossa contabilidade havia registrado três transações de modo diferente de como a contabilidade dela

---

That the that the that that don't kill me / Can only make me stronger / I need you to hurry up now / 'Cause I can't wait much longer / I know I got to be right now / 'Cause I can't get much wronger / Man I been waitin' all night now / That's how long I've been on ya.

registraria. Cada uma dessas transações continha uma cláusula que passou a ser conhecida no setor como "cláusula CA", em homenagem à empresa de software Computer Associates. Essa cláusula foi inventada em decorrência de certa prática de negócios da CA. Ao que tudo indica, ela enganava seus clientes, vendendo a eles contratos de manutenção que lhes garantiam o direito a atualizações gratuitas perpétuas para todos os produtos de nome X. Em seguida, a CA mudava o nome do produto de X para Y e cobrava dos clientes uma atualização que, na opinião deles, deveria ser gratuita. Era uma manobra muito esperta e desonesta. Para se defender, os clientes, já escolados, começaram a exigir que todos os fornecedores de software incluíssem a cláusula CA em seus contratos. A cláusula dizia que, caso fosse lançada uma nova versão do software que contivesse todas as funcionalidades da versão anterior, mas possuísse também alguns recursos novos e um nome novo, esse produto (apesar do nome novo) estaria coberto pelo contrato já existente sem nenhum pagamento suplementar.

Havia dois modos de interpretar a cláusula CA: ou como uma forma de evitar a má conduta da CA, ou como uma promessa de funcionalidades futuras. Pela primeira interpretação, tínhamos a obrigação de declarar toda a renda de imediato. Pela segunda, a renda seria declarada gradativamente no decurso da vigência do contrato. Tanto num caso como no outro, os pagamentos em dinheiro seriam idênticos.

Detectamos essa ambiguidade quando assinamos os três contratos que continham a cláusula. Por isso, pedimos a Dave Price, o nosso parceiro na E&Y, que auditasse as transações e nos orientasse sobre como declará-las. Dave compreendeu nossa intenção e recomendou que declarássemos toda a renda de imediato nas três transações. Já o parceiro da BMC na E&Y concluiu o contrário, de modo que a BMC declarava transações semelhantes no decurso da vigência do contrato. Quando tomou ciência da diferença, ele levou a questão ao escritório nacional da Ernst & Young.

O parceiro nacional de auditoria da E&Y me telefonou para declarar que discordava da auditoria feita pelo nosso parceiro e exigir que redefiníssemos a projeção de renda nas 48 horas seguintes. Eu não acreditava no que estava ouvindo. A redefinição da projeção de renda faria despencar o preço das ações e inviabilizaria a venda iminente. O modo de contabilizar os ganhos não afetava em nada o fluxo de caixa, e nosso tratamento havia sido baseado, desde o início, no juízo da própria E&Y. Se eles tivessem escolhido desde o começo o outro modo de contabilizar, o preço das ações seria o mesmo. O que nos mataria seria a redefinição.

Qual era a deles, afinal?

Acalmei-me e respondi com cuidado:

Ben: "A contabilidade deve refletir a nossa intenção e a do cliente quando assinamos o contrato, correto?"

E&Y: "Correto."

Ben: "Nesse caso, por que não telefonamos aos três clientes e lhes perguntamos qual era a intenção deles? Se for a que Dave Price identificou, deixamos os contratos como estão. Se for outra, redefinimos a projeção de renda."

E&Y: "Não. Isso não basta. É preciso que os seus três clientes emendem os contratos usando uma nova linguagem que vamos estipular na E&Y para deixar tudo bem claro."

Ben: "Mas os três clientes são grandes bancos. Eles têm departamentos de análises de risco. Não conseguirão emendar os contratos rapidamente. Para piorar as coisas, estamos no meio de uma transação de 1,6 bilhão de dólares. Vocês vão destruir o nosso negócio."

E&Y: "Que se dane! É isso que vocês têm de fazer."

Ben: "Mas nós somos clientes de vocês há oito anos, pagamos a vocês milhões de dólares em honorários e foi o seu parceiro quem determinou o nosso modo de contabilizar. Que interesse você tem em destruir nossa transação se tanto nós quanto os clientes concordamos com a interpretação atual?"

E&Y: "Emendem os contratos ou redefinam a renda. Vocês têm 48 horas."

Dave Price parecia a ponto de explodir em lágrimas.

O escritório nacional da E&Y não estava preocupado com o espírito da lei, mas somente com a letra. Recusou-se a tomar a atitude correta tanto do ponto de vista da contabilidade quanto do ponto de vista comercial. Estava decidido a fazer o que fosse mais conveniente para a própria E&Y.

Meu diretor financeiro, Dave Conte, estava pálido como um fantasma. Centenas de pessoas haviam trabalhado durante oito anos para chegar àquele ponto e, de repente, parecia que tudo iria por água abaixo por causa da firma de contabilidade que Dave escolhera a dedo. Ele trabalhara ao longo de quinze anos na E&Y antes de ingressar na Opsware. Sempre sociável e extrovertido, mal conseguia falar. Eu estava furioso com todos, mas sabia que nada que dissesse ajudaria a resolver o problema ou faria que Dave se sentisse ainda pior do que já se sentia. Voltei-me para Jordan Breslow, meu assessor jurídico, e perguntei: "Temos de notificar os potenciais compradores imediatamente?" Para minha surpresa, ele disse que sim.

Notificamos a HP e a BMC sobre a discrepância e dissemos-lhes que provavelmente conseguiríamos resolver o problema emendando os contratos nas 24 horas seguintes. Nenhuma das partes acreditou em nós. Eu mesmo mal podia acreditar. O que faríamos para que três grandes bancos emendassem seus contratos em 24 horas? Os dois compradores em potencial prepararam-se para reagir às notícias seguintes e atualizar não só sua posição, como também, provavelmente, suas propostas.

Nesse meio-tempo, Dave, Mark Cranney e eu começamos a trabalhar para emendar os contratos. Sentados na sala de conferências do setor de finanças, colocamos no papel todas as pessoas que conhecíamos no mundo e tentamos descobrir como fazer contato com as pessoas certas a tempo de salvar a transação. Telefonei a todos os membros do conselho para descobrir em que bancos guardavam seu dinheiro e se tinham influência sobre eles ou conheciam alguém que tivesse. Cranney ficou ao telefone falando com os representantes de vendas e as pessoas que conhecíamos nas três contas. Jordan e Dave inventaram dez modos diferentes de redigir a emenda. Passamos a noite inteira trabalhando. Dave parecia estar a ponto de ter um ataque cardíaco. Milagrosamente, às 11 da manhã, estávamos com os três contratos emendados, e isso em menos de 24 horas. Não teríamos de redefinir a projeção de renda.

Como era de esperar, o caso assustou a BMC, que retirou a sua proposta. Eles não acreditavam que o problema estivesse resolvido. A HP não se assustou, mas baixou a oferta para 13,75 dólares por ação, em virtude da "mácula" que agora pairava sobre a transação.

Naquela noite, o conselho se reuniu na sede da empresa para discutir a nova oferta da HP e tomar ciência da desistência da BMC. Foi unânime em afirmar que deveríamos aceitar a oferta de 13,75 dólares. Discordei e disse que não aceitaria um centavo a menos do que os 14,25 dólares originalmente oferecidos. Bill Campbell olhou para mim como se eu fosse um general que tivesse passado tempo demais no campo de batalha. Àquela altura, eu não tinha dormido e não sabia se ele tinha razão ou não. Sabia apenas que havia passado a noite inteira acordado para poder ter razão de manhã e não havia muito mais erros que eu pudesse cometer.

Controlei-me e declarei: "A HP ofereceu 14,25 dólares por ação, preço que equivale a dezesseis vezes a receita dos últimos doze meses. Ofereceu esse dinheiro todo por uma única razão: porque somos a melhor empresa, o padrão de excelência, se quiserem, num mercado importante. Essa é a premissa maior desta transação. Se aceitarmos uma oferta menor ou dermos a entender, de algum outro modo, que não somos o padrão de excelência, a transação inteira cairá por terra." John O'Farrell fez um movimento de cabeça, concordando. O conselho, inquieto, aceitou minha posição.

Tornei a falar com a HP e disse-lhes que a venda se concretizaria a 14,25 dólares por ação ou nada. Depois de uma pausa de duas horas, que não foram suficientes para que a cor voltasse ao rosto de Dave Conte, eles aceitaram. Fechamos o negócio. Ganhamos cerca de 100 milhões de dólares a menos do que ganharíamos se nossos supostos parceiros não tivessem nos apunhalado pelas costas, mas fechamos o negócio assim mesmo. Ainda odeio a Ernst & Young.

Estou relatando esta história hoje porque, quando achamos que no mundo dos negócios existem certas coisas com que podemos contar, logo descobrimos que o céu não é azul. Quando isso acontece, em geral não adianta tentar provar que o céu é azul. O melhor é seguir em frente e nos acostumarmos com o fato de que, durante algum tempo, vamos ficar parecidos com o Barney.

COMO SOLUCIONAR A OPOSIÇÃO PARADOXAL ENTRE CRIATIVIDADE E RESPONSABILIDADE

Uma engenheira de software identifica na arquitetura de seu produto um ponto fraco que prejudicará de modo significativo a capacidade dele de atender a maior número de usuários daqui a algum tempo. Ela calcula que terá de atrasar o cronograma do produto em três meses para solucionar o problema. Todos acham que três meses representam um atraso aceitável para que o problema seja corrigido. No fim, o atraso acaba sendo de nove meses, mas o diagnóstico inicial dela a respeito do problema estava correto. Você deve recompensá-la por sua criatividade e coragem ou chamar sua atenção pelo atraso?

Se você der uma de promotor de justiça e avaliá-la segundo a letra da lei, vai desencorajar tanto ela quanto todos os outros a correr riscos importantes no futuro. Se tomar essa atitude regularmente, não se surpreenda se, no futuro, seus funcionários não tiverem tempo para resolver problemas, pois estarão ocupados demais tentando proteger-se.

Por outro lado, se você não responsabilizá-la pelo atraso, as pessoas que efetivamente trabalham para cumprir os compromissos assumidos se sentirão incomodadas. Por que passei a noite toda acordado para cumprir o prazo se o diretor recompensou uma pessoa que atrasou seis meses? Se os seus funcionários mais esforçados e produtivos se sentem traídos e você está procurando o culpado, olhe-se no espelho. Você não está exigindo que as pessoas se responsabilizem pelas próprias ações. Bem-vindo à oposição paradoxal entre responsabilidade e criatividade.

Na tentativa de enfrentá-la, vamos partir do pressuposto mais básico. Você considera que os seus funcionários são, em sua maioria, criativos, inteligentes e motivados? Ou acha que eles são preguiçosos, procuram enganá-lo e contam os minutos que faltam para a hora de sair do trabalho? Se você acredita nesta segunda hipótese, desista desde já de incentivar a criatividade e a inovação em sua organização, pois elas não acontecerão. É melhor acreditar que as pessoas têm boas intenções, a menos que provem o contrário. Mesmo assim, você precisa cobrar responsabilidade dos funcionários para evitar que os melhores se sintam traídos. Como fazer isso?

Vamos examinar a questão da responsabilidade nas seguintes dimensões: promessas, resultados e esforço.

Responsabilidade pelo esforço

Esta é a mais fácil. Para ser uma empresa de primeira linha, é preciso um esforço de primeira linha. Deve-se chamar a atenção de quem não faz esse esforço.

Responsabilidade pelas promessas

Várias organizações que funcionam bem possuem lemas do tipo "Promessa feita, promessa cumprida". É verdade que, quando assumimos um compromisso e não o cumprimos, decepcionamos todos os membros da organização. Essa decepção pode ser contagiosa. Exigir que as pessoas cumpram suas promessas é um fator crítico para que as coisas aconteçam. No entanto, isso muda na medida em que a dificuldade de cumprir a promessa aumenta. Prometer terminar uma brochura de marketing ou mandar um e-mail é diferente de prometer cumprir um cronograma de engenharia que envolve a solução de um difícil problema de ciência da computação. Você deve cobrar o cumprimento das duas primeiras promessas; a terceira é mais complicada e tem relação com os resultados.

Responsabilidade pelos resultados

É neste caso que as coisas se complicam. Se uma pessoa deixa de produzir o resultado prometido, como na história que contei no começo desta seção, você deve responsabilizá-la? Será melhor responsabilizá-la? A resposta é: depende de várias coisas, apontadas a seguir.

- *Tempo do funcionário na empresa.* Em geral, os funcionários com mais tempo de empresa e mais experientes são capazes de prever seus resultados com maior precisão do que os novatos.
- *Grau de dificuldade.* Certas coisas são difíceis por natureza. Cumprir a projeção de vendas quando seu produto é inferior ao da concorrência e a economia entrou em recessão no meio do trimestre é difícil. Construir uma plataforma que paralise programas seriais de modo automático e eficiente, de forma a prepará-los para um aumento de escala, é complexo. É difícil fazer uma boa previsão e cumpri-la. Ao avaliar a consequência de um resultado não atingido, leve em conta o grau de dificuldade.
- *Riscos temerários.* Você não deve punir as pessoas por correrem riscos produtivos, mas nem todos os riscos são desse tipo. Embora não haja recompensa sem risco, alguns podem não produzir recompensas. Beber uma garrafa de Jack Daniel's e sair dirigindo é arriscadíssimo, e a recompensa do sucesso é nula. Se um funcionário não atingir um resultado pretendido, avalie: ele correu riscos de forma temerária, por simples negligência, ou correu riscos produtivos que simplesmente não produziram resultados?

Voltando ao problema inicial

Retomando o problema inicial, eis algumas coisas que devem ser levadas em conta:

1. Ela é uma funcionária sênior? Se for a sua diretora de arquitetura, você terá de fazê-la elaborar previsões mais

exatas em relação ao trabalho; caso contrário, comprometerá toda a organização. Se for menos graduada, este momento deve ser mais de ensino do que de repreensão.

2. Qual foi o grau de dificuldade do trabalho? Se foi um milagre você ter conseguido aumentar a escala daquele lixo, não grite com ela, mas agradeça. Se foi um projeto relativamente comum que apenas demorou demais, corrija o problema.

3. O risco original existia mesmo? Teria sido realmente impossível aumentar a escala do produto em curto ou médio prazo? Se a resposta for "sim", pouco importa que a solução tenha demorado três ou nove meses. A funcionária correu o risco que deveria correr e, se você deparar de novo com a mesma situação, deve agir de maneira idêntica. Não se preocupe muito com isso.

Uma última questão

No setor de tecnologia, é raro sabermos tudo de antemão. A diferença entre a mediocridade e a magia com frequência surge da diferença entre deixar que as pessoas corram riscos de forma criativa e exercer um controle demasiadamente rígido sobre elas. A responsabilidade é uma coisa importante, mas não a única.

A TÉCNICA DE GESTÃO DA SEXTA-FEIRA MUITO LOUCA

Há muitos anos, me vi diante de uma situação de gestão particularmente complicada. Duas excelentes equipes da empresa, o Suporte ao Cliente e a Engenharia de Vendas, entraram em guerra. Os engenheiros de vendas elaboraram uma série de queixas graves, afirmando que a equipe de Suporte ao Cliente não reagia com urgência, recusava-se a consertar defeitos do produto e, de modo geral, desestimulava as vendas e a satisfação dos clientes. Ao mesmo tempo, o grupo de Suporte ao Cliente alegava que os engenheiros de vendas encaminhavam para eles defeitos sem nenhum critério, recusavam-se a aceitar várias sugestões para que fossem solucionados e eram um bando de alarmistas que atribuíam prioridade máxima a qualquer pequeno problema. Além das queixas propriamente ditas, as duas equipes realmente não gostavam uma da outra. Para piorar, tinham de trabalhar juntas o tempo todo de forma que a empresa funcionasse. Ambas as equipes tinham um pessoal de primeira e gerentes extraordinários, de modo que não havia ninguém a ser demitido ou rebaixado. Eu não sabia o que fazer.

Nessa época, por um verdadeiro milagre, assisti ao clássico filme *Freaky Friday* [*Um dia muito louco*], com a incompreendida Barbara Harris e a incomparável Jodie Foster. (Há também uma refilmagem de alta qualidade, com Jamie Lee Curtis e a talentosa mas complicada Lindsay Lohan, chamada *Sexta-feira muito louca*.) No filme, mãe e filha sentem-se frustradas com a falta de compreensão uma da outra e desejam poder trocar de lugar – o que, pela magia do cinema, efetivamente acontece.

No decorrer do filme, por estarem no corpo uma da outra, cada personagem passa a compreender os desafios que a outra enfrenta. Por isso, elas se tornam grandes amigas quando voltam aos seus corpos originais. Depois de assistir tanto ao original quanto à refilmagem, encontrei a solução: eu empregaria a técnica de gestão da *Sexta-feira muito louca*.

No dia seguinte, informei o chefe de Engenharia de Vendas e o chefe de Suporte ao Cliente de que eles trocariam de função. Expliquei que, como Jodie Foster e Barbara Harris, cada um conservaria a sua personalidade, mas ganharia um corpo novo, permanentemente. Suas reações iniciais não foram muito diferentes daquelas das personagens de Lindsay Lohan e Jamie Lee Curtis, que gritam apavoradas no filme.

No entanto, apenas uma semana depois de se verem na pele um do outro, ambos os executivos identificaram as questões fundamentais que causavam o conflito. Em seguida, agiram com rapidez para implementar um conjunto de processos simples que permitiram solucionar os problemas e levaram as duas equipes a trabalhar em harmonia. Daquele dia até o dia em que vendemos a empresa, os departamentos de Engenharia de Vendas e de Apoio ao Cliente trabalharam melhor, juntos, do que quaisquer outros departamentos da empresa, tudo isso graças a *Sexta-feira muito louca*, que talvez seja o melhor filme de treinamento de gestão já feito.

COMO PERMANECER GRANDE

Como diretor executivo, você sabe que não pode criar uma empresa de primeira linha sem uma equipe de primeira linha. Mas como saber se um executivo é de primeira linha? Além disso, se ele era de primeira linha quando você o contratou, vai continuar sendo? Se deixar de ser, pode voltar a ser de novo?

Essas questões são complexas e se tornam ainda mais complexas em razão do processo de contratação. Todo diretor executivo se dispõe a contratar o melhor executivo do mundo e, quando o encontra, faz um recrutamento agressivo para atraí-lo. Se ele aceita, o diretor acha que ganhou na loteria. Se eu tivesse feito uma tatuagem toda vez que ouvi um diretor executivo afirmar que havia acabado de contratar "o melhor vice-presidente do setor", hoje eu seria Lil Wayne.

Começamos, portanto, com uma forte predisposição a crer que a pessoa que contratamos é uma excelente profissional, embora ainda não tenha trabalhado para nós. Mais, executivos que no começo são de primeira linha com frequência deixam de ser com o passar do tempo. Se você é aficionado a esportes, sabe que os atletas de primeira linha não se conservam em boa forma por muito tempo. O Terrell Owens de ontem não é o Terrell Owens de hoje. Embora os executivos não envelheçam tão rápido quanto os atletas, as empresas, os mercados e as tecnologias mudam mil vezes mais rápido do que o jogo de futebol americano. Por isso, o executivo que se mostra espetacular este ano numa *startup* de cem funcionários poderá revelar-se péssimo no ano que vem, quando a empresa tiver quatrocentos funcionários e renda anual de 100 milhões de dólares.

O padrão

A primeira coisa que você deve compreender é que o simples fato de uma pessoa ter se saído bem nas entrevistas e de você ter recebido boas referências dela não significa que terá excelente desempenho em sua empresa. Neste mundo, há dois tipos de culturas empresariais: aquelas em que o que importa é o que as pessoas fazem e aquelas em que o que importa é quem as pessoas são. Se a sua cultura não for do primeiro tipo, sua empresa será péssima.

Você deve exigir dos seus funcionários um alto padrão de desempenho, mas que padrão é esse? Esse assunto foi discutido na seção "Pessoas mais velhas". Mas lembre também o seguinte:

- **Quando o contratou, você não sabia de tudo.** Embora talvez você se sinta constrangido em fazer isso, é perfeitamente razoável que mude seus padrões e os torne mais exigentes à medida que vai se dando conta das necessidades do seu setor.

- **Ele deve colaborar.** No começo, é natural que você dedique muito tempo às tarefas de integrar e orientar o novo executivo. No entanto, se perceber que o exercício dessa função o ocupa tanto ou mais do que ocupava antes de ter contratado ou promovido o executivo, ele está abaixo do padrão.

- **O diretor executivo não tem tempo para se dedicar ao desenvolvimento dos seus funcionários.** Uma das lições mais deprimentes que aprendi em minha carreira, quando me tornei diretor executivo, foi que eu não podia ensinar meus subordinados diretos. Em razão das exigências da minha função, as pessoas diretamente subordinadas a mim deviam estar mais do que prontas para trabalhar. Ao contrário da época em que eu desempenhava uma função específica ou era gerente-geral, não tinha tempo para desenvolver um talento em estado bruto. Isso pode e deve ser feito em outros contextos da empresa, mas não no nível executivo. Quem precisa de muito treinamento está abaixo do padrão.

É possível levar longe demais a exigência de adequação ao padrão. Como expliquei na seção "A falácia da antecipação de escala", não é necessário nem produtivo avaliar um executivo com base numa projeção de como será o trabalho dele daqui a dois anos. Não ponha o carro adiante dos bois. Avalie-o de acordo com o seu desempenho aqui e agora.

Sobre as expectativas e a lealdade

Se você trabalha com um executivo eficiente e leal, como comunicar todas essas coisas? Como lhe dizer que, apesar do grande esforço que está fazendo e dos excelentes resultados que vem obtendo, é possível que você o demita no ano que vem se ele não se mantiver à altura das mudanças no setor?

Quando eu avaliava meus executivos, dizia-lhes: "Você está tendo um desempenho excelente na sua função, mas o plano prevê que, no ano que vem, teremos o dobro de funcionários. Portanto, você terá uma função nova e muito diferente, e terei de reavaliá-lo segundo os critérios dessa nova função. Para que você não se sinta tão mal, saiba que essa regra vale para todos os membros da equipe, incluindo eu."

Ao dizer isso, é importante deixar claro para o executivo que, quando a empresa dobrar de tamanho, ele terá uma nova função. Isso significa que as atividades que lhe permitiram ter sucesso até agora não garantirão necessariamente o sucesso na nova função. Na verdade, a causa número um de fracasso dos executivos é eles continuarem cumprindo a função antiga, em vez de fazerem a transição para a nova.

Mas e a lealdade à equipe que o trouxe até aqui? Se a sua equipe executiva o ajudou a aumentar em dez vezes o tamanho da empresa, como você tem coragem de demiti-los quando não conseguem administrar o monstro que eles próprios criaram? A resposta é que você deve ser leal aos seus funcionários, os subordinados dos seus executivos: os engenheiros, vendedores e funcionários de marketing, finanças e RH, responsáveis pelo trabalho duro. Você tem o dever de formar uma equipe executiva de primeira linha, esta é a prioridade.

SERÁ QUE VOCÊ DEVE VENDER A EMPRESA?

Uma das decisões mais difíceis que cabem ao diretor executivo é a de vender ou não a empresa. A questão de saber se vender a empresa será, no longo prazo, melhor do que continuar com ela envolve inúmeros fatores, a maioria desconhecidos ou especulativos. Além disso, se for você o fundador, a parte lógica é a parte fácil.

A tarefa seria muito mais simples se não houvesse emoções envolvidas, mas a venda da sua empresa é sempre uma questão emocional e profundamente pessoal.

Tipos de aquisições

Para esta discussão, podemos dividir as aquisições de empresas de tecnologia em três categorias:

1. **Talento e/ou tecnologia** – quando uma empresa é adquirida unicamente em razão de sua tecnologia e/ou do seu pessoal. O valor desse tipo de transação em geral se situa entre 5 milhões e 50 milhões de dólares.

2. **Produto** – quando a empresa é adquirida em razão de seu produto, e não de sua estrutura econômica. O comprador pretende vender o produto mais ou menos como se encontra agora, mas usará, para tanto, seus próprios departamentos de vendas e marketing. O valor desse tipo de transação costuma ficar entre 25 milhões e 250 milhões de dólares.

3. **Estrutura econômica** – quando a empresa é adquirida em razão de toda a sua estrutura de negócios (receita e lucro). O comprador valoriza toda a operação (produto, vendas e marketing), e não somente o pessoal, a tecnologia ou o produto. O valor desse tipo de transação em geral depende

(pelo menos em parte) de uma métrica financeira e pode ser bastante alto (como a oferta de mais de 30 bilhões de dólares que a Microsoft fez ao Yahoo).

Meu ponto de vista sobre o assunto tem a ver sobretudo com as aquisições que visam à *estrutura econômica*. É aplicável em parte às aquisições de *produto* e será praticamente inútil para quem está vendendo o pessoal e/ou a tecnologia.

O lado lógico

Ao analisar se você deve vender sua empresa, há uma boa regra básica a ser seguida. Se *você entrou bem cedo num mercado muito grande* e *tem uma boa chance de ser o número um nele*, deve permanecer independente porque ninguém será capaz de pagar o quanto a empresa vale nem estará disposto a lhe dar tanto crédito antecipado. Pense no Google, um exemplo fácil de entender. Bem no começo da vida da empresa, ela recebeu ofertas de aquisição de mais de 1 bilhão de dólares. Na época, essas ofertas foram consideradas extraordinárias e, de fato, representavam um enorme ágio em relação ao valor da empresa. No entanto, dado o tamanho do mercado que o Google poderia vir a alcançar, a venda não fazia sentido. Aliás, não fazia sentido para o Google vender a empresa por qualquer valor que qualquer comprador pudesse pagar. Por quê? Porque o mercado que ele buscava era maior do que os mercados que todos os compradores em potencial já dominavam, além de ter construído um produto quase invencível, que o habilitava a ser o número um.

Compare essa situação com a da Pointcast, que desenvolveu um dos primeiros aplicativos de internet a fazer muito sucesso. Era a queridinha do Vale do Silício e do setor de tecnologia em geral. A Pointcast recebeu e negou ofertas de aquisição de mais de 1 bilhão de dólares. Depois, em virtude de falhas na arquitetura do produto, os clientes foram deixando de usar o aplicativo.

Da noite para o dia, o mercado deles entrou em colapso e nunca mais foi recuperado. No fim, a empresa foi vendida por um valor irrisório.

Portanto, você deve avaliar: este mercado é de fato muito maior (mais de dez vezes) do que a fatia que vem sendo explorada? Vamos ser o número um neste mercado? Se a resposta tanto a uma quanto à outra questão for negativa, você deve considerar a hipótese de vender. Se a resposta for positiva para ambas, vender implicaria fraudar a si mesmo e a seus funcionários.

Infelizmente, essas perguntas não são tão fáceis de responder quanto pode parecer. Para acertar a resposta, você também deve responder às seguintes questões: qual é o verdadeiro tamanho desse mercado? Quem serão os concorrentes? O Google estava no mercado de busca ou no mercado de portais? Fica claro que estava no mercado de busca, mas a maioria das pessoas, na época, pensava que estava no de portais. O Yahoo era um grande concorrente no mercado de portais, mas era bem mais fraco no mercado de busca. Se o Google realmente estivesse no mercado de portais, talvez a venda fosse uma boa ideia. A Pointcast pensou que seu mercado era muito maior do que acabou revelando ser. O interessante é que foi a própria execução defeituosa do produto que fez encolher o mercado da empresa.

Vamos examinar o caso da Opsware. Por que vendi a Opsware? Outra boa pergunta: por que só a vendi naquela época?

Na Opsware, de início, estávamos no mercado de automação de servidores. Na época em que ocorreram as primeiras sondagens e ofertas para comprar a empresa de automação, tínhamos menos de cinquenta clientes. Eu acreditava que havia no mínimo 10 mil clientes em potencial e que tínhamos uma chance razoável de sermos a número um. Além disso, embora soubesse que o mercado se redefiniria, pensava que poderíamos nos expandir para entrar nos setores de redes e armazenamento (automação de centros de dados) mais rápido do que a concorrência e, portanto, ganhar também esses mercados. Ou seja, supondo uma fatia de mercado de 30 por cento, um comprador teria de pagar sessenta vezes o nosso valor a fim de adquirir o nosso potencial. Não admira que ninguém estivesse disposto a pagar esse montante.

Quando já atendíamos algumas centenas de clientes e havíamos entrado no setor de automação de centro de dados, ainda éramos a número um e, independentes, já valíamos mais do qualquer uma das ofertas anteriores de aquisição. Àquela altura, tanto a Opsware quanto sua principal concorrente, a BladeLogic, haviam se tornado empresas completas (tinham vendedores no mundo inteiro, empregavam serviços profissionais terceirizados etc.). Isso era importante, pois significava que uma grande empresa poderia nos adquirir e, em tese, ter sucesso na operação (as grandes empresas, em geral, não obtêm sucesso adquirindo empresas pequenas, pois boa parte da propriedade intelectual envolvida é a metodologia de vendas, à qual as grandes corporações não podem se dedicar).

Àquela altura, ficou claro que a BMC ia comprar ou a Opsware ou a BladeLogic. Por causa disso, o cálculo para sabermos se a Opsware continuaria sendo a número um no mercado precisava ser redefinido da seguinte maneira:

1. Tínhamos de ser a número um no mercado de gestão de sistemas e redes. O mercado de automação de centros de dados já não era o bastante, uma vez que, como o mercado de processadores de texto, ele seria englobado por um mercado maior que o continha.

2. Para continuarmos independentes e sermos a número um, tínhamos de ganhar da BMC e da BladeLogic juntas, o que era muito mais difícil do que ganhar de ambas em separado.

Por fim, o próprio mercado estava se transformando em virtude de uma mudança tecnológica: a virtualização. Com a chegada dela, o mercado passava a exigir todo um instrumental novo, de modo que tínhamos de embarcar numa nova corrida de P&D para construir o melhor esquema de gestão para ambientes virtualizados. Ou seja, teríamos de adiar para o futuro qualquer aumento de receita.

Devido a todos esses fatores, era cabível que pelo menos considerássemos a possibilidade da venda e puséssemos em ação um pequeno processo para sondar o interesse do mercado de fusões e aquisições.

Por meio desse processo, onze empresas fizeram ofertas de aquisição. Isso deixou claro para mim que havíamos atingido o ponto máximo do preço de mercado da Opsware. Em outras palavras, os compradores em potencial já estavam convictos de que o mercado era muito importante, de modo que não poderíamos ter a esperança de que o preço viesse a aumentar em decorrência de maior consciência do mercado. No fim, com base em muita análise e reflexão, concluí que o preço que havíamos alcançado naquele momento era maior do que seria possível atingir num período de três a cinco anos e vendi a empresa à Hewlett-Packard por 1,65 bilhão de dólares. Penso e espero que essa decisão tenha sido correta.

O lado emocional

A parte engraçada do lado emocional da decisão é que ele é tremendamente esquizofrênico.

Como vender a nossa empresa depois de termos recrutado pessoalmente todos os funcionários e vendido a eles a visão espetacular de uma empresa independente e próspera? Como vender o nosso sonho?

Por outro lado, como recusar a independência financeira absoluta para nós e para todos os membros próximos e distantes da nossa família? Por acaso não estamos nos negócios para ganhar dinheiro? Quanto dinheiro é necessário para uma só pessoa?

Como conciliar as duas coisas? Está claro que elas são inconciliáveis, mas o segredo está em não dar ouvidos nem a uma nem à outra.

Alguns truques para silenciar as emoções:

- **Atribua-se um salário.** A maioria dos investidores de risco gostam de empreendedores totalmente comprometidos com a empresa, que tenham investido cada centavo seu nela e terão tudo a perder se não for para a frente. Desse modo, preferem que o diretor executivo fundador tenha um salário muito baixo. Em geral, essa ideia é boa, pois é grande a tentação de bater em retirada quando as coisas vão mal, e o compromisso financeiro contribui para que o fundador cumpra seus outros compromissos. No entanto, no momento em que a empresa deixa de ser uma simples ideia e começa a se tornar real, faz sentido pagar ao diretor executivo um salário compatível com o mercado. Uma vez que a empresa tenha uma estrutura plenamente operante e se torne um alvo atraente para potenciais compradores, faz sentido remunerar o diretor executivo, de modo que sua decisão de manter ou vender a empresa não seja uma reação direta à sua situação financeira pessoal – "Não acho que deva vender a empresa, mas moro num pequeno apartamento de 80 metros quadrados com meu marido e meus dois filhos, e é ou isso ou o divórcio."

- **Fale claramente com a empresa.** Uma das perguntas que o diretor executivo de toda *startup* ouve de seus funcionários é: "Você vai vender a empresa?", muito difícil de responder. Se o diretor executivo não disser nada, o funcionário provavelmente chegará à conclusão de que a empresa está à venda. Se disser "por um bom preço", o funcionário vai querer saber qual é o preço. Se a empresa um dia alcançá-lo, o funcionário concluirá que ela será vendida. Se o diretor executivo fugir da raia, dando a resposta-padrão "A empresa não está à venda", o funcionário se sentirá traído se um dia ela for vendida. Mais importante ainda, o próprio diretor executivo talvez sinta que está traindo seu funcionário, sentimento que pode influenciar o processo de tomada de decisões. Um dos modos pelos quais essas armadilhas podem ser evitadas consiste em realizar a análise que fizemos na seção anterior: se a empresa alcançar compatibilidade entre o produto e o mercado num mercado muito grande e tiver uma boa chance de ser a número um, é provável que ela permaneça independente; do contrário, é provável que seja vendida. Esse é um bom método de explicitar os interesses dos investidores de um modo que não vá contra os interesses dos funcionários, e é verdade.

Último pensamento

Quando você precisar tomar a decisão de vender ou não a empresa, não haverá solução fácil. No entanto, uma boa preparação intelectual e emocional pode ajudar.

CAPÍTULO 9
O FIM DO PRINCÍPIO

*Andamos pelo mesmo caminho, mas com sapatos diferentes
Vivemos no mesmo prédio, mas temos vistas diferentes.**

DRAKE, "RIGHT ABOVE IT"

Depois de vender a Opsware, trabalhei um ano na HP dirigindo a maior parte do setor de software da empresa. Foi então que comecei a pensar no que fazer em seguida. Devia abrir outra empresa? Devia ser diretor executivo da empresa de outra pessoa? Devia me aposentar? Devia fazer algo completamente diferente?

Quanto mais eu pensava no futuro, mais refletia sobre o passado. O que teria acontecido se eu nunca tivesse conhecido Bill Campbell? Como poderia ter vencido todos os desafios que enfrentei? Por que o empreendedorismo envolvia tantos segredos? Será que todos tinham enfrentado os mesmos problemas que eu? Nesse caso, por que ninguém havia escrito nada? Por que são tão poucos os consultores e investidores de risco com experiência em abrir empresas?

Enquanto esses pensamentos giravam pela minha cabeça, mandei uma mensagem de texto a Marc Andreessen: "Devíamos abrir uma firma de investimento de risco. Nosso lema para os possíveis sócios seria 'Exige-se experiência', pois é necessário ter alguma experiência de abrir e gerir uma empresa para poder aconselhar quem está abrindo e gerindo uma empresa." Para minha surpresa, ele respondeu: "Eu estava pensando a mesma coisa."

---

* *We walk the same path, but got on different shoes / Live in the same building, but we got different views.*

Exige-se experiência

Levando adiante minha reflexão, lembrei um dos meus primeiros encontros sérios com investidores de risco.

Em 1999, depois de levantarmos a primeira rodada de financiamento da Loudcloud, eu e meus cofundadores fomos visitar a empresa que estava investindo em nós e conhecer a equipe dela. Como diretor executivo fundador, eu estava entusiasmado por poder encontrar as pessoas que nos davam respaldo financeiro e conversar sobre como poderíamos nos aliar para construir uma grande empresa. A conversa tomou abruptamente um rumo negativo quando um dos sócios seniores, David Beirne, me perguntou, na frente dos meus cofundadores: "Quando vocês vão contratar um diretor executivo de verdade?"

Esse comentário me deixou sem ar. Nosso maior investidor havia acabado de me chamar de diretor executivo de mentira na frente da minha equipe. Perguntei-lhe: "Como assim?", na esperança de que ele reformulasse a pergunta e me poupasse de passar vergonha. Mas ele insistiu: "Alguém que já tenha projetado uma organização grande, que conheça excelentes executivos de primeiro escalão e traga para a empresa todos os clientes com quem já tem relações, alguém que saiba o que está fazendo."

Eu mal conseguia respirar. Já era ruim o suficiente que ele tivesse ferido minha imagem como diretor executivo e, para piorar as coisas, eu sabia que, de certo modo, ele tinha razão. Eu não possuía aquelas habilidades, nunca havia *feito* aquelas coisas, não conhecia aquelas pessoas. Era o diretor executivo fundador, não um diretor executivo profissional. Quase ouvia o tique-taque do relógio marcando o pouco tempo que me restava como diretor da empresa. Acaso seria capaz de aprender a função e de construir uma rede de contatos com rapidez? Ou acabaria perdendo a empresa? Essa questão me torturou durante meses.

Nos anos seguintes, para o bem ou para o mal, continuei como diretor executivo. Fiz um esforço inacreditável para me tornar o diretor que todos esperavam. Graças a esse esforço e à ajuda de amigos e mentores, em especial de Bill Campbell, a empresa sobreviveu, fez sucesso e passou a valer muito dinheiro.

Nem um dia se passou, porém, sem que eu não lembrasse aquela interação com David Beirne. Sempre me perguntei por quanto tempo ainda estaria em "fase de crescimento" e como poderia obter ajuda para desenvolver minhas habilidades e, ao longo do caminho, fazer os contatos necessários.

Marc e eu discutíamos com frequência sobre isso. Perguntávamo-nos por que, na qualidade de fundadores, tínhamos de provar a nossos investidores, sem a menor sombra de dúvida, que podíamos administrar a empresa. Por que os investidores não partiam do princípio de que seríamos capazes de administrar a empresa que havíamos criado? Essa conversa acabou se tornando a inspiração da Andreessen Horowitz.

Para começar, estudamos o setor de investimento de risco e identificamos um possível problema na nossa abordagem. Ao longo da história, todos os retornos de investimento de risco haviam se concentrado num pequeno número de empresas. Das mais de oitocentas empresas de investimento de risco então existentes, apenas seis tinham dado bom retorno a seus investidores. Analisando a questão, descobrimos o porquê: os melhores empreendedores só trabalham com as melhores firmas de investimento de risco. Como essas firmas eram notoriamente discretas no que se referia a seus métodos e suas crenças – a maioria praticamente não fazia um trabalho de relações públicas e tinha pouco a dizer sobre suas atividades –, competiam com base em seu histórico de investimentos. Com isso, as que possuíam melhor histórico continuavam tendo o melhor histórico, o que praticamente impossibilitava que uma nova firma, sem nenhum histórico, chegasse à camada superior do mercado.

Precisávamos de um caminho para nos tornar uma empresa com a qual grandes empreendedores quisessem trabalhar. Mas como?

Precisávamos mudar as regras pelas quais os empreendedores avaliavam os investidores de risco. Concluímos que havia certa abertura para isso, pois os tempos tinham mudado. Quando

Marc e eu nos tornamos empreendedores, em meados da década de 1990, não conhecíamos muitos outros empreendedores. Simplesmente nos dedicávamos à nossa atividade sem nos considerar parte de um "movimento" ou comunidade maior. Éramos empreendedores no princípio da internet e antes do Facebook, do Twitter e das outras redes sociais. Não conversávamos com outros empreendedores, pois não havia uma comunidade empreendedorista. Dedicávamo-nos unicamente ao negócio. Tudo isso mudou nos últimos dez anos. Hoje, os empreendedores se conhecem, fazem amizade, se encontram e conversam. Existe uma comunidade. Quando percebemos isso, concluímos que se o que tivéssemos a oferecer fosse melhor o marketing boca a boca funcionaria, embora não houvesse funcionado no passado.

Precisávamos ser melhores e ao mesmo tempo diferentes. Ao refletir sobre o que poderia nos tornar melhores e diferentes, duas ideias influenciaram muito o nosso pensamento. Em primeiro lugar, os fundadores que conhecem a área técnica são as melhores pessoas para dirigir empresas de tecnologia. Todas as empresas de tecnologia duradouras que admirávamos – Hewlett-Packard, Intel, Amazon, Apple, Google, Facebook – tinham sido dirigidas por seus fundadores. Em segundo lugar, era muito difícil para os fundadores especializados na área técnica aprender a função de diretor executivo enquanto construíam suas empresas. Eu era a prova viva disso. No entanto, a maioria das firmas de capital de risco estava mais disposta a substituir o fundador do que a ajudá--lo a crescer e prosperar.

Marc e eu pensamos que se abríssemos uma firma especialmente voltada para ajudar os fundadores/técnicos a administrar suas próprias empresas poderíamos criar uma reputação e uma marca que nos lançassem diretamente na fatia superior do mercado de investimento de risco, apesar de nosso histórico nulo. Identificamos duas deficiências fundamentais dos diretores executivos fundadores, quando comparados aos diretores executivos profissionais:

1. *O conjunto de habilidades do diretor executivo.* Administrar executivos, fazer o design da organização, gerir o de-

partamento de vendas e assim por diante – os fundadores técnicos não possuíam todas essas importantes habilidades.

2. *A rede de contatos do diretor executivo.* Os diretores executivos profissionais conhecem muitos executivos, clientes e parceiros potenciais, gente da imprensa, investidores e outros contatos importantes no ramo dos negócios. Já os fundadores técnicos conhecem alguns bons engenheiros e sabem programar.

Em seguida, nos perguntamos: "Como uma firma de investimento de risco pode ajudar os diretores executivos fundadores a superar essas deficiências?"

Resolver o problema da falta de habilidades era difícil porque, infelizmente, para aprender a ser diretor executivo é preciso ser diretor executivo. É claro que poderíamos tentar ensinar algumas habilidades, mas aprender a ser diretor executivo por meio de formação teórica seria o mesmo que aprender a ser um *quarterback* da NFL por meio de formação teórica. Mesmo que Peyton Manning e Tom Brady fossem os instrutores, na ausência de experiência prática você seria atropelado assim que entrasse em campo.

Decidimos que, embora não pudéssemos oferecer condições ao diretor executivo fundador de desenvolver todas as habilidades de que precisava, poderíamos proporcionar-lhe um aconselhamento que acelerasse o processo de aprendizado. Decidimos então que todos os nossos sócios precisariam ser mentores eficazes para qualquer fundador que buscasse aprender a ser diretor executivo. (É claro que nem todos os fundadores querem ser diretores executivos. Para certas empresas, o melhor é contratar um diretor executivo profissional. Nesses casos, ajudaríamos os fundadores a identificar o melhor diretor executivo e depois o auxiliaríamos a se integrar na empresa e a se entender com os fundadores, a fim de preservar os pontos fortes deles.) É por isso que muitos dos nossos sócios já foram fundadores ou diretores executivos, ou ambos, e é por isso também que todos eles fazem questão de ajudar os fundadores a dirigir bem suas empresas. A ideia parecia tão simples e óbvia que tinha de funcionar.

Em seguida, decidimos sistematizar e profissionalizar a rede de contatos. Para tanto, recorremos à inspiração e à fórmula de Michael Ovitz, meu amigo e membro do conselho diretor da Opsware. Havia 34 anos que Michael tinha fundado a Creative Artists Agency (CAA), motor das agências de talentos de Hollywood. Quando criou a CAA, sua ideia não era nada óbvia. As agências de talentos existiam desde a época do *vaudeville* e haviam mudado muito pouco em 75 anos. Michael era uma estrela em ascensão na William Morris Agency, a agência mais importante do setor na época. Quando ele abandonou esse emprego e partiu numa busca quixotesca, ninguém entendeu. Mas sua visão era clara: se ele conseguisse construir uma empresa tão boa que atraísse os melhores talentos do mundo, o setor deixaria de ser dominado pelas agências e passaria a ser dominado pelo talento. Na opinião de Michael, era assim que as coisas tinham de ser.

As empresas da época eram, em sua maioria, agrupamentos de agenciadores de talentos precariamente afiliados entre si. Os agentes trabalhavam na mesma firma, mas na prática atuavam sozinhos. Cada agente explorava sua rede de contatos para o benefício de seus próprios clientes. Por exemplo, o agente A apresentava Dustin Hoffman ao diretor da Warner Bros., mas o relacionamento com Dustin Hoffman e com a Warner Bros. era totalmente controlado pelo agente; os outros agentes e clientes da William Morris não tinham acesso direto nem ao ator nem ao estúdio. Esse modelo tradicional assemelhava-se muito ao setor tradicional de investimento de risco, no qual os investidores, apesar de trabalharem na mesma empresa, geriam suas próprias redes e seus próprios portfólios.

A ideia revolucionária de Ovitz consistiu em criar uma rede integrada, permitindo que qualquer agente da empresa pusesse seus clientes em contato com todas as oportunidades de que ela como um todo dispunha. Com isso, ela se tornaria muito mais poderosa do que qualquer agente isolado em qualquer outra agência. Para implementar a ideia, Ovitz e os outros sócios fundadores concordaram em renunciar a seus salários durante anos e a investir suas comissões na construção daquilo que Ovitz chamou de "a franquia", a qual consistia em especialistas que administravam redes e portfólios cada um em seu setor: publicação de livros, internacional, música e outros. A teoria de Ovitz funcionou na prática e, quinze anos depois, a CAA já representava 90 por cento dos melhores talentos de Hollywood e havia reescrito as regras do setor – dando aos talentos maior margem de negociação e uma fatia maior dos ganhos.

Decidimos copiar de forma muito próxima o modelo da CAA. Os funcionários da Andreessen Horowitz têm o mesmo título que os funcionários originais da CAA: sócio (*partner*). Michael considerou a ideia excelente, mas era o único a pensar assim. Todas as outras pessoas nos ofereceram alguma variante para a seguinte tese: "Isto não é Hollywood, é o Vale do Silício. Vocês não entendem como o setor funciona." Mesmo assim, com o endosso e o apoio entusiasmado de Michael, levamos a ideia adiante. Aplicando-a ao setor de investimento de risco, decidimos construir as seguintes redes:

- *Grandes empresas.* Toda empresa nova precisa vender algo a uma empresa grande ou fazer parceria com uma empresa grande.
- *Executivos.* Se a empresa dá certo, chega um momento em que ela precisa contratar executivos.
- *Engenheiros.* No setor de tecnologia, quanto mais engenheiros excelentes conhecermos, melhor.
- *Imprensa e analistas.* Na nossa empresa, temos um ditado: quem mostra vende; quem esconde se arrepende.
- *Investidores e compradores.* No ramo do investimento de risco, é evidente que precisamos proporcionar acesso ao dinheiro.

Uma vez projetada a estrutura da empresa, precisávamos fazer que os empreendedores soubessem por que éramos diferentes, algo complicado, pois nenhuma grande firma de investimento de risco fazia qualquer tipo de marketing. Achávamos que esse fato devia ter uma boa explicação, mas não tínhamos ideia de qual fosse. Por fim, Marc descobriu que as primeiras firmas de investimento de risco, no final da década de 1940 e começo da de 1950, haviam seguido o modelo dos bancos de investimento originais, como o J. P. Morgan e o Rothschild. Esses bancos tinham um motivo muito específico para não fazer relações públicas: eles financiavam guerras – às vezes, os dois lados de uma mesma guerra –, de modo que a publicidade não os ajudaria. Essa descoberta, aliada ao nosso instinto de ir na contramão de tudo o que as principais empresas estavam fazendo, levou-nos a lançar a Andreessen Horowitz fazendo o máximo possível de barulho. Ao escolhermos o nome, o maior problema que enfrentamos foi que, como empresa, não éramos ninguém. Não possuíamos histórico, não havia empresas financiadas por nós, nada. Mas as pessoas nos conheciam e, em especial, conheciam Marc. Então, falei: "Em vez de tentarmos criar uma marca completamente nova a partir do zero, por que não usarmos a sua marca?" Marc achou boa a ideia, mas ninguém seria capaz de digitar o endereço do site "Andreessen Horowitz" sem errar. Lembramos que, na época em que as linguagens de programação ainda não davam suporte à internacionalização, nós mesmos tínhamos de "internacionalizar" nosso código. Para abreviar, chamávamos o processo de internacionalização (*internationalization*) de "I18N", ou seja, a letra **I** seguida de dezoito letras, seguidas da letra **N** ("localização" – *localization* – era L10N). Decidimos que o apelido da firma seria "a16z": a letra **a**, seguida de dezesseis letras, seguidas da letra **z**.

Contratamos a agência de marketing Outcast, comandada por sua formidável fundadora Margit Wennmachers, para gerar interesse na mídia. Precisávamos que as pessoas soubessem o que propúnhamos fazer, pois havíamos decidido desafiar a teoria convencional de que, em investimento de risco, não se deve fazer relações públicas. Margit é filha de um criador de porcos alemão, mas não se parece em absoluto com uma criadora de porcos. Inteligente e sofisticada, é o Babe Ruth das relações públicas. Pôs seus contatos em ação e conseguiu uma matéria de capa na *For-*

tune, em 2009, em que Marc aparecia posando de Tio Sam. A Andreessen Horowitz virou sensação da noite para o dia, mas Marc e eu ainda éramos as duas únicas pessoas na empresa.

Depois de dirigir a Loudcloud e a Opsware por oito anos, eu aprendera tantas lições difíceis que montar a equipe foi brincadeira de criança. Eu já compreendia a importância de contratar tendo em vista os pontos fortes, e não a ausência de pontos fracos, e já conhecia o significado de compatibilidade entre a pessoa e a função. Há muita gente inteligente no mundo, mas não basta ser inteligente. Eu precisava de pessoas que fossem grandes onde era necessário grandeza. Precisava de pessoas que realmente quisessem fazer aquilo para o que seriam contratadas. E precisava de pessoas que acreditassem na missão de tornar o Vale do Silício mais amigável para quem quisesse abrir uma empresa.

A primeira pessoa que contratamos foi Scott Kupor, que havia sido diretor financeiro da Opsware. Scott trabalhara comigo durante aqueles oito anos quase inteiros, e acho que não se divertiu muito nesse período, mas mesmo assim seu desempenho era excelente. Nessa época, ele dirigiu o suporte ao cliente, o planejamento e as operações técnicas de campo, mas não era nada disso que queria fazer. Scott gostava de três coisas: administrar, fazer estratégia e negociações. Se pudesse fazer só isso, ele praticamente não dormiria. Na Opsware, porém, só pudera realizar duas. Não poder trabalhar nas transações era uma tortura para Scott. Ele parecia um animal enjaulado, e fora eu que o mantivera preso na jaula durante oito longos anos. Assim, quando projetamos a empresa, a primeira coisa que me veio à cabeça foi: "Finalmente encontrei a posição perfeita para o Kupor." Scott se tornou diretor de operações da firma.

Em seguida, preenchemos as outras funções. Contratamos Mark Cranney, diretor de vendas da Opsware, para dirigir a rede de grandes empresas; Shannon Callahan, que fora diretora de recrutamento e RH, para dirigir a rede de engenharia; Margit Wennmachers, o "sultão de Swat", para dirigir a rede de marketing; Jeff Stump, o melhor recrutador de executivos que conhecíamos, para dirigir a rede de executivos; e Frank Chen, meu antigo diretor de gestão de produto, para dirigir um grupo de pesquisa centralizado.

No fim, nossa teoria sobre o que deveria ser oferecido por uma empresa de investimento de risco acabou conquistando os melhores empreendedores do mundo. Em quatro breves anos, partimos do nada e hoje somos uma das firmas de investimento de risco mais respeitadas do planeta.

Última lição

*Sei que você acha que minha vida é boa por causa do
meu relógio de ouro
Mas minha vida é boa desde que comecei a encontrar a paz.**

NAS, "LOCO-MOTIVE"

Costumo dizer, de brincadeira, que sou mais bem-visto como diretor executivo hoje do que quando era diretor executivo para valer. Atualmente, as pessoas me chamam de guru da gestão, mas quando eu dirigia a Opsware elas me chamavam de coisas muito menos agradáveis. Felicia gosta de dizer: "Eles o chamavam de tudo, menos de um filho de Deus."

O que aconteceu? Será que eu mudei, ou foi a percepção que mudou?

Não resta dúvida de que aprendi muita coisa ao longo dos anos (e hoje sinto vergonha de como me portei no início), mas, no fim, realmente passei a dirigir muito bem a empresa. Há várias provas de que isso é verdade. Mudei completamente nossa linha de atividade – mesmo tendo nossas ações negociadas na Bolsa – e ainda assim consegui aumentar o valor da empresa de 29 milhões para 1,65 bilhão de dólares em cinco anos. Grande parte dos funcionários da Opsware trabalha para mim na Andreessen Horowitz ou em alguma empresa do nosso portfólio, de modo que eles devem ter gostado de trabalhar comigo. A aquisi-

---

* *I know you think my life is good cause my diamond piece / But my life been good since I started finding peace.*

ção pela HP representou o maior resultado do setor, de modo que ganhamos nosso mercado.

Não obstante, durante os anos em que já dirigia bem a Opsware (de 2003 a 2007), era difícil encontrar, em qualquer artigo, blogue ou fórum, uma única linha em que alguém falasse bem de mim. Naquela época, a imprensa declarou a morte da empresa e os acionistas pediram minha cabeça. Ninguém me considerava muito bom, de maneira alguma.

Hoje, posso dizer que as percepções mudaram em razão da venda para a HP e das coisas que escrevi de lá para cá. Quando deixei de ser diretor executivo, ganhei uma liberdade que antes não tinha. Na qualidade de investidor de risco, tenho liberdade para dizer o que quero e o que realmente penso sem me preocupar com o que os outros vão pensar. O diretor executivo não pode se dar a esse luxo. Na qualidade de diretor executivo, eu precisava me preocupar com o que todo mundo pensa, não podia demonstrar fraqueza em público. Isso não seria justo para com os funcionários, os executivos e os acionistas da empresa. Eles precisavam confiar em mim sem pestanejar.

Quando fundamos a Andreessen Horowitz, pude deixar tudo isso de lado. Ainda temos funcionários, mas não acionistas cuja vida ou morte dependem do que a imprensa publica. Mais importante ainda, na Andreessen Horowitz eu não sou, a bem dizer, o diretor executivo. Investimos em empresas que têm, cada uma, o seu diretor. É sobre eles que repousa o fardo da confiança inabalável. Agora, posso falar sobre minhas fraquezas, meus medos e minhas deficiências. Posso dizer o que quero sem me preocupar com a possibilidade de estar ofendendo pessoas que ocupam posições-chave na estrutura de poder. E são esses medos e opiniões controversas que trazem em si os segredos de como lidar com as situações difíceis. São difíceis porque não há receita nem resposta fácil sobre como sair delas. São difíceis porque, nelas, nossas emoções conflitam com nossa lógica. São difíceis porque não conhecemos a resposta e, para não demonstrar fraqueza, não podemos perguntar qual é.

Quando me tornei diretor executivo, eu realmente achava que era o único a passar por dificuldades. Sempre que falava com outros diretores executivos, eles pareciam ter tudo sob controle. Suas empresas eram sempre "fantásticas" e a experiência deles era sempre "incrível". Eu pensava que, talvez, o fato de ter crescido em Berkeley com pais comunistas não constituísse a melhor bagagem para dirigir uma empresa. Porém, à medida que fui vendo as empresas fantásticas e incríveis dos meus colegas irem à falência ou serem vendidas por tostão, fui percebendo que não era o único a enfrentar dificuldades.

Avançando um pouco mais, entendi que a chave para sobreviver seria abraçar as partes incomuns do meu passado, da minha experiência. Seriam essas coisas que me dariam perspectivas e abordagens únicas dentro do setor. Seriam as contribuições que eu, e somente eu, poderia dar: tomar emprestado o estilo chocante, mas poético, de Chico Mendoza para motivar e focar a equipe; compreender a realidade das pessoas por baixo da máscara e da cor da pele – foi isso que me habilitou a pôr Jason Rosenthal e Anthony Wright no mesmo time para salvar a empresa; e até aplicar à mais capitalista de todas as atividades aquilo em que Karl Marx tinha acertado. Na lápide do túmulo de meu avô, lê-se a citação de Marx de que ele mais gostava: "A vida é uma luta." Acredito que no bojo dessa citação repousa a lição mais importante do empreendedorismo: abrace a luta.

Hoje, quando trabalho com empreendedores, essa é a ideia principal que tento lhes transmitir. Abrace sua estranheza, seu passado, seu instinto. Se as chaves não estiverem aí é porque elas não existem. Entendo aquilo que estão enfrentando, mas não posso lhes dizer o que fazer. Só posso ajudá-los a encontrar a solução dentro deles próprios. E, às vezes, eles encontram paz onde eu não encontrei.

É claro que, mesmo com todos os conselhos e toda a experiência do mundo, as situações difíceis continuam sendo difíceis. Por isso, para terminar, desejo apenas paz a todos aqueles que estão engajados na luta para realizar seus sonhos.

APÊNDICE

PERGUNTAS AO CANDIDATO A DIRETOR DE VENDAS

Ele é inteligente o suficiente?

- É capaz de relatar a você com precisão como andam as coisas na empresa onde trabalha?
- Quanto ele conhece sobre a empresa e a oportunidade de mercado que você está lhe apresentando agora?
- Será capaz de contribuir de maneira significativa com o direcionamento estratégico da sua empresa?

Ele sabe contratar vendedores?

- Qual é o perfil dele?
- Peça que descreva uma má contratação que fez recentemente.
- Como ele faz para encontrar os melhores talentos?
- Quanto do seu tempo ele dedica ao recrutamento?
- Como ele procura detectar, durante o processo de entrevistas, as características que lhe interessam?
- Quantos dos atuais vendedores gostariam de continuar trabalhando com ele? Ele pode citar os seus nomes para que confirmem o que disse?
- Você passaria na entrevista de emprego elaborada por ele? Deveria ser capaz de passar?

- Ele sabe contratar gerentes de vendas?
- É capaz de definir a função?
- Ele consegue identificar as habilidades necessárias por meio de testes?

Seu modo de pensar sobre o processo de vendas é sistemático e abrangente?

- Ele entende o ramo da empresa e os processos técnicos de vendas?
- Ele sabe estabelecer metas e tem conhecimento sobre *lockout documents*, provas de conceito, demonstrações de produto?
- Ele sabe treinar as pessoas para que se tornem competentes no processo?
- Ele é capaz de fazer o processo acontecer?
- O que ele espera que sua equipe obtenha com o uso das ferramentas de gestão de relacionamento com o cliente?
- Ele só implementou o processo na última empresa em que trabalhou ou criou esse processo?

Seu programa de treinamento de vendedores é bom?

- Qual a proporção do treinamento em processo em relação ao treinamento em produto? Ele é capaz de descrever essa relação em detalhes?
- Ele tem materiais de treinamento?
- Quão eficaz é seu modelo de avaliação dos representantes de vendas?
- Ele é capaz de conseguir um desempenho que vá além do básico?
- Ele consegue descrever, de um modo que você aprenda algo

com ele, a diferença entre um representante transacional e um representante empresarial?

Ele entende os detalhes da criação de um plano de remuneração para os vendedores?

- Aceleradores, bônus etc.

Ele sabe operar grandes transações?

- Ele conseguiu aumentar o tamanho de alguma venda? Seus subordinados serão capazes de descrever em detalhes o que aconteceu? Ele acelerou o fechamento de um grande negócio?
- Ele tem clientes que podem confirmar o que diz?
- Ele entende de marketing?
- É capaz de dissertar, sem consultar nenhum material, sobre as diferenças entre marketing de marca, geração de *leads* e capacitação da equipe de vendas?

Ele entende os canais de vendas?

- Ele realmente entende o conflito entre canais e a questão dos incentivos?
- Ele é veemente o bastante?
- O representante em Wisconsin vai acordar às 5 da manhã e começar a fazer telefonemas, ou vai acordar ao meio-dia e almoçar?

Ele é capaz de dirigir as vendas em nível internacional?

Ele está sintonizado com o setor? Com que rapidez consegue diagnosticar situações?

- Ele conhece a concorrência?

- Sabe em quais transações sua empresa está empenhada agora?
- Mapeou sua organização?

Perguntas de excelência operacional

Gestão de subordinados diretos

- O que você procura nas pessoas que trabalham para você?
- Como você identifica essas características no processo de entrevistas?
- Como você as treina para que sejam bem-sucedidas?
- Qual processo você usa para avaliá-las?

Tomada de decisões

- Quais métodos você usa para reunir as informações de que precisa para tomar decisões?
- Como você toma decisões (qual é o processo)?
- Como você conduz a reunião de sua equipe? Qual é a pauta?
- Como você administra a relação entre promessas e atos?
- Como você obtém, de forma sistemática, conhecimento sobre:
  - a organização?
  - os clientes?
  - o mercado?

Processos essenciais de gestão – descreva como você os projetou e por quê.

- Entrevista
- Gestão de desempenho

- Integração de funcionários
- Planejamento estratégico

Métrica

- Descreva os principais indicadores antecipados e indicadores *post hoc* que você usa para a sua equipe.
- Eles estão correlacionados de forma adequada? Por exemplo, você valoriza o tempo, mas não a qualidade?
- Existem potenciais efeitos colaterais negativos?
- Qual processo você usou para determiná-los?

Design organizacional

- Descreva a estrutura atual da sua equipe de vendas.
- Quais são seus pontos fortes e fracos?
- Por quê?
- Por que você optou por esses pontos fortes e fracos? Por que esses pontos fortes eram os mais importantes?
- Quais são os conflitos? Como são resolvidos?
- Se o seu melhor executivo lhe pedir mais território, como você lidará com esse pedido?
- Descreva seus processos de promoção e demissão.
- Como você lida com o mau comportamento crônico de um funcionário cujo desempenho é excelente?

Coisas menos tangíveis

- Ele pensa de modo sistemático, ou pensa de modo diferente a cada situação?
- Eu gostaria de trabalhar para ele?

- Ele é totalmente honesto, ou não é sincero?
- Ele faz perguntas de modo espontâneo e incisivo ou só previamente pensadas?
- Ele é capaz de lidar com estilos diferentes de comunicação?
- É inteligente, fala bem e com clareza?
- Pesquisou sobre a nossa empresa?

AGRADECIMENTOS

Antes de mais nada, agradeço à bela mulher que é minha esposa há 25 anos: Felicia Horowitz. É até engraçado agradecer a ela, pois o papel por ela desempenhado nesta história é tão central que o mais correto seria chamá-la de coautora. Ela é sempre a primeira pessoa a me dar apoio; sua crença em mim e neste livro foi a chave de tudo. O livro não existiria sem ela e eu mesmo não existiria sem ela. Ela é minha companheira e o amor da minha vida, e devo a ela tudo o que tenho e tudo o que sou. Não há palavras que possam expressar a magnitude da gratidão que sinto. Felicia, eu a amo e lhe agradeço.

Sou extremamente grato às inúmeras pessoas que me ajudaram durante os tempos difíceis e àquelas que me auxiliaram a pôr em palavras tudo o que aconteceu. Espero que este livro sirva, de algum modo, para compensá-las.

Agradeço em seguida à minha mãe, Elissa Horowitz, que sempre me encorajou a fazer tudo o que eu quisesse – desde jogar futebol americano até escrever este livro. Ela acreditou em mim quando ninguém mais acreditava e me compreendeu como ninguém jamais poderia compreender. Obrigado, mãe!

Agradeço também a meu pai, David, que me convenceu de que escrever este livro seria uma boa ideia e passou longas horas ajudando-me a editar o texto.

Nada disso teria sido possível sem que Marc Andreessen, meu sócio nos negócios há muito tempo, visse em mim certas coisas que ninguém mais via. Além disso, tem sido incrível trabalhar com ele há 18 anos. Ele me inspira em tudo o que faço. Foi o principal editor das primeiras postagens que publiquei no blogue e colaborou muito na edição deste livro. É um privilégio imenso para mim poder trabalhar todos os dias com alguém do calibre dele.

Agradeço a meu amigo Bill Campbell por ter me ensinado tantas coisas sobre como sobreviver aos tempos difíceis. Pouquíssima gente passou pelo que ele passou e quase ninguém está disposto a falar a esse respeito. Bill, obrigado por sua honestidade e sua coragem.

Michael Ovitz me ajudou a reescrever o final do livro e a deixá-lo dez vezes melhor. Antes disso, fez tudo o que se possa imaginar para me apoiar em minha busca impossível – chegou até a comprar ações da Opsware quando ninguém mais as comprava. É um amigo de verdade.

A todos os funcionários que em algum momento trabalharam na Loudcloud ou na Opsware, agradeço do fundo do coração. Ainda não consigo acreditar que vocês tenham acreditado em mim tanto quanto eu acreditava em vocês. Naquela equipe, um muito obrigado todo especial a Jason Rosenthal, Mark Cranney, Sharmila Mulligan, Dave Conte, John O'Farrell, Jordan Breslow, Scott Kupor, Ted Crossman e Anthony Wright por fazerem parte deste livro. Espero não ter errado em nenhum dos meus relatos. Obrigado a Eric Vishria, Eric Thomas, Ken Tinsley e Peter Thorp por me ajudarem a lembrar do que aconteceu. Obrigado também a Ray Soursa, Phil Liu e Paul Ingram por salvarem a empresa. Darwin para sempre! Obrigadíssimo a Shannon Callahan – ainda não consigo acreditar que a demiti. Obrigado a Dave Jagoda por não me deixar esquecer daquilo que mais importa.

Agradeço a Tim Howes, cofundador da Loudcloud/Opsware e meu confidente. Não sei se tomamos sempre as melhores decisões, mas tenho certeza de que nossas conversas me ajudaram a conservar a sanidade. Obrigado por estar ao meu lado do começo ao fim.

Sem Carlye Adler, minha editora e *coach*, não sei se jamais teria começado a escrever este livro, que dirá terminá-lo. Ninguém se entusiasmava tanto quando eu escrevia algo bom nem ficava tão triste quando eu escrevia algo chato. Obrigado, Carlye, por ter tornado este livro muito melhor do que seria.

Um muito obrigado todo especial a Hollis Heimbouch por ter me adicionado no Facebook e ter me levado a escrever o livro. Eu não poderia ter uma editora melhor. Muito obrigado a toda a equipe da HarperCollins.

Binky Urban é a melhor agente literária do mundo, e tenho sorte pela oportunidade de ser cliente dela. É uma alegria trabalhar ao lado dos melhores.

Agradeço a meus amigos Nasir Jones e Kanye West por terem me inspirado com seu trabalho e terem me ajudado a pôr em palavras certas emoções que pareciam impossíveis de expressar. Também agradeço por terem deixado este fã entrar em seus camarins.

Steve Stoute foi um amigo extraordinário ao longo de todo esse processo, ajudando-me a encontrar minha voz e deixando claro que o trabalho que estou fazendo é importante.

Obrigado a meu amigo mais antigo, Joel Clark Jr., por ser um amigo do peito há 43 anos e me deixar contar a história de como nos conhecemos.

Chris Schroeder me ajudou a editar o texto e manteve ao longo de todo o processo um nível doentio de entusiasmo. Chris me impressiona com seu interesse pelo meu trabalho. Muitas vezes, parece mais interessado do que eu.

Obrigado, Herb Allen, por ser um amigão e ter me deixado escrever sobre você. Sei que não é disso que mais gosta.

Agradeço a todos os sócios e funcionários da Andreessen Horowitz que tiveram de aguentar minha rabugice e meus palavrões cada vez mais numerosos à medida que eu ia escrevendo este livro. Isto não teria sido possível sem vocês. Obrigado por tornar realidade o sonho de criar uma firma voltada para fundadores que dirigem suas próprias empresas.

Um obrigado especial a Margit Wennmachers por acreditar que eu tinha algo a dizer e me ajudar a encontrar pessoas que ouvissem minhas palavras. Tenho sorte por poder trabalhar na presença de tanta grandeza.

Grace Ellis esteve a meu lado durante todo o processo, cuidando dos detalhes mais estranhos que você possa imaginar. Durante esse tempo, não ouvi da boca dela uma única reclamação. Além disso, ela me deu grandes conselhos e foi uma grande amiga.

Obrigado a Ken Coleman por ter me dado meu primeiro emprego e ter sido um mentor fantástico ao longo de quase 30 anos.

Obrigado a meu cunhado, Cartheu Jordan Jr., por ser um personagem importante no livro e em minha vida. Nos nossos círculos, ele é Branch Rickey e eu sou Jackie Robinson.

Obrigado a John e Loretta Wiley por me apoiarem tanto em tudo o que faço.

Obrigado a meus irmãos, Jonathan Daniel, Anne Rishon e Sarah Horowitz, por terem me moldado do jeito que sou. Amo você sempre, Sarah.

Agradeço ao grande e saudoso Mike Homer por sua sabedoria, ajuda e amor. Agradeço a Andy Rachleff por ser um grande cavalheiro e amigo. Obrigado, Sy Lorne, por me livrar de encrencas. Obrigado, Mike Volpi, por ter integrado o conselho de uma empresa tão assustadora.

Por fim, obrigado a Boochie, Red e Boogie por serem as melhores filhas que eu poderia desejar.

CRÉDITOS

Agradecemos a permissão de reproduzir:

"Gorgeous", letra e música de Malik Jones, Gene Clark, Jim McGuinn, Kanye West, Ernest Wilson, Mike Dean, Scott Mescudi e Corey Woods. Copyright © 2010 Universal Music Corp.; Jabriel Iz Myne, Tickson Music Co.; Sixteen Stars Music, EMI Blackwood Music, Inc.; Please Gimme My Publishing, Inc.; Papa George Music; Chrysalis Music; Let the Story Begin Publishing; Gene Clark Music; Elsie's Baby Boy; Beautiful Sekai Publishing; e Chrysalis One Songs. Todos os direitos de Jabriel Iz Myne são controlados e administrados pela Universal Music Corp. Todos os direitos da Sixteen Stars Music são controlados e administrados pelo Horipro Entertainment Group, Inc. Todos os direitos da Please Gimme My Publishing, Inc., e da Papa George Music são controlados e administrados pela EMI Blackwood Music, Inc. Todos os direitos da Let the Story Begin Publishing são controlados e administrados pela Chrysalis Music Group, Inc., uma empresa do grupo BMG Chrysalis. Todos os direitos da Gene Clark Music são controlados e administrados pela Bug Music, Inc., uma empresa do grupo BMG Chrysalis. Todos os direitos da Chrysalis One Songs são controlados e administrados pela BMG Rights Management (Irlanda), Ltd. Todos os direitos da Elsie's Baby Boy são controlados e administrados pela Kobalt Music Publishing America. Todos os direitos da Beautiful Sekai Publishing são controlados e administrados pela Shelly Bay Music. Todos os direitos reservados. Reproduzido com permissão. Impresso e publicado com permissão da Hal Leonard Corporation, Kobalt Music Publishing America, Shelly Bay Music e Alfred Music Publishing.

"Who We Be", letra e música de Earl Simmons e Mickey Davis. Copyright © 2001 Boomer X Publishing, Inc.; Dead Game Publishing; Fifty Four Vill Music, LLC; e Kobalt Music Publishing America. Todos os direitos da Boomer X Publishing, Inc., são controlados e administrados pela Universal Music Corp. Todos os direitos da Dead Game Publishing são controlados e administrados pela EMI April Music, Inc., e pela Kobalt Music Publishing America. A Fifty Four Vill Music, LLC, é controlada e administrada pela Royalty Network, Inc. Todos os direitos reservados. Reproduzido com permissão. Impresso e publicado com permissão da Hal Leonard Corporation, the Royalty Network, Inc., e Kobalt Music Publishing America.

"I Will Survive", letra e música de Dino Fekaris e Frederick J. Perren. Copyright © 1978 Universal-PolyGram International Publishing, Inc., e Perren Vibes Music, Inc. Todos os direitos são controlados e administrados pela Universal-PolyGram International Publishing, Inc. Todos os direitos reservados. Reproduzido com permissão. Impresso e publicado com permissão da Hal Leonard Corporation.

"On to the Next One", letra e música de Kasseem Dean, Jessie Chaton, Shawn Carter, Michel Andre Auge Gaspard e Xavier De Rosnay. Copyright © 2009 Universal Tunes, divisão da Songs of Universal, Inc.; Monza Ronza, Universal Music Publishing MGB France, Options; Because Editions; WB Music Corp. (ASCAP); e Carter Boys Music (ASCAP). Todos os direitos da Monza Ronza são controlados e administrados pela Universal Tunes, divisão da Songs of Universal, Inc. Todos os direitos da Universal Music Publishing MGB France e Options nos Estados Unidos e no Canadá são controlados e administrados pela Universal Music-MGB Songs. Todos os direitos da Because Editions são controlados e administrados pela Blue Mountain Music, Ltd. Todos os direitos atinentes a ela própria e à Carter Boys Music são administrados pela WB Music Corp. Todos os direitos reservados. Reproduzido com permissão. Impresso e publicado com permissão da Hal Leonard Corporation e da Alfred Music Publishing.

"Scream on 'Em", de Kasseem Dean e Jayceon Terrell Taylor. Copyright © 2006 Universal Tunes, divisão da Songs of Universal, Inc.; Monza Ronza; Sony/ATV Music Publishing, LLC; Baby Game Music; e Pico Pride Publishing. Todos os direitos da Monza Ronza são controlados e administrados pela Universal Tunes, divisão da Songs of Universal, Inc.

Todos os direitos atinentes à Sony/ATV Music Publishing, LLC, e à Baby Game Music são administrados pela Sony/ATV Music Publishing, LLC, 8 Music Square West, Nashville, TN 37203. Todos os direitos da Pico Pride Publishing são controlados e administrados pela Ciw2, Inc. Todos os direitos reservados. Reproduzido com permissão. Impresso e publicado com permissão da Hal Leonard Corporation, Sony/ATV Music Publishing, LLC, e Ciw2, Inc.

"All Gold Everything", letra e música de Devon Gallaspy e Nicholaus Joseph Williams. Copyright © 2013 Sony/ATV Music Publishing, LLC, e Trinlanta Publishing. Todos os direitos atinentes à Sony/ATV Music Publishing, LLC, são administrados pela Sony/ATV Music Publishing, LLC, 8 Music Square West, Nashville, TN 37203. Todos os direitos reservados. Reproduzido com permissão. Impresso e publicado com permissão da Sony/ATV Music Publishing, LLC, e da Trinlanta Publishing.

"The Don", de Salaam Remi, Dwight Myers, Marcos Palacios, Nasir Jones, Ernest Clark, A. Marage e Mkrumah Thomas. Copyright © 2012 EMI April Music, Inc.; E-Z-Duz-It Publishing, EMI Blackwood Music, Inc.; Linden Springfield, Universal Music-Z Songs; Nasir Jones Publishing Designee, Sony/ATV Music Publishing, LLC; Two Works; Viva Panama; e Rufus Music, Ltd. Todos os direitos da E-Z-Duz-It Publishing são controlados e administrados pela EMI April Music, Inc. Todos os direitos da Linden Springfield são controlados e administrados pela EMI Blackwood Music, Inc. Todos os direitos da Nasir Jones Publishing Designee são controlados e administrados pela Universal Music-Z Songs. Todos os direitos atinentes à Sony/ATV Music Publishing, LLC, Two Works e Viva Panama são administrados pela Sony/ATV Music Publishing, LLC, 8 Music Square West, Nashville, TN 37203. Todos os direitos da Rufus Music, Ltd., são controlados e administrados pela Sunflower Entertainment Co., Inc. Todos os direitos reservados. Os direitos autorais são assegurados internacionalmente. Reproduzido com permissão. Impresso e publicado com permissão da Hal Leonard Corporation, Sony/ATV Music Publishing, LLC, e Sunflower Entertainment Co., Inc.

"Stronger", letra e música de Thomas Bangalter, Guy-Manuel De Homem-Christo, Edwin Birdsong e Kanye West. Copyright © 2007 by Daft Life, Ltd.; Please Gimme My Publishing, Inc., EMI Blackwood Music, Inc.; Edwin Birdsong Music Publishing; WB Music Corp; e

Zomba Music Publishing, Ltd. Todos os direitos da Daft Life, Ltd., nos Estados Unidos e no Canadá são administrados pela Universal Music-Z Songs. Todos os direitos da Please Gimme My Publishing, Inc., são administrados pela EMI Blackwood Music, Inc. Os direitos autorais são assegurados internacionalmente. Todos os direitos reservados. Contém um sample de "Harder, Better, Faster, Stronger", de Thomas Bangalter, Guy-Manuel De Homem-Christo e Edwin Birdsong. Impresso e publicado com permissão da Hal Leonard Corporation, Alfred Music Publishing e Edwin Birdsong Music Publishing.

"Right Above It", letra e música de Aubrey Graham, Dwayne Carter e Daniel Johnson. Copyright © 2010 EMI Blackwood Music, Inc.; Live Write, LLC; Artist Publishing Group West (ASCAP); Warner-Tamerlane Publishing Corp. (BMI); e Young Money Publishing, Inc. (BMI). Todos os direitos da Live Write, LLC, são controlados e administrados pela EMI Blackwood Music, Inc. Todos os direitos atinentes ao Artist Publishing Group West são administrados pela WB Music Corp. Todos os direitos atinentes a ela própria e à Young Money Publishing, Inc., são administrados pela Warner-Tamerlane Publishing Corp. Todos os direitos reservados. Os direitos autorais são assegurados internacionalmente. Reproduzido com permissão. Impresso e publicado com permissão da Hal Leonard Corporation e da Alfred Music Publishing.

SOBRE O AUTOR

Ben Horowitz é sócio cofundador da Andreessen Horowitz, firma de investimento de risco que, sediada no Vale do Silício, investe naqueles empreendedores que vão compor a primeira linha da próxima geração de empresas de tecnologia. A Andreessen Horowitz já investiu na Airbnb, no GitHub, no Facebook, no Pinterest e no Twitter. Antes disso, Horowitz foi cofundador e diretor executivo da Opsware (a antiga Loudcloud), adquirida pela Hewlett-Packard por 1,6 bilhão de dólares em 2007. Horowitz escreve sobre as experiências e as boas ideias que acumulou em sua carreira de estudante de ciências da computação, engenheiro de software, cofundador, diretor executivo e investidor num blogue cujo público leitor chega a quase 10 milhões de pessoas. Já foi tema de reportagens do *Wall Street Journal*, do *New York Times*, da *New Yorker*, da *Fortune*, da *Economist* e da *Bloomberg Businessweek*, entre outros canais de mídia. Horowitz e sua esposa, Felicia, moram na Grande São Francisco.